Vos douleurs et vos maladies ont un sens

Dans la même collection chez le même éditeur :

Stimulez votre guérisseur intérieur
Roger J. Callahan & Richard Trubo

Titre original :
The BodyMind Workbook
Explaining how the Mind and Body Work Together

ISBN : 2-84445-509-3

www.tredaniel-courrier.com
tredaniel-courrier@wanadoo.fr

Debbie SHAPIRO

Vos douleurs et vos maladies ont un sens

La guérison Corps Esprit

Traduit de l'anglais par Antonia Leibovici
avec des adaptations techniques de J.L. Abrassart

Guy Trédaniel Éditeur
19, rue Saint-Séverin
75005 Paris

Je dédie ce livre à tous mes maîtres,
passés et présents, y compris mon époux,
Eddie Brahmananda Shapiro.
Merci.

Chapitre Premier

L'incroyable sagesse du corps

Chaque excès a ses conséquences dans le corps humain.
Walt Whitman

Les avancées spectaculaires de la médecine et de la guérison ont souvent négligé un concept essentiel, le tenant pour peu significatif – la relation entre l'esprit et le corps. Elles ont négligé aussi les effets de ce concept sur l'état de santé et sur les capacités d'auto-guérison de l'individu. Peu à peu pourtant, la réalité de cette relation et son importance ont commencé à être mises en évidence. Cependant, ses implications les plus subtiles ont encore besoin d'être appréhendées et réellement acceptées. Dès qu'on approfondit l'extraordinaire interaction entre les multiples facettes de la personnalité – besoins, réactions inconscientes, émotions réprimées, aspirations, peurs –, le fonctionnement de l'organisme et sa capacité à s'auto-réparer, on se rend vite compte à quel point le corps est ingénieux. Grâce à ses systèmes et processus extrêmement complexes, le corps incarne une intelligence et une compassion sans limites, offrant sans conteste à l'individu les outils pour une meilleure compréhension de soi, pour la prise de conscience de ce qu'il préfère négliger et pour le dépassement des obstacles rencontrés sur sa route. Tout comme il exprime les pensées et les sentiments conscients de l'individu, le corps met en lumière les énergies inconscientes qui sous-tendent chacune de ses actions. Pour comprendre la connexion corps/esprit, on doit tout d'abord accepter l'idée que les deux ne font qu'un.

L'unité corps/esprit

Le corps est tenu d'ordinaire pour un élément qu'on transporte partout avec soi (souvent quelque peu à contrecœur), qui est facilement détérioré, qui a besoin de s'exercer, de s'alimenter, de dormir à heures fixes et à qui il faut faire passer des contrôles réguliers. S'il est souffrant, le corps fait peur. On l'emmène alors chez le médecin, dans l'idée que celui-ci sera capable de le remettre en état, le plus rapidement, le mieux, comme si on réparait un objet inanimé, dépourvu d'intelligence. Lorsque le corps fonctionne bien, son propriétaire est heureux, se sent vivant et plein d'énergie. Quand son corps a des problèmes, l'individu se sent irrité, frustré, déprimé et s'apitoie sur lui-même.

Cette conception du corps est lamentablement limitée. Elle nie la complexité des énergies qui constituent l'être, énergies qui circulent sans cesse et communiquent constamment entre elles ainsi qu'avec les pensées, les sentiments et l'état des divers systèmes du corps. Il n'y a pas de séparation entre ce qui se passe dans l'esprit et ce qui se passe dans le corps. **Nul n'existe séparément du corps dans lequel se passe la vie. L'individu est son corps. L'état intérieur est la conséquence directe de l'interaction entre les multiples aspects distincts de l'existence.** Dire « je me suis fait mal au bras », c'est affirmer qu'on ressent une douleur en soi. Le message du corps est identique aux mots exprimant la colère ou la désorientation. Prétendre qu'il y a une différence, c'est ignorer l'unité fondamentale de l'être. Traiter uniquement le bras, c'est faire peu de cas de l'origine de sa douleur. Nier la relation corps/esprit, c'est ignorer l'occasion qu'offre le corps d'examiner, de prendre en compte et de faire disparaître cette douleur.

La réalité de la relation corps/esprit est facile à mettre en évidence. On sait à quel point l'inquiétude (ou la nervosité) provoque douleurs gastriques, constipation, maux de tête ou troubles divers. On sait que le stress peut générer des ulcères ou même des infarctus, que la dépression rend le corps lourd et apathique – l'énergie diminue, l'appétit disparaît ou devient excessif, des maux de dos ou des raideurs dans les épaules se déclarent. Par contre, tout moment de joie et de bonheur intensifie la vitalité et l'énergie. Lorsqu'on est plus reposé, que l'on se sent plus agile, on risque moins de tomber malade, car le corps est plus robuste, et donc plus résistant. On peut mettre encore davantage en lumière cette relation, qui englobe tous les aspects de la vie physique et psychologique. Grâce à elle, on commencera à comprendre qu'on a le contrôle sur sa santé et son bien-être, qu'on n'est pas juste une victime obligée de subir patiemment des épreuves. Le vécu sensoriel du corps fait partie intégrante de l'être global.

Le concept corps/esprit est basé sur l'idée de la globalité de chaque être humain dont les innombrables aspects sont étroitement imbriqués et inséparables. L'entité corps/esprit incarne l'harmonie psychologique et somatique : le corps est la manifestation rudimentaire de la subtilité de l'esprit. « La peau n'est pas séparée des émotions ni les émotions du dos, le dos n'est pas séparé des reins ni les reins de la volonté et de l'ambition, la volonté et les ambitions ne sont pas séparées de la rate ni la rate de la confiance sexuelle », écrit Dianne Connelly dans *Traditional Acupuncture : The Law of the Five Elements*.

Cette parfaite unité du corps et de l'esprit se manifeste dans l'état de santé et de bien-être. Chaque problème est un instrument dont l'entité corps/esprit se sert pour signaler ce qui se passe en elle. Par exemple, maladies ou accidents surviennent souvent à des périodes de changement important (déménagement, mariage, nouvel emploi), quand les conflits intérieurs perturbent l'équilibre et suscitent peur et incertitude, ce qui accroît à son tour la vulnérabilité aux bactéries et aux virus. Dans tous les cas de figure, la maladie entraîne une pause, offre une occasion de se reposer, du temps pour rétablir son équilibre et pour s'adapter aux changements. Elle met aussi en perspective un certain nombre de choses, parmi lesquelles l'importance des relations personnelles et de la communication. La sagesse de l'entité corps/esprit est ici à l'œuvre, car ses deux composantes s'affectent sans cesse mutuellement et agissent constamment l'une sur l'autre.

Physiologie de la relation corps/esprit

Les messages de l'esprit à l'intention du corps sont transmis via une structure sophistiquée, qui associe le système circulatoire, le système nerveux et plusieurs hormones sécrétées par les glandes endocrines. Ce processus extrêmement complexe est régi par l'hypophyse et l'hypothalamus. Ce dernier régit plusieurs fonctions organiques, telles que la température et les pulsations du cœur, en plus des nerfs sympathiques et parasympathiques. D'innombrables fibres nerveuses cérébrales partent de l'hypothalamus, qui connecte ainsi l'activité psychologique et le développement émotionnel au fonctionnement physique du corps. Par exemple, le nerf vague qui part de l'hypothalamus est rattaché directement à l'estomac, ce qui explique les troubles gastriques déclenchés par le stress et l'inquiétude. D'autres nerfs sont reliés au thymus et à la rate, qui à leur tour régissent le fonctionnement du système immunitaire.

Le système immunitaire, dirigé par le cerveau via le système nerveux, est très sensible au stress psychologique. En cas de stress important, quelle que soit son origine, les hormones sécrétées par les glandes surrénales perturbent la relation cerveau / système immunitaire, inhibant de fait ce dernier et rendant vulnérable aux maladies. Le stress n'est pas l'unique catalyseur de ce genre de réaction. Les réactions négatives – colère refoulée ou prolongée, haine, amertume, dépression, solitude, chagrin – neutralisent aussi le système immunitaire en incitant la surproduction hormonale.

Le système limbique, qui regroupe plusieurs formations dont l'hypothalamus, fait partie intégrante du cerveau. Il règle principalement le fonctionnement autonome (équilibre des fluides, activité gastro-intestinale, sécrétion endocrinienne) et l'intégration des émotions. C'est pourquoi on l'appelle parfois le « siège des émotions ». Principal acteur de la relation corps/esprit, son action connecte l'état émotionnel, l'équilibre affectif et le système endocrinien. Les données concernant l'activité limbique et le fonctionnement de l'hypothalamus semblent provenir directement du cortex, zone cérébrale responsable de l'ensemble de l'activité intellectuelle – réflexion, mémoire, perception, interprétation. Le cortex donne l'alarme dès qu'une forme d'activité tenue pour dangereuse est perçue. (Cette perception n'est pas toujours identique à la menace réelle. Par exemple, le corps perçoit le stress comme étant dangereux, même si l'individu est tenté de penser le contraire.) Ce signal d'alarme touche l'organisation limbique et hypothalamique, qui modifie à son tour la sécrétion hormonale et par conséquent le système immunitaire et le système nerveux. À mesure que ces systèmes entrent en alerte, le reste du corps est affecté : muscles tendus, confusion nerveuse, vaisseaux sanguins contractés, dysfonctionnement de l'organisme et troubles cellulaires.

Avant de s'inquiéter en lisant ces lignes, on doit se rappeler que **ce n'est pas l'événement lui-même qui provoque cette suite de répercussions, mais la réaction concrète à l'événement concerné**. Pour citer Shakespeare : « Rien n'est bon ou mauvais en soi, tout dépend de notre pensée. » Le stress est la réaction psychologique de l'individu à un événement, pas l'événement lui-même. Le système d'alarme ne sera pas déclenché par un éclair rapide de colère ou de désespoir vite oublié, mais par l'effet cumulatif d'une émotion négative constamment ou durablement réprimée. Plus longtemps l'état d'esprit rejeté est maintenu, plus il causera des dégâts en affaiblissant la résistance du corps et en affichant sans cesse un message négatif.

Le changement est néanmoins toujours possible, car on peut travailler sur soi à tout moment et passer de réaction à riposte, de subjectivité à objectivité. Par exemple, si on vit et si on travaille dans un bruit incessant, soit on se laisse submerger par une irritation de plus en plus grande, accompagnée de maux de tête et d'hypertension, soit on cherche des solutions constructives. Le corps réagit au message qu'il reçoit – irritation ou acceptation. Les attitudes et les modèles de pensée négatifs récurrents – inquiétude, culpabilité, jalousie, colère, critique, peur – peuvent causer plus de mal que tout événement extérieur. L'ensemble du système nerveux est contrôlé par une « agence centrale de régulation », désignée chez l'homme par le terme « personnalité ». Autrement dit, les situations de la vie ne sont ni positives ni négatives – elles ne font qu'exister. C'est la réaction de l'individu à leur égard qui les fait entrer dans une catégorie ou une autre.

Les maladies des émotions

Le corps traduit ses expériences dans la façon dont il bouge, fonctionne et agit : l'individu est la somme de ce qu'il a connu. **Le corps contient en fait tout ce qu'il a éprouvé – l'ensemble des situations, émotions, stress et douleurs.** Un bon thérapeute déchiffrera l'histoire complète d'une personne en étudiant la forme de son corps, sa capacité à bouger, ses zones de tension ainsi que les types d'accidents, de maladies et d'affections dont elle a souffert. Le corps est une biographie ambulante – les muscles et la chair reflètent les expériences, les blessures, les inquiétudes, les angoisses et les comportements de l'individu. Qu'il assume une posture timide – voûtée et affaissée – ou une posture carrée et défensive, les deux allures ont été intégrées dans la structure même du corps, ayant été apprises et adoptées tôt dans la vie. C'est une grave erreur de croire que le corps est un organisme purement mécanique, au fonctionnement indépendant. Cela équivaut à se refuser l'accès à une source de sagesse toujours disponible.

De la même façon que le corps reproduit ce qui se passe dans l'esprit, l'esprit ressent la douleur et le malaise éprouvés par le corps. On ne peut pas échapper à la loi universelle du karma, la loi de la cause et de l'effet. Dans la vie, tout ce qui arrive a une cause. **Chaque phénomène éprouvé par le corps a été suscité par un modèle de pensée ou un état émotionnel.** Paramahansa Yogananda affirme :

> Une connexion existe entre l'esprit et le corps. Ce que vous gardez à l'esprit se manifestera dans le corps. Tout sentiment négatif, amertume, passion intense, envie durable, anxiété corrosive, accès de colère envers une autre personne détruit de fait les cellules du corps et induit des maladies du cœur, du foie, des reins, de la rate, de l'estomac, etc. L'inquiétude et le stress ont suscité de nouvelles maladies extrêmement graves : hypertension, troubles cardiaques, dépressions nerveuses, cancer. Globalement, les maladies ont leurs origines dans l'esprit. Les douleurs qui affectent le corps physique sont des effets secondaires.

Isoler l'effet (la maladie) en le tenant pour distinct de tout le reste, c'est nier la cause. Dans cette hypothèse, la cause (les attitudes et les sentiments sous-jacents) suscitera à un moment ou un autre un effet différent – une zone distincte de maladie – en tentant de mettre en lumière l'emplacement d'un déséquilibre.

Donc, les messages qu'on envoie inconsciemment au corps sont un facteur déterminant du bien-être. Les messages empreints d'échec, de désespoir et d'anxiété véhiculent un sentiment teinté de négativité, qui conduira à son effondrement le mécanisme de défense du corps (autrement dit, le système immunitaire) et préparera la voie à la mort. Même si les angoisses et les peurs sont imaginaires, le message se traduira quand même par une maladie physique, car le corps se sent menacé. Pour citer de nouveau Shakespeare : « La gaieté est santé, son contraire, la mélancolie, est maladie. » Si on prétend avoir le cœur brisé, le corps connaîtra-t-il la différence entre un cœur affectivement affligé et un cœur physiquement malade ? Il semble que non, car le pouvoir de l'image présente dans l'esprit affectera immédiatement le corps. Les études ont montré maintes fois que les gens meurent souvent peu de temps après avoir perdu un être cher : leur « cœur brisé » cesse littéralement de battre. « L'anxiété peut-elle conduire à des maladies graves ? » demandait Lawrence LeShan dans *Vous pouvez lutter pour votre vie*. « Beaucoup de chercheurs soutiennent que pratiquement toute maladie grave peut être déclenchée par une anxiété considérable. La dépression et le désespoir s'inscrivent non seulement dans l'esprit, mais aussi dans le corps. » On émet constamment ces messages discrets et refrénés, sans vraiment réaliser leur présence, car le subconscient est bien plus puissant que le conscient lorsque l'expression des véritables sentiments est en jeu. Ces énergies subconscientes imprègnent tous les aspects de la vie.

Le langage quotidien décrit de façon pittoresque ces situations. Tout comme l'expression « j'ai le cœur brisé » suggère un profond désespoir, une dépression ou d'éventuelles maladies coronariennes, l'expression « cette pensée me ronge » signale souvent la présence d'un ulcère gastrique ou de troubles intestinaux. Plus le corps reçoit de messages mentaux, moins il pourra battre le rappel de ses défenses et de ses capacités de survie.

Quand on accepte les situations telles qu'elles sont et lorsqu'on prend le temps d'une introspection, le corps comprend que son propriétaire veut réellement vivre. Il entamera alors la guérison des douleurs et des stress qu'il subit. Les messages induits par la joie, la réussite, l'espoir, l'amour et le bien-être encouragent le corps à consolider sa force et sa vitalité, pour jouir à fond de la vie.

Cependant, au niveau conscient, l'individu se persuade souvent (et persuade les autres) que tout va bien – aucune inquiétude, tout est parfait. Peu de gens sont disposés à admettre qu'ils sont effrayés ou solitaires, qu'ils se sentent coupables, furieux ou amers, car ces sentiments sont socialement inacceptables et par conséquent soigneusement réprimés. « Le déni peut nous suivre dans la tombe. Non seulement l'esprit possède des stratégies lui permettant d'isoler le conflit psychologique en l'entourant d'un mur, mais en outre il peut nier la maladie suscitée par la première phase de négation », écrit Marilyn Ferguson dans *Les Enfants du Verseau*. **Le subconscient, qui renferme toutes les peurs, anxiétés et inquiétudes refoulées, est le point de départ des messages affectant le bien-être que reçoit le corps**.

Toute maladie est psychosomatique

Jusqu'au XIXᵉ siècle, les médecins accordaient une grande importance à l'état mental du patient. La relation psychosomatique entre désespoir, dépression, colère, chagrin et maladie handicapante était claire. Comme le dit le Dr Bernie Siegel dans *Amour, médecine et miracles* : « Le bonheur était considéré à l'époque comme une condition *sine qua non* pour la santé. » Pourtant, combien de médecins actuels demandent si on est content et heureux de sa vie lorsqu'on vient les voir pour un mal de dos ou une infection rénale ? Et ils tiendraient les gens pour quelque peu dérangés si ceux-ci se mettaient à poser des questions sur la relation corps/esprit. Le terme « psychosomatique » a acquis une connotation négative, car il est fréquemment utilisé pour « imaginaire ». Lorsque les médecins sont incapables de trouver une cause physique à un problème, ils l'étiquettent commodément de « sans réalité », de « feint », se débarrassant ainsi de toute responsabilité. Cette attitude est incontestablement due à l'ignorance du rôle que joue l'esprit dans le façonnage de la réalité individuelle.

Les mêmes fausses idées entourent l'effet placebo qui améliore l'état du patient. La plupart des médecins utilisent le placebo pour se prouver à eux-mêmes qu'ils ont raison à propos des « malades imaginaires ». Paradoxalement, si on admet que tous les dysfonctionnements du corps ont pour origine l'esprit, on aboutit à la conclusion que nul problème physique n'est isolé. Dans son véritable sens – la capacité de l'esprit à influencer le corps –, le terme « psychosomatique » s'applique à tous les états physiques. Le Dr Franz Alexander, médecin de Chicago, l'a dit il y a une trentaine d'années : « **Théoriquement, toute maladie est psychosomatique, puisque les facteurs émotionnels influencent l'ensemble des processus du corps par l'intermédiaire des voies nerveuses et humorales.** » Le placebo ne fait que stimuler une notion déjà présente dans l'esprit – le désir d'aller mieux. En réagissant à cette idée, le cerveau sécrète un analgésique naturel.

La seule branche de la médecine conventionnelle réellement intéressée par le fonctionnement mental – qui entretient la santé ou rend malade – est la PNI (psychoneuroimmunologie). Ce nom compliqué désigne la reconnaissance du rôle que jouent l'esprit (psycho) et le système immunitaire (immunologie) par rapport au système nerveux (neuro). Actuellement, de plus en plus de professionnels explorent le domaine de la PNI. L'esprit rationnel commence enfin à prouver ce qui a toujours été évident pour le bon sens ! Toutefois, le monde médical dans sa grande majorité n'est malheureusement pas intéressé par l'exploration de la relation corps/esprit ni par son acceptation. En outre, la consommation de plus en plus accrue de médicaments au cours des dernières décennies a éloigné encore plus les patients de leur pouvoir personnel de guérison.

Albert Schweitzer disait : « Chaque patient porte son médecin en lui. Nous sommes meilleurs lorsque nous laissons à celui-ci la chance de se mettre au travail. » Les jours où on se soignait à la maison avec force tisanes chaudes et beaucoup de repos sont révolus. L'homme est désarmé et dépendant, il a perdu le contact avec sa voix intérieure intuitive. La consultation médicale se borne à un rapide passage en revue des symptômes et à la rédaction d'une ordonnance. Pas surprenant donc qu'on retourne fréquemment chez le médecin pour des symptômes récurrents, et même pour de nouveaux. Comment une vraie guérison peut-elle pendre place dans ces conditions, lorsque si peu de temps est consacré à l'examen du patient et lorsque la cause du problème – ses dispositions psychologiques – est ignorée? Les médecins ayant rarement le temps ou l'inclination de s'attarder sur les états d'âme de leurs patients, ceux-ci doivent manifestement s'en occuper eux-mêmes.

Remonter à la source

Les dysfonctionnements physiques – suscités par un accident, une infection ou un stress – sont des messages dont on doit tenir compte. **En cas de maladie ou de problème physique, il faut examiner en premier lieu les mois précédant l'apparition des symptômes.** Ce laps de six à neuf moins renferme toujours un indice.

Quelles émotions ont été ressenties?
Y a-t-il eu un changement important du mode de vie?
Une anxiété ou un stress excessifs?
Des circonstances modifiées, des malheurs?
Une accumulation de colère et de frustration? ...
On peut remonter ensuite davantage, examiner des événements appartenant à un passé lointain, qui influencent encore les situations présentes. Les incidents ont été depuis longtemps oubliés, cependant leur impact émotionnel accompagne l'individu pendant des années, s'enracine dans son corps, au point de l'affecter jusqu'au niveau cellulaire.

Il n'est pas toujours facile de découvrir la cause la plus profonde des attitudes et des modèles comportementaux, souvent soigneusement dissimulée. L'enfance est l'une des clés permettant de comprendre le moment présent.

A-t-on connu des difficultés particulières ou éprouvé des sentiments forts?

Les décès, les séparations, les traumatismes laissent d'ordinaire des marques très perceptibles : peur, perte, chagrin, colère, insécurité. Ces marques restent avec l'individu, influençant et sous-tendant ses actions, son comportement, ses sentiments, ses états d'esprit. Il est atterrant de voir combien de gens ont eu une enfance malheureuse ou dépourvue d'affection. Peut-être les parents voulaient-ils un garçon et pas une fille, la grossesse n'était peut-être pas désirée, les enfants ont peut-être grandi sous le feu des disputes incessantes ou ont été les otages d'un divorce et ont passé leurs jeunes années à faire la navette entre deux parents qui ne se parlaient pas. Ce genre d'expérience ébranle le sentiment de sécurité, de valeur personnelle et d'acceptation. Les peurs infantiles se transforment rapidement en peurs de l'âge adulte qui, avec le temps, finissent par affecter la santé.

La découverte des états émotionnels non exprimés qui sont à l'origine des difficultés du présent ne signifie toutefois pas qu'il faut se résigner et imputer avec fatalisme la situation au passé. La maladie se déclare parce que ces événements, décisions ou expériences-là accompagnent encore l'individu À chaque seconde, sept millions de globules rouges meurent et renaissent. Les cellules osseuses sont entièrement remplacées en l'espace de sept ans. Dans ce cas, pourquoi les nouvelles cellules se reforment-elles selon le même modèle, si celui-ci n'est pas sain ? Parce que la programmation interne n'a pas changé ? Parce que les modèles de comportement mental qui sous-tendent les difficultés physiques n'ont pas été modifiés ? Parce que la maladie a des causes cachées qui finissent par aboutir à un effet ? Travailler en accord avec la programmation intérieure en vue d'induire des changements signifie se plonger au tréfonds de soi-même, là où sont bien enracinés les préjugés, les convictions, les névroses et les idiosyncrasies. Processus difficile, auquel tous les gens ne se sentent pas prêts.

Malades pour apprendre sur soi

La douleur, la maladie ou le mauvais fonctionnement du corps peuvent a priori être tenus pour l'annonce d'un conflit des émotions et des pensées qui menace la survie. Ce n'est pas là une punition divine pour les erreurs commises, mais la façon dont l'individu crée l'équilibre à partir du déséquilibre. À mesure qu'on appréhende mieux la relation corps/esprit, la question émerge : « **Pourquoi je me fais du mal ?** » Consciemment, nul ne veut se cogner, se blesser, éprouver une douleur ou tomber malade. Pourtant, c'est ce qui semble se produire. Lorsqu'on réalise que le corps exprime ce qui se passe en lui, qu'il est un miroir dans lequel le moi se reflète, et quand on comprend en même temps que toute vie recherche la satisfaction et l'équilibre, on discerne de quelle façon les maladies permettent de trouver cet équilibre-là. Les difficultés guident vers la découverte des plans subtils de sagesse et d'amour inconditionnel inhérents à l'individu.

Plutôt que de se laisser submerger par un sentiment d'impuissance et de culpabilité pour sa responsabilité dans tout ce qui arrive, on peut considérer les maladies comme un extraordinaire défi et une occasion de se développer. Le déséquilibre est un avertissement pour l'esprit, une alerte rouge pour l'attention, une chance d'apprendre et de s'élever. Au lieu de regretter ou de se blâmer, on devient plus positif, on admet sa part de responsabilité quant à ses troubles et à son bien-être. On peut alors se poser la question : « **Que faut-il faire pour que mes difficultés disparaissent ?** »

L'intention dirige l'énergie, autrement dit l'énergie suit la pensée. L'énergie se concentre sur tout point visé par la pensée. Si on réfléchit excessivement à la maladie, il y a rapidement risque d'aggravation. Si la nature de la pensée bloque l'énergie, un malaise, une douleur ou une maladie sont susceptibles de survenir. Cette énergie sera débloquée par un changement d'attitude – par exemple, l'acceptation et l'élimination du stress – qui allégera la douleur et la gêne. Gaston St Pierre et moi-même l'avons écrit dans *The Metamorphic Technique* :

> L'ensemble de l'univers, qui comprend tout ce qui constitue notre être, est énergie sous différentes formes. Quelle que soit cette forme – état physique, conflit mental, émotion, réalisation spirituelle – c'est toujours de l'énergie. En présence d'un manque d'harmonie intérieure, nous risquons d'attraper une mauvaise toux, de nous sentir en colère,

d'avoir mal au dos ou d'être confus. Si nous joignons l'aspect psychologique et l'aspect physique, nous comprendrons qu'il n'y a pas de différence, quel que soit le mode d'expression : le déséquilibre sous-jacent n'est qu'une énergie en quête d'exutoire.

La symbolique du corps

Toute partie du corps a une fonction spécifique et un objectif déterminé. Chacune de ces fonctions gère un aspect de la personnalité – par exemple, les jambes permettent d'exprimer la capacité de bouger et la direction de ce mouvement. En présence de négativité, l'énergie correspondant à cette fonction spécifique affaiblit la zone du corps où elle se manifeste, la rendant vulnérable et sujette aux maladies. La pensée va littéralement perturber cette zone-là, provoquant un trouble. « Ce que nous exprimons par la pensée reviendra toujours et se manifestera dans la zone de tension même », écrit Reshad Feild dans *Here to Heal*. En apprenant le langage dont le corps se sert pour faire savoir ce qui ne va pas, on prend conscience de ses attitudes et de ses modèles de pensée négatifs et on peut les prévenir. Cette activité consolide la partie du corps concernée, lui permettant d'accroître sa résistance et d'entamer sa guérison.

Par exemple, les mains montrent la façon dont on dirige sa vie, les sentiments suscités par les attitudes d'autrui à son égard, la capacité de gérer les choses, la faculté de créer et de s'exprimer. En cas de problème, l'examen de ces aspects permet de déterminer où se joue le conflit. Si les mêmes pensées subsistent et si la tension s'accumule dans les mêmes zones, le dommage s'aggravera peu à peu. En identifiant les messages du corps et en se connectant à eux, on peut éliminer la cause du problème. Le Dr Bernie Siegel écrit dans *Amour, médecine et miracles* : « Beaucoup de patients ont déjà une idée de ce lien. Il ne leur faut qu'un médecin large d'esprit pour utiliser ce qu'ils savent. Comme disait un patient : "J'ai toujours été tenu pour un individu mou, sans échine, pourtant un cancer a affecté celle-ci.". » En prêtant attention à ce que dit le corps et en intégrant ses informations, on se reconnecte en douceur à ses besoins, à ses conflits, à ses désarrois, à ses sentiments ni exprimés ni reconnus, qui se manifestent à leur façon à travers le corps. Prendre en compte une partie ignorée ou isolée de soi-même est déjà une guérison. C'est une merveilleuse occasion de changer, où le corps fournit à l'individu tous les outils nécessaires pour se comprendre davantage lui-même.

Apprécier la vie

La maladie permet de mieux apprécier les objectifs et les raisons de l'existence, car rien ne peut être tenu pour certain. Une maladie grave confronte l'individu à sa vulnérabilité et à son impermanence, au fait que la vie a une fin. Celui-ci réalise qu'il n'est pas seul dans sa douleur. S'il peut accepter du fond du cœur cette réalité et l'intégrer, il pourra vivre sans crainte dans le présent. La vie devient alors réellement précieuse, elle demande à être vécue et appréciée pleinement, la beauté remplace la laideur, la compassion et l'amour se substituent à l'amertume ou à l'envie. Comme une fleur qui transperce le béton, la force vitale de l'individu n'a qu'une visée : atteindre la complétude. Pour ce faire, elle emploie tous les moyens à sa disposition. Affronter la mort est un aspect de ce processus, car c'est là une réalité qu'on a rarement à gérer.

Chaque cellule du corps est consciente de la présence de toutes les autres, chacune comprend parfaitement les autres, processus qui inclut tous les aspects cérébraux définissant les états émotionnels, les états mentaux, les souvenirs, le subconscient. Par conséquent, chaque cellule du corps communique en permanence avec les pensées, les émotions, les désirs, les convictions et les images de soi. Deepak Chopra en parle dans *Healers on Healing* :

> Une fois qu'on se voit comme une création de l'intelligence, on doit admettre qu'on s'est créé soi-même. En fait, on est dans un processus d'auto-création, car l'intelligence ne cesse jamais de communiquer avec elle-même. Le sang n'est pas un bouillon chimique, c'est une autoroute à plusieurs voies sur laquelle des milliers de messages se dépla-

cent sans cesse, transportés par les hormones, les neuro-peptides, les cellules immunitaires et les enzymes, chaque message concentré sur une mission, chacun capable de maintenir son intégrité en tant qu'impulsion ou intelligence.

Le langage qu'utilise l'entité corps/esprit est étonnamment facile à comprendre. **La découverte du conflit intérieur consti-tue la première étape ; la gestion et la transformation de celui-ci en résolution et paix permet à la guérison de prendre place.** Ce n'est pas là une tâche facile, ni une tâche que tous désirent assumer. Elle exige de gérer les aspects de soi qu'on a passé des années à éviter soigneusement !

CHAPITRE 2

DÉCODER LE LANGAGE DU CORPS

Chaque chose créée sur terre a un intérieur et un extérieur ; l'un
n'est pas donné sans l'autre, car il n'y a pas d'effet sans cause…
L'extérieur est apprécié depuis l'intérieur, et pas l'inverse.
EMANUEL SWEDENBORG

Tout comme les manifestations extérieures de l'être sont le reflet des expériences intérieures, c'est la réaction aux événements survenus dans la vie qui crée la réalité de l'individu, et non pas les événements eux-mêmes. Qu'est-ce qui se passe réellement quand, par exemple, on a mal à l'épaule, on tombe et on s'égratigne les genoux, on ressent un mal de dos récurrent ou on attrape une indigestion ? Si on jette un coup d'œil sur l'ensemble des affections physiques de l'individu, celles-ci n'ont pas d'ordinaire beaucoup de sens. Mais si on les analyse en considérant que le corps tente de transmettre un message, un sens se dessine. On commence alors à avoir un aperçu des innombrables façons subtiles qui révèlent ce qui se passe dans le corps.

La nature n'agit jamais au hasard. L'ordre naturel est très sophistiqué, et les êtres humains en font partie. Le corps reproduit précisément les déséquilibres énergétiques. Lorsqu'on n'admet pas ce qui se passe dans le corps sur le plan émotionnel ou psychologique, lorsqu'on est aveugle à ses propres attitudes, l'énergie trouvera une autre façon d'attirer l'attention. Le trouble physique est le dernier recours : après tout, nul ne veut se faire vraiment mal ou éprouver une douleur. Lorsque les problèmes psychologiques émergent, le moment est venu de tenir compte des mises en garde du corps.

De même que le corps reflète ce qui se passe sur le plan conscient et sur le plan subconscient, l'esprit se sert du corps pour s'exprimer grâce à des symboles et événements particuliers – maladies, affections, accidents. En apprenant le langage du corps, l'individu accède à sa propre guérison intérieure, suscitant un état de détermination qui résoudra les problèmes. Ce chapitre explique en détail ces différents modèles spécifiques, ainsi que la manière de comprendre et d'interpréter le langage du corps. Chaque modèle est traité séparément. Les chapitres suivants réunissent les symboles et les explications quant à l'application de ces modèles aux troubles physiques.

Le principe des correspondances

Le principe des correspondances a été développé par Robert St John, fondateur de *Metamorphosis*, à partir de la doctrine formulée par le Suédois Emanuel Swedenborg. Selon lui, toute manifestation physique naturelle est en rapport avec un état d'être non physique ou avec un principe correspondant. Il prône donc l'existence d'une relation étroite entre les qualités spirituelles et les formes matérielles, les premières étant des archétypes des secondes. Ce fait devient particulièrement clair lorsqu'on étudie le corps humain et ses trois structures cellulaires de base, les tissus durs, les tissus mous et les humeurs, pour déboucher sur la relation qu'elles entretiennent avec l'énergie spirituelle, l'énergie mentale et l'énergie émotionnelle.

Les tissus durs
Les tissus durs – principalement les tissus osseux – sont le support sur lequel est bâti le corps, assemblage comparable aux strates rocheuses étayant les entrailles de la Terre. C'est là une base intrinsèque sans laquelle la vie ne peut pas exister.

Après la conception, le premier élément à se développer est la colonne vertébrale. Le reste du squelette suit. La structure osseuse représente donc le besoin originel de s'incarner, d'assumer une forme. Robert St John écrit : « Nos os représentent le modèle premier du début de la vie à la conception… renfermant les caractéristiques héréditaires, les motifs karmiques et tous les autres facteurs imposés à la nouvelle vie ou englobés en elle. La colonne vertébrale est le centre de cette structure. » Les os correspondant au désir d'être, de s'incarner, permettent au corps de se manifester et d'avancer grâce aux muscles et aux humeurs.

Apparemment dépourvus de la vibration dont font preuve les autres structures tissulaires et se mouvant très lentement, les os possèdent en fait le type le plus dense d'énergie. On peut comparer les os au diamant, le plus dur des cristaux, la forme de matière la plus condensée et la plus riche en énergie. Plus la structure est dure, plus son énergie sera considérable. On peut affirmer que les os représentent l'énergie cristalline de l'individu, la plus compacte et la plus consistante, ainsi que la plus abondante. Les os forment le noyau énergétique qui soutient la vie et lui permet de se matérialiser.

Tout comme les os conditionnent l'existence de la chair et des humeurs, l'énergie spirituelle donne vie aux pensées et aux sentiments et communique via les images mentales et les émotions. L'intelligence spirituelle influence constamment la manifestation mentale et l'expression émotionnelle. La vision globale de la vie, la motivation et la conduite dépendent de la vision spirituelle. De même qu'un corps sans os ne peut pas survivre, on ne vit pas vraiment sans un contact avec l'aspect spirituel de sa nature. Telle est la correspondance entre les tissus durs et l'être spirituel.

Un traumatisme du système osseux signale par conséquent un conflit au niveau le plus subtil de l'être, conflit si marqué qu'il entrave tant la progression intérieure que la progression extérieure, ou même les arrête totalement. Lorsque ce cas se présente, on doit réévaluer les choses, changer de direction ou découvrir ce qui suscite une telle douleur. C'est un appel au secours, un souhait d'attirer l'affection et l'attention, une voix quémandant la solidarité, car il est difficile à un convalescent de se débrouiller constamment seul. J'ai souvent vu ce processus se mettre en place chez des personnes âgées qui vivaient seules. En cas de chute ayant entraîné une fracture, la situation amène de l'attention et de la compagnie, la solitude est moindre et la famille se rend compte de la nécessité d'un changement, du fait que cette personne ne peut plus vivre seule.

Une fracture peut aussi incarner un conflit spirituel, qui affecte tous les aspects de l'être. La direction spirituelle – ou la motivation – est soumise à une désorientation et à un tourment si grands qu'elle ne peut plus continuer telle quelle. L'essence même de l'être est en conflit. La partie du corps où se produit la fracture fournira d'autres informations quant à la nature de ce conflit.

Les tissus mous

Ce groupe comprend la chair, la graisse, les muscles, les nerfs, la peau et les organes internes, autrement dit les structures responsables en premier lieu de la forme, de la taille, de l'aspect et de la force du corps. Ces tissus correspondent à l'énergie mentale – on devient ce qu'on pense devenir – et expriment donc le perpétuel changement intérieur. Les muscles fournissent aux os (tissus durs) le moyen de bouger et façonnent le corps en fonction des idées de l'individu.

La formation de ces tissus reproduit les expériences passées, les attitudes et les modèles comportementaux de l'individu. Tout comme les tendons durs signalent des tendances rigides, les traumatismes et les conflits anciens sont enfouis dans les profondeurs de ces tissus. Les souvenirs douloureux sont amortis par les couches de graisse. Les muscles flasques et les muscles hypertrophiés représentent des faiblesses particulières. Les muscles contractés, les tumeurs et les dépôts adipeux signalent la présence de modèles de pensée en rapport avec la partie du corps concernée. Les muscles raidis mettent en évidence des modèles logiques inflexibles : un torticolis empêche de tourner la tête pour élargir son champ visuel et on se fige ainsi sur un point de vue unique, celui qui est le plus évident. « J'ai constaté qu'en plus d'affecter le fonctionnement de l'organisme, les expériences émotionnelles, les choix psychologiques, les attitudes et les images personnelles, influencent aussi considérablement la façon dont le corps est façonné et structuré », écrit Ken Dytchwald dans *Bodymind*.

26

Les tissus mous mettent en lumière les attitudes, les comportements, les expériences et les modèles mentaux inexprimés. On peut les tenir pour un baromètre indiquant le positionnement de l'individu par rapport à son corps. Ils expriment le mouvement du corps, ses conflits et ses troubles. Par exemple, lors d'une situation négative ou douloureuse, les muscles concernés par celle-ci se crispent sur le champ. Ils ne se relaxeront pas avant que l'individu soit prêt à faire face à la douleur globale de la situation. Pareillement, une blessure aux pieds signale une opposition mentale à la direction prise. La peau qui pèle représente le rejet des modèles de pensée obsolètes, hors d'usage. La perte de l'excès de poids symbolise l'abandon des strates protectrices qui empêchent l'individu de devenir vulnérable. Les tissus mous sont pareils à la Terre : ils sont la substance même à partir de laquelle la vie se développe et s'épanouit.

Les humeurs
Plus de 90 % du corps humain est formé de fluides : eau, sang, urine, lymphe, sueur, salive, larmes, lait, sécrétions endocriniennes, sécrétions sexuelles. Les fluides imprègnent l'ensemble du corps, comme un océan dont les vagues s'animent en même temps que l'individu, portant ses désirs, ses sentiments et ses élans. Ces humeurs circulant d'un bout à l'autre du corps transportent les substances nutritives et les hormones essentielles, ainsi que l'oxygène, et emportent les déchets pour les éliminer. C'est là une image très technique. Mais les humeurs génèrent aussi excitation, chaleur et énergie – quand les lèvres, les mamelons et les organes génitaux se chargent de sang, l'excitation augmente, l'amour règne en maître, l'envie de partager ce sentiment avec une autre personne prend le dessus. De même, le visage change de couleur dans l'embarras : la colère le fait rougir, la crispation, pâlir.

Ces phénomènes permettent d'identifier les correspondances entre les humeurs et les émotions. Alexander Lowen écrit dans *Bioenergetics* : « Les sensations, les sentiments et les émotions sont les perceptions des mouvements dans le corps en grande partie fluide. » Les larmes expriment merveilleusement le débordement de l'énergie émotionnelle. Le cœur est depuis longtemps le symbole des passions, ainsi que, sur un plan plus noble, celui de la compassion. Le sang, qui transporte d'un bout à l'autre du corps cette énergie du cœur, exprime à la fois l'amour et les émotions. Les problèmes cardiaques signalent l'égocentrisme et le conflit vis-à-vis de l'expression et de la perception de l'amour. Les artères durcies indiquent le refus des énergies émotionnelles, qui se figeront à leur tour jusqu'à pratiquement disparaître. La miction élimine les émotions devenues inutiles. Les troubles urinaires indiquent donc la rétention des émotions négatives, qui normalement auraient dû être expulsées. En s'y raccrochant, on suscite irritation et douleur (comme dans le cas d'une cystite).

Chaque fluide corporel correspond à un aspect différent de la nature émotionnelle. Sur le plan des humeurs, tout gonflement, difficulté de miction, hémorragie surabondante, mauvaise coagulation, transpiration ou sécheresse excessives, hypertension, indique un déséquilibre émotionnel ou un refoulement concernant l'expression des sentiments et des réactions. L'émotion en question dépendra du fluide affecté, comme nous le verrons au chapitre 6.

Les humeurs confèrent direction et objectif au mouvement rendu possible par les os et les muscles. À leur tour, les émotions expriment l'intention spirituelle, le pouvoir et l'exaltation de l'énergie mentale qu'elles orientent et dirigent.

Le côté droit et le côté gauche

En général, l'être humain considère que les deux côtés de son corps sont semblables. Pourtant, quelques détails importants différencient ceux-ci. Les côtés du corps représentent les hémisphères cérébraux responsables, quant à eux, de fonctions parfaitement distinctes.

Le côté droit
L'hémisphère gauche du cerveau contrôle le côté droit du corps. Tant chez les hommes que chez les femmes, ce côté représente la nature masculine : l'aspect intellectuel, assuré, autori-

taire, logique et rationnel, qui gère la réalité quotidienne, les questions pratiques et les situations de travail. C'est la partie yang de l'être, celle qu'on a tendance à utiliser le plus. Elle reproduit les rapports de l'individu avec son propre aspect masculin et avec les personnages masculins de sa vie : père, époux, petit ami. Chez l'homme, les problèmes de ce côté du corps concernent d'ordinaire la compétition ou les questions de virilité. Chez les femmes, ce côté reflète davantage les conflits ayant trait à la carrière professionnelle et à l'intégration d'un aspect plus assuré dans l'image stéréotypée de la féminité.

Ellie est venue me voir pour un léger engourdissement du côté droit de son corps, qu'elle ressentait depuis l'adolescence. Pendant son enfance, elle avait été tenue pour un vrai garçon manqué. Au fil de notre conversation, elle a réalisé que cet engourdissement était apparu lorsque son père avait exprimé le souhait qu'elle suive des cours de secrétariat, comme une gentille jeune femme, alors qu'elle voulait devenir pilote de chasse ! Par égard pour son père, elle avait réprimé son originalité, ou plutôt elle l'avait exclue de sa personnalité, faisant ainsi s'installer un engourdissement dans la partie d'elle-même qui représentait son intrépidité (le côté droit). En niant cet aspect de sa personnalité, elle a pu devenir ce que son père voulait qu'elle soit. Pour guérir, Ellie devait pardonner à son père de lui avoir imposé son point de vue et cultiver la confiance lui permettant de faire ce dont elle avait vraiment envie. Elle devait aussi se pardonner elle-même d'avoir refoulé ses sentiments. Autrement dit, Ellie devait ramener à la vie sa partie rejetée.

Le côté gauche

L'hémisphère droit du cerveau correspond au côté gauche du corps et représente le principe féminin, l'énergie yin. C'est la nature créatrice et artistique, le monde intérieur discret, réceptif, passionné, intuitif. C'est la partie avec laquelle beaucoup de gens ont perdu le contact ou qu'ils ne savent pas exprimer. Elle symbolise la relation avec l'aspect féminin, tant le sien que celui des autres. Chez l'homme, les problèmes du côté gauche signalent un conflit quant à l'expression de sa compassion, à sa capacité de pleurer ou de réconforter, à l'éventuelle difficulté d'ac-

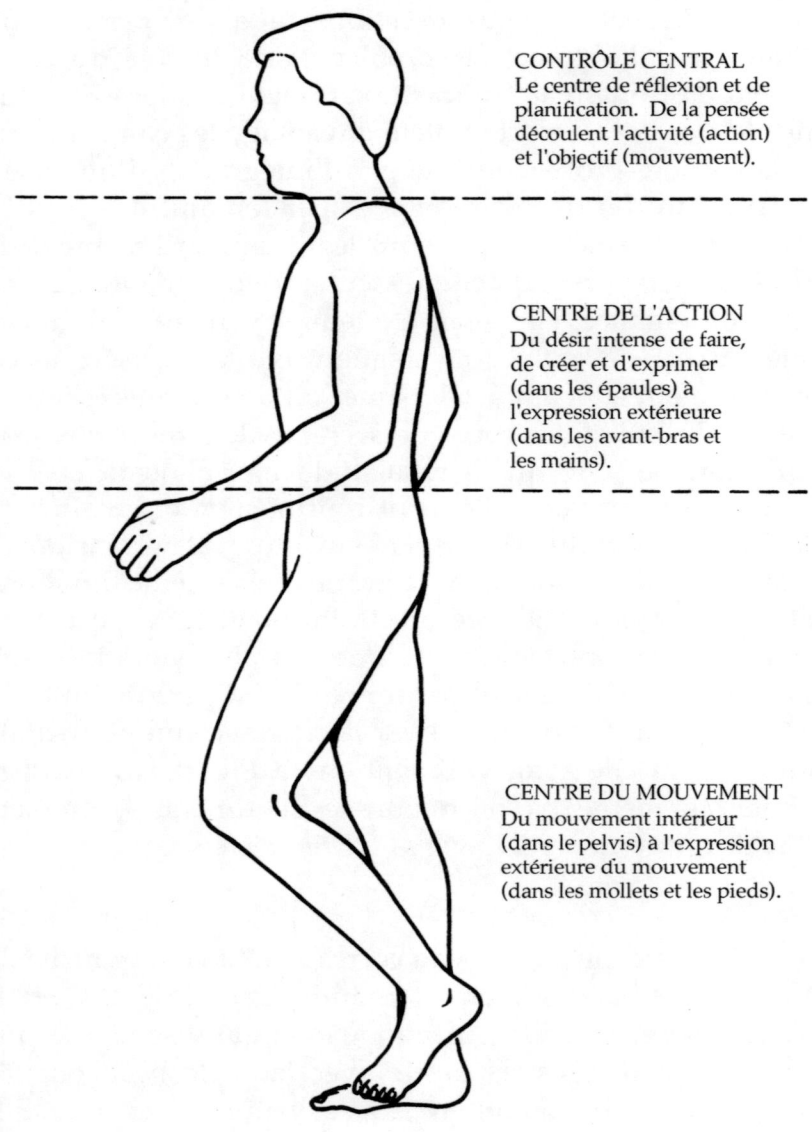

CONTRÔLE CENTRAL
Le centre de réflexion et de
planification. De la pensée
découlent l'activité (action)
et l'objectif (mouvement).

CENTRE DE L'ACTION
Du désir intense de faire,
de créer et d'exprimer
(dans les épaules) à
l'expression extérieure
(dans les avant-bras et
les mains).

CENTRE DU MOUVEMENT
Du mouvement intérieur
(dans le pelvis) à l'expression
extérieure du mouvement
(dans les mollets et les pieds).

Figure 1 : *Centres d'activité*

cepter l'amour ou la libération émotionnelle. Chez la femme, ces problèmes annoncent une difficulté à exprimer la féminité, à être une femme et à se conformer au stéréotype de son sexe. Chez l'ensemble des gens, les troubles du côté gauche parlent des rapports avec les femmes – la mère, la fille, l'épouse, la petite amie.

Les centres d'activité

La tête est le centre d'activité dominant de l'individu. Toute action débute là en tant que pensée pour s'incarner ensuite grâce à deux principaux moyens d'expression : le centre du mouvement et le centre de l'action.

Le développement physique de l'embryon commence par la formation de la tête et de la colonne vertébrale, la partie céphalo-rachidienne. Cette énergie se dirige ensuite vers l'extérieur, passant du centre du corps vers les jambes et les bras (le mouvement et la réalisation) – la partie proximo-distale. « Si la conscience dépend à un quelconque degré du développement du corps physique qui joue le rôle de réceptacle, alors la conscience de l'embryon va d'un "centre" fermé vers les extrémités plus visibles », écrit Jonathan Damian dans *Wholistic Phenomenology*. En analysant les centres du mouvement et de la réalisation, nous nous pencherons sur la relation psychologique et émotionnelle de leur manifestation intérieure et extérieure.

Le centre du mouvement

Le centre du mouvement va des hanches jusqu'aux pieds. Il représente la direction que prend l'individu, la progression de sa vie par rapport à son environnement personnel, à son mouvement intérieur. Ce dernier aspect est en relation directe avec le bassin, symbole de l'orientation intérieure, des pensées et des sentiments les plus profonds, des conflits ou des affinités concernant le mouvement personnel. Le bassin est la région où l'on « donne naissance », physiquement à une nouvelle vie et psychologiquement à un nouveau mouvement intérieur. À partir de là, grâce à l'élargissement de sa conscience (voir chapitre 3), l'individu accède à d'autres domaines de connaissance ou s'incarne dans le monde qu'il parcourt avec ses pieds. Le bassin exprime aussi la polarité du mouvement individuel par rapport au mouvement collectif, car il est la zone de communication avec le monde extérieur et la région où on s'implique dans celui-ci. C'est là qu'on révèle l'énergie de son cœur en partageant sa sexualité, là qu'on se libère de la peur et de la colère en urinant. Cette région correspond aux aspects sociaux des relations.

Le bassin reproduit le mouvement intérieur, qui s'extériorise là en incitant l'énergie à descendre par les jambes et à émerger dans le monde. Les jambes expriment donc les sentiments et attitudes relatives au mouvement. Par exemple, les genoux permettent de s'agenouiller, action suggérant l'acceptation d'une autorité ou d'un pouvoir supérieurs devant lesquels on doit se montrer humble. Les genoux amortissent par ailleurs les chocs, conférant grâce aux mouvements quand on se déplace sur un terrain accidenté. Les problèmes de cette zone se rapportent généralement à la confiance en soi, à la fierté et à l'entêtement qui entravent l'avancée de l'individu. Ainsi, une situation traversée peut s'avérer trop difficile pour qu'on puisse continuer.

Les chevilles représentent le système de support spirituel ou de support mental sur lequel on se repose et duquel on dépend. Si une cheville fléchit, le corps entier s'effondre et la progression de l'individu est stoppée. Cet effondrement signale une désagrégation du système d'étayage qui maintient l'individu en activité, impliquant par là que la direction visée est à réévaluer ou à modifier.

Les pieds incarnent la direction qu'on prend dans la vie. Ils permettent le contact avec la Terre-Mère, de laquelle on tire son statut et sa force dans la société. De par leur action, les pieds symbolisent le mouvement et la direction les plus ouverts vers l'extérieur. Les pieds traduisent aussi la réaction de chaque aspect de l'être, si infime soit-il, à ce mouvement. Lorsque le mouvement entre en conflit avec les désirs de l'individu, celui-ci risque d'avoir mal aux pieds, d'une façon ou d'une autre.

Le centre du mouvement concerne la stabilité, l'équilibre, le maintien, l'ancrage et l'enracinement dans le monde. Lorsque cette moitié inférieure du corps est proportionnellement plus large que la partie supérieure, l'individu est très bien ancré dans le monde, quoi qu'il ait probablement perdu le contact avec ses sentiments plus personnels et avec sa capacité de les exprimer. Lorsque la partie inférieure du corps est proportionnellement plus petite que la partie supérieure, on est en présence d'un manque de connexion avec la terre. Trop peu d'énergie traverse le corps pour s'écouler dans la terre. L'accent est mis plutôt sur l'impression que l'individu donne à la société, sur sa « façade », que sur la solidité et l'ancrage de sa position dans celle-ci. Autrement dit, bien qu'on puisse les exprimer sans peine, ces sentiments sont dépourvus de base solide.

Le centre de l'action

Le centre de l'action va de la colonne vertébrale jusqu'aux mains, en passant par les épaules : il regroupe les sentiments à propos de ce que l'individu fait soi-même, du traitement qu'il reçoit des autres, de sa capacité à gérer sa vie. Cette zone représente aussi le désir de s'exprimer soi-même : les mains incarnent les énergies les plus créatrices et les plus subtiles de l'individu, les bras et les mains partagent l'amour et offrent l'énergie du cœur. En caressant, en effleurant et en enlaçant, on peut toucher, attirer ou repousser.

Les épaules expriment ce processus sur le plan intérieur, plus précisément, elles expriment les sentiments profonds à propos de ce que l'individu fait ou du traitement qu'il reçoit. Combien de gens font réellement ce qu'ils ont envie de faire ? Combien de fois a-t-on souhaité corriger a posteriori une action ? Et combien de fois a-t-on été en conflit quant à ce qu'on devrait faire ? Les épaules portent à contrecœur le fardeau de l'individu, qui fait quelque chose qu'il ne veut pas réellement faire ou qui s'accroche à la culpabilité et aux émotions négatives du passé relatives à une action déjà effectuée.

Les bras déplacent cette énergie d'action vers l'extérieur, conduisant les désirs et les sentiments intérieurs à leur expression dans le monde. Les coudes confèrent souplesse et grâce au courant énergétique qui participe à l'effort exigé par cette manifestation. Les poignets déplacent encore plus l'énergie. Un problème au niveau du poignet peut signaler quelque chose qu'on veut être ou faire, mais qui ne s'accomplit pas, car cette expression finale a été refoulée pour une raison ou une autre.

Les mains, quant à elles, expriment soit la façon de se cramponner aux événements ou aux sentiments, soit l'incapacité de saisir les nouvelles situations. Les mains sont des moyens de libération créative, à travers elles l'individu communique et partage. Expression la plus extérieure de l'énergie d'action, les mains s'étirent souvent excessivement en avant, car l'individu est tenté d'en faire trop ou se retrouve piégé par ses propres actions. Dans ce genre de cas, les mains sont blessées.

Le modèle prénatal

Ce modèle esquisse les grandes lignes du développement de la conscience durant la période de gestation, de l'époque précédant la conception jusqu'à la naissance, et de la façon dont celle-ci se reflète dans le corps. Le modèle prénatal a été étudié minutieusement par *Metamorphosis*, qui a conclu que cette phase est accessible à travers diverses parties du corps. En travaillant sur ces zones spécifiques, on peut par ailleurs susciter de profonds changements.

On sait que le moment de la conception inscrit dans la matière toutes les données génétiques de l'être humain. Au fil de la gestation, le schéma esquissé à la conception s'étoffe grâce aux gènes, éléments constitutifs de l'être. Mais peut-on affirmer en parfaite connaissance de cause que les gènes créent ce qui sera un être unique? Les gènes peuvent-ils générer la conscience, les pensées, la créativité, les sentiments, les idées, les intuitions?

Le modèle prénatal est basé sur l'idée de la présence d'une énergie à la conception, en plus du sperme et de l'ovule. Cette énergie est le nouvel être-en-devenir. Une diversité d'enseignements spirituels parlent de ce processus, désigné par d'innombrables noms. Leurs préceptes affirment généralement que le nouvel être émerge d'abord complètement dans l'abstrait, en tant que conscience dépourvue de forme. Cette conscience est ensuite attirée, comme un aimant, vers deux parents particuliers vivant sur le plan physique. Lorsque la conception se produit, l'être-en-devenir s'incarne dans la matière. Au fur et à mesure de la progression de la gestation, les potentiels et les caractéristiques de cet être-en-devenir s'étoffent. Tout ce qui arrive durant la période de gestation et après celle-ci fait partie intégrante de ce que cet être-en-devenir a attiré vers soi lors de la conception.

La croissance du fœtus, depuis la cellule unique jusqu'à l'être humain, est un extraordinaire processus de création, englobant non seulement le développement physique, mais aussi le développement de la conscience. On s'intéressera ici principalement à la relation entre le corps et les changements de conscience éprouvés dans la matrice. En plus de se refléter dans le corps, ces différents états de conscience influencent constamment l'individu et engendrent un langage spécifique dont l'esprit se sert pour exprimer nombre de sensations.

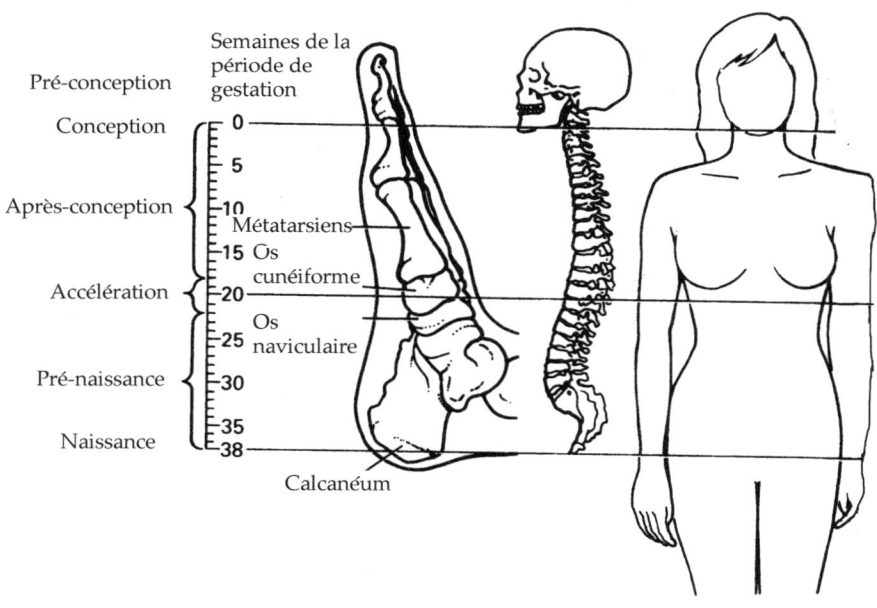

Figure 2 : *Diagramme du modèle prénatal formulé par Robert St John.*

35

Le modèle de gestation est accessible à travers les points réflexes spinaux situés sur les pieds, les mains, la tête et la colonne vertébrale. Ces points sont utilisés par le Massage métamorphique et la figure 2 montre les correspondances de ce modèle avec la colonne vertébrale. Examinons maintenant les phases spécifiques de la période de gestation : conception, après-conception, accélération, étape précédant la naissance et naissance.

La conception

Lorsque le sperme et l'ovule se rencontrent et amalgament leurs identités respectives pour créer la structure physique potentielle du nouvel être, c'est un moment de convergence, une explosion d'énergies. C'est l'instant où sont réunis tous les facteurs qui formeront le « moi » : l'héritage génétique, la race, le moment de la naissance, l'emplacement et l'état de la vie à venir. Chacun ajoute une saveur particulière au mélange, pour concocter le schéma directeur de l'être-en-devenir.

Toutes les particularités héréditaires qui se manifesteront dans la vie sont présentes à la conception, que ce soit la couleur des cheveux ou un trait de caractère précis. Les éléments « non génétiques », les facteurs spécifiques à l'individu, sont eux aussi présents. Cette présence lui permet même de « s'attirer » un signe astrologique déterminé. Lorsque le fœtus est soumis à l'influence de la formation céleste pré-choisie, l'accouchement se déclenche. Walter Goodman affirme dans un article paru le 30 août 1982 dans *Newsweek* :

> L'enfant à naître tend à déclencher le processus de sa propre naissance en réaction à une configuration planétaire particulière. Lors de ce processus mystérieux, les planètes agissent comme des sages-femmes célestes. Un certain signal émanant des planètes interagit en quelque sorte avec le fœtus dans la matrice, le poussant à s'engager à un moment précis dans le processus de naissance… Peut-être que ce n'est pas le moment de sa naissance qui choisit l'avenir, mais l'avenir qui choisit le moment de la naissance.

À son tour, le potentiel ultérieur de l'individu participe apparemment aussi à la conception et s'implante dans l'être au fil de la progression de la grossesse. La manifestation réelle de ce potentiel est conditionnée par le degré de conscience de l'individu et par les choix qu'il fait dans la vie. La croissance des germes présents à la conception dépend du degré d'effort personnel que l'individu est disposé à effectuer.

De nombreuses théories existent quant au moment où la conscience du nouvel être s'intègre dans la structure de la cellule. Il semble pourtant qu'une prise de conscience existe dès le moment de la conception, une sorte d'intelligence dirigeante. Cette énergie inédite porte bien des noms : âme, esprit, force vitale. Essentiellement intelligence pure, dont l'intention est très révélatrice, c'est la conscience du nouvel être. Lors de la conception, cette énergie passe d'un état dépourvu de forme à une forme matérielle, physique, conférant ainsi vie à l'organisme unicellulaire.

La conception est le pont entre l'absolu et le relatif, entre ce qui est au-delà du temps, de l'espace et de la matière et ce qui est dans le temps, l'espace et la matière. Franchir ce pont exige un engagement : être présent et participer pleinement à la vie. L'équivalent physique de la conception est le cou, pont entre l'abstrait (la tête) et la réalité physique (le tronc). L'air et la nourriture absorbés au niveau de la tête en vue de maintenir l'existence physique doivent traverser le cou pour arriver dans le tronc. De même, les pensées et les sentiments présents dans la tête se manifesteront dans le tronc, qui pourra ainsi bouger et fonctionner. Pareillement, une nouvelle idée ou d'un nouveau projet doit prendre forme matérielle pour devenir une réalité. La gestation découle donc de la conception, tout comme le reste du corps vient en prolongement du cou. Représentant le commencement de la vie, le cou permet d'absorber la réalité qui façonnera par la suite l'essence de l'être.

Le cou est extrêmement vulnérable, particulièrement en sa qualité de frontière entre l'esprit et le corps. Par exemple, si l'individu est venu au monde suite à une situation de refus absolu – viol ou grossesse non désirée – il peut éprouver de la répulsion envers son corps. Dans ce genre de cas, il refusera sa réalité physique de la même façon qu'il a été rejeté au moment de la conception. S'il est particulièrement cérébral, si sa principale énergie demeure dans la tête et s'il ne fait pas particulièrement attention à son corps, des troubles sont susceptibles d'apparaître dans la zone du cou, tels que tension ou arthrite. Le corps lui semblera un inconnu, sans sensation ou connaissance véritable quant à son existence physique, sans expérience directe de son fonctionnement ou de ses besoins. La conception étant le point d'entrée dans la matière, l'individu s'est probablement engagé dans la réalité relative à contrecœur, car il aurait préféré rester dans l'absolu! Eu égard à cette séparation esprit/corps et à l'absence d'intérêt pour le fait d'exister dans le monde, si l'énergie ne circule pas librement des troubles surviennent dans la région du cou.

L'après-conception

Très peu de temps après la conception, la cellule se divise plusieurs fois, puis se fixe à la paroi de l'utérus. Sa forme commence à changer, elle s'allonge et se transforme en « filet primordial », esquisse annonçant la tête et la colonne vertébrale. Au fil de son développement, le fœtus passe par toutes les phases de la vie animale : « l'ontogenèse récapitule la phylogenèse ». Autrement dit, le fœtus renferme en lui la création dans sa totalité et parcourt le processus de l'évolution jusqu'à aboutir à la forme humaine. L'homme ne forme effectivement qu'un avec l'ensemble de la vie !

Le terme après-conception désigne les quatre premières semaines de gestation, pendant lesquelles le fœtus est concerné uniquement par lui-même et son développement. Bougeant imperceptiblement, il n'a pas encore réalisé l'existence d'une présence autre que la sienne. Le fœtus ne fait pas de distinction entre lui et le milieu où il se trouve – dans son esprit, il n'y a qu'Un et tout ce qui existe dans l'univers en est un aspect. C'est une période extrêmement intérieure, une période d'intense formation de l'individu. Pour citer *The Metamorphic Technique* :

> Le mot « individu » vient du latin *individuum*, littéralement « corps indivisible ». Dans ce sens, le *véritable* individu n'est pas divisé, il ne forme qu'un avec l'univers. Ici, la nouvelle vie, bien qu'en train de devenir un être dis-

tinct, sait en même temps qu'il n'y a pas de différence entre elle et son environnement. Paradoxalement, c'est une ignorance de l'individualité propre et aussi une conscience de la véritable individualité.

Cette phase de croissance correspond au développement des plans intérieurs, où il n'y a nulle conscience de quoi que ce soit d'autre en dehors de soi. C'est une relation entre l'individu et lui-même. Physiquement, l'après-conception équivaut à la poitrine, depuis le cou jusqu'au plexus solaire. Par conséquent, tous les organes et les éléments corporels se trouvant dans cette région ont un rapport avec cet aspect intérieur de la conscience. Leurs troubles signalent surtout un problème avec le monde intérieur, les sentiments, la compréhension et l'idée qu'on a de soi : colère dirigée contre soi-même, égocentrisme, enfermement dans une vision introvertie de la société.

Le cœur, par exemple, a longtemps été tenu pour le siège et le symbole de l'amour. À partir de là, l'amour se répand dans le monde, tel le courant de sang circulant d'un bout à l'autre du corps. Comme le cœur est situé dans la poitrine, un trouble dans cette zone signale, outre un problème avec l'amour en général, la difficulté rencontrée quant à l'amour de soi, à la capacité de l'exprimer, de le partager ou même de l'éprouver. Cette difficulté peut devenir si grande qu'elle provoquera le verrouillage de ce centre. Les rapports d'autres organes situés dans la poitrine (les poumons) avec cette énergie intérieure, pratiquement introvertie, seront analysés plus tard. Seul le soi est présent dans la poitrine, centre des intérêts les plus personnels.

L'accélération

Vers quatre mois et demi, le fœtus commence à bouger et à explorer son environnement. Ce faisant, il réalise la présence de quelque chose d'autre, distinct de lui-même : la paroi de l'utérus. C'est la transition de la conscience de soi à la conscience de l'autre, ainsi que la découverte de la limitation, le commencement de la relation, la première prise de conscience et la première ouverture au monde. Ce moment est un point de grande convergence, une extraordinaire mutation dans la conscience, de l'unicité à la dualité.

Cette phase correspond au plexus solaire, au diaphragme et aux autres organes situés dans cette région, point de passage entre la poitrine, expression intérieure de l'être, et l'abdomen, son expression plus extérieure. Les troubles physiques de cette région indiquent une incapacité soit d'exprimer ce qui est en soi, soit de mettre en contact l'intérieur avec l'extérieur. Autrement dit, les sentiments sont refoulés ou bloqués. Ce genre de trouble signale par ailleurs la séparation entre l'aspect privé et l'aspect public de l'individu, le point où on « pose une limite », la capacité de passer de la pensée à la forme, de l'individuel au multiple. Si cette transition est impossible, l'énergie sera retenue soit dans la partie supérieure de la poitrine – l'individu sera introverti, ne pourra pas s'exprimer ou partager son monde intérieur –, soit dans la partie inférieure de l'abdomen – l'individu sera extraverti, n'arrivera pas à entrer en contact avec ses véritables sentiments et son expression extérieure ne sera qu'apparence dépourvue de profondeur.

L'étape précédant la naissance

Cette période comprend les quatorze dernières semaines de grossesse, durant lesquelles le fœtus se prépare à son entrée dans le monde. C'est là une phase d'action, où le fœtus explore et découvre les limitations et les possibilités de son univers. C'est une époque de développement du soi en relation avec les autres. En se préparant à la séparation définitive d'avec la mère, l'individu se définit, à mesure que l'énergie se dirige vers l'extérieur.

Cette période correspond à l'abdomen, depuis le plexus solaire jusqu'aux organes génitaux. Les troubles dans cette région sont liés à la place de l'individu dans le monde, à ses relations, à sa façon de communiquer et à son sentiment de statut personnel. L'abdomen représente la relation entre l'individu et le monde extérieur, les sentiments à l'égard de ce qu'il donne au monde et de ce qu'il en reçoit, parfois le conflit entre ce qu'il est et ce que les autres croient qu'il est. L'abdomen est le lieu où

40

sont absorbés, intégrés, rejetés et, dans le meilleur des cas réglés, tous les sentiments, émotions, pensées, attitudes de l'individu concernant sa propre réalité. Ken Dytchwald affirme dans *Bodymind* :

> Le ventre est le centre des sensations du corps. C'est de là que viennent la plupart de nos émotions et passions. Lors d'un événement, beaucoup de ces émotions « jaillissent » des tripes et se répandent dans le reste de l'entité corps/esprit en empruntant le chemin qui leur convient le plus.

Zone de la digestion et de l'assimilation des aliments, les intestins sont aussi le lieu où on intègre la réalité, ainsi que la capacité de communiquer avec elle et de la gérer. Cette phase prépare à la relation – c'est en fait un point de convergence des sentiments et des attitudes concernant les rapports avec les gens et avec la société. La constipation et les autres troubles intestinaux apparaissent en réaction à la façon de gérer la réalité, alors que les troubles rénaux ou vésiculaires incarnent la colère relative à l'expression dans le monde.

La naissance

Moment d'extraordinaire changement, la naissance pose les bases de la perception que l'individu a du monde et de sa place dans celui-ci. La naissance confère un sentiment de sécurité et d'amour, quoi qu'elle devient parfois à l'âge adulte le soubassement de nombreuses peurs et névroses. Durant cette phase, la mère est la plus active, alors qu'à la conception c'était le père. La naissance est en quelque sorte la forme extrême de rejet maternel, car le bébé est expulsé de force. Il émerge d'un endroit chaud, obscur, sûr, dans un lieu rempli de lumières, de bruits, où il est tenu tête en bas et reçoit une claque sur les fesses, et où il est, en dernière analyse, séparé de sa mère. Sa première impression sera certainement que le monde est un endroit cruel, agressif, effrayant et solitaire. Aucun sentiment d'être accueilli avec douceur et amour ! Au lieu de faire l'expérience du lien important entre tous avec la mère, établi à travers la vue, le toucher et l'odorat, qui active la plupart des fonctions essentielles à la vie et engendre un sentiment de joie et d'acceptation, le bébé est obligé de se blinder contre les actions impitoyables auxquelles il est soumis. Comme le disait l'obstétricien Frédéric Leboyer : « Une personne est là, pleinement consciente, qui a droit au respect. »

La naissance est la séparation de la mère et de l'enfant, qui formaient un ensemble, en une dualité, c'est-à-dire en deux entités distinctes. C'est le passage d'un état fermé à un état ouvert, qui risque de causer un grand traumatisme. Si la situation engendre peur, panique et éloignement, l'individu réagira indubitablement de la même façon lorsqu'il sera confronté à des situations de changement radical : il sera effrayé, paniqué, se sentira seul et isolé. Si, par contre, la transition est tendre et exempte de peur, les époques de changements importants ne présenteront aucune difficulté, l'individu réagira avec courage et franchise.

Autre cas, la naissance par césarienne. Confronté à un changement, cet enfant sera capable de voir tous les aspects d'une situation, il saura qu'il peut arriver à un résultat, mais n'aura pas d'idée quant aux moyens d'y parvenir et se contentera d'attendre que les choses se passent. Son expérience de la transition prônera qu'il faut attendre une intervention extérieure. Si au cours de la grossesse le bébé est devenu dépendant d'une substance quelconque telle que drogue, médicaments, l'individu n'aura aucune réaction face au changement, car dépourvu de toute expérience consciente de la transition.

La naissance est donc le moment de passage de l'obscurité à la lumière. Cette évolution de la conscience affecte la réaction ultérieure de l'individu à la transition, il teinte le désir de changement et la capacité de passer d'un lieu intérieur à un autre, de laisser aller le passé et d'avancer dans le présent.

En plus de la naissance physique, le bassin permet une naissance psychologique – autrement dit, de devenir un véritable individu. Cette naissance psychologique incarne la capacité de progresser intérieurement, de développer de nouveaux aspects de sa personnalité et de leur donner vie. Tout en étant un nouveau commencement, elle personnifie la complétude. D'autres facteurs influencent ce domaine de commencements, de nouvelles directions et de nouveaux déplacements. La qualité de ce mouvement sera fortement influencée par les émotions présentes à la naissance.

L'étape précédant la conception
On peut maintenant prendre ce modèle de gestation – depuis la conception jusqu'à l'émergence dans le monde, en passant par le développement du moi et le développement de la relation – et l'appliquer au moment précédant la conception. Là, le modèle sera inversé : de l'espace totalement ouvert et sans limite de l'infini (précédant la conception) on passe au monde physique limité de la conception.

On ne peut pas définir cette étape en termes de temps, d'espace et de matière, car elle précède le moment de matérialisation de la conception. Tous les enseignements mystiques parlent cependant de cette période avec vénération et un savoir acquis intuitivement et expérimentalement. La pré-conception survient lorsque l'intelligence de l'être-en-devenir se dirige pour la première fois depuis l'abstrait vers le relatif, mais en restant encore dans l'abstrait. L'impulsion de s'incarner et de venir à l'existence se produit donc avant la conception et on considère qu'il existe un modèle abstrait de gestation, tout à fait similaire au modèle physique précédemment esquissé.

L'énergie est vibration. Pour se manifester physiquement, elle doit ralentir son rythme par rapport à celui sur lequel elle vibre dans l'abstrait. Pour faciliter l'explication, prenons l'exemple d'un générateur et d'une ampoule. L'ampoule ne peut pas être directement branchée sur le générateur, car la tension électrique est trop élevée. Le voltage doit diminuer jusqu'à un niveau correspondant à l'ampoule. Le courant électrique est le même, seule sa vitesse de vibration est plus lente. Pareillement, l'énergie infinie doit ralentir pour émerger et se manifester en tant que forme.

La conception physique correspond au moment où l'être-en-devenir s'incarne sur le plan matériel. La conception abstraite correspond au moment où l'intelligence émerge de l'absence de forme en tant que vibration. C'est là le premier mouvement de l'énergie depuis l'infini vers le fini, son passage du purement abstrait au concept de forme, le commencement d'un nouveau cycle de création, représentant le premier ralentissement de la vitesse de vibration.

Durant la gestation physique, l'après-conception est une étape de développement intérieur et de fusion avec l'environnement, dépourvue de toute autre prise de conscience. Dans l'après-conception abstraite, l'énergie se définit dans le continuum de l'infini, de même qu'une goutte d'eau est toujours de l'eau, malgré sa séparation de l'océan. L'énergie est dans un état d'unité abstraite pure ; la conscience de la forme, de la dualité ou de la séparation ne s'est pas encore développée.

Le point d'accélération de la gestation physique est analogue à un axe entre l'énergie intérieure et l'énergie extérieure, tournant à mesure que la conscience saisit l'existence d'autre chose

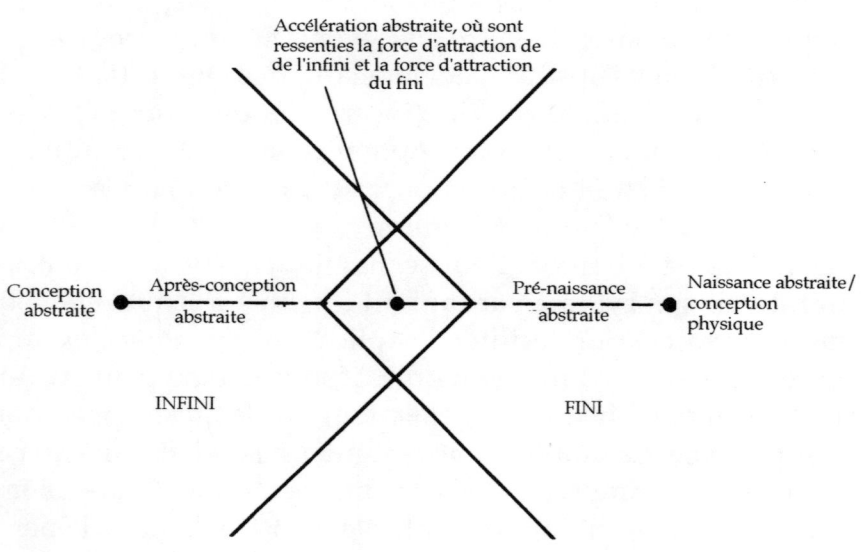

Figure 3 : *La gestation/ pré-conception abstraite, se déroulant à mesure que l'intelligence passe de l'infini vers le fini.*

que soi-même. Similairement, la gestation abstraite marque le moment de passage de l'abstrait au relatif. C'est le second ralentissement de la vitesse de vibration, qui intervient en même temps que l'intelligence se concentre plus nettement sur la matière. L'intelligence commence à se détourner de l'infini et à se diriger vers le fini, tout comme l'accélération physique passe de l'unité à la dualité. Le changement de conscience va vers la manifestation la plus dense de la matière et définit une direction.

La phase abstraite précédant la naissance détermine encore plus ce mouvement vers la forme. L'intelligence réagit à l'attrait du plan physique et à toutes les implications que celui-ci comporte par opposition à l'absence de forme. Pendant cette phase s'installent une prise progressive de conscience de ce qui approche et une préparation pour le changement annoncé, comparables à la préparation à la dualité qui se produit pendant la phase physique précédant la naissance.

La naissance abstraite correspond à la conception sur le plan physique. C'est la fusion de l'intelligence nouvelle avec les vibrations des futurs parents. Le dernier ralentissement de la vitesse de vibration s'instaure, aidant la conscience à s'incarner dans la matière. L'énergie du générateur permet maintenant le branchement de l'ampoule électrique. L'infini dépassé, l'accent est mis sur le développement sur le plan physique.

Cette période précédant la conception correspond à la tête, devenue ainsi le centre de l'énergie mystique, abstraite, et même spirituelle. La pensée est le héraut de l'action, tout comme l'énergie est l'annonciatrice de la forme physique. La tête est le centre créatif, le point focal des aspects les plus subtils de la nature de l'individu, ainsi que la manifestation de l'intelligence pure. Les problèmes concernant la tête sont donc liés aux aspects humains plus abstraits et plus spirituels de l'être.

La conscience évolue dans l'abstrait, passant par des étapes particulières à mesure qu'elle gravite vers la conception. Une fois qu'elle a fusionné avec les facteurs physiques nécessaires à la création de la vie, la conscience se développe suivant un modèle similaire à celui dont elle vient juste de faire l'expérience. La vie répète inlassablement ce modèle : après sa naissance, le développement de l'individu passe par une période extrêmement égotiste, les premiers quinze ou vingt ans étant totalement centrés sur le « moi ». Vient ensuite la maturité, passage vers un état de relation et de prise de conscience du monde. Une dernière transition intervient et, en trépassant, on naît dans un nouveau monde. Chaque naissance renferme une mort : la disparition de la mère et de l'enfant en tant qu'unité. Chaque mort englobe aussi une naissance : la naissance de l'infini à partir de l'unité, la naissance de l'absence de limites à partir de l'individualité.

Le système endocrinien

Ce modèle est un peu plus complexe que les précédents, tout en étant moins visible. On le compare souvent au système des chakras, décrit au chapitre 3.

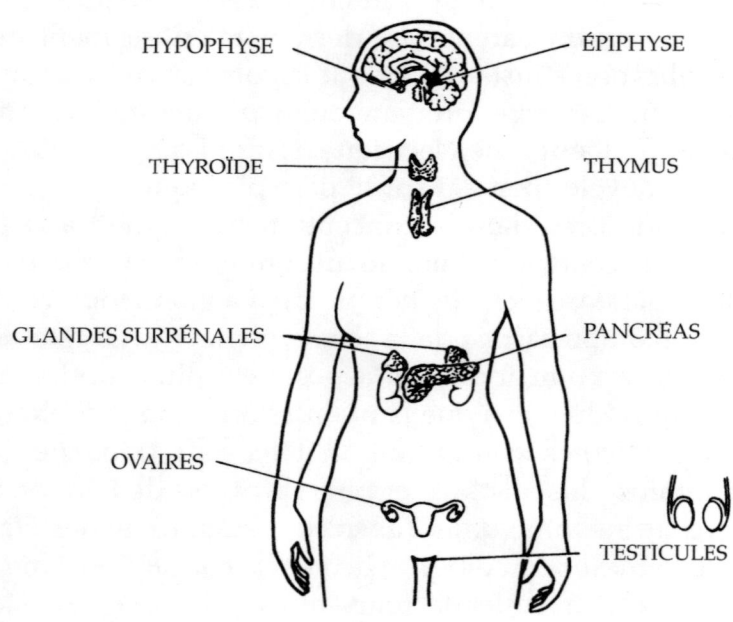

Figure 4 : *Le système endocrinien.*

Loin de tenter une étude scientifique de ce système, on considérera les glandes endocrines d'un point de vue métaphysique et philosophique, en rapport avec le développement du modèle de gestation décrit précédemment et avec l'incarnation de l'énergie dans le monde physique. Il est intéressant de noter que le terme « endocrinologie » vient du grec *endo*, « en dedans », qui désigne précisément le rôle de ces glandes. Grâce aux sécrétions des glandes endocrines, un équilibre particulier est maintenu dans l'ensemble du corps. Si elles sont paresseuses ou malades, ces glandes influencent la vision de la vie, surtout les états d'esprit, le comportement et la capacité de faire face aux problèmes. En fonction de leur santé, on peut se sentir déprimé, coléreux, pessimiste, ou très heureux, paisible, confiant, optimiste.

L'épiphyse

Cette petite glande située au centre du cerveau a quelque peu dérouté les scientifiques de par son apparente inertie. Il paraît qu'elle était plus large chez les hommes primitifs. Son importance a été remarquée grâce aux cristaux de calcium. Ceux-ci étaient présents lorsque l'esprit fonctionnait normalement, mais disparaissaient ou étaient peu nombreux en cas d'états mentaux anormaux.

L'épiphyse est particulièrement impliquée dans la perception de la lumière, car elle secrète la mélanine, substance capable de transformer les ondes sonores en ondes lumineuses. La mélanine agit comme une interface entre l'onde et la matière, sans déperdition d'énergie. Le Dr Joseph Chiltern Pierce affirme : « La mélanine est une molécule essentielle qui, entre autres, constitue probablement le lien entre l'esprit et la matière ou l'intermédiaire entre le cerveau et l'esprit, la pensée et la réalité. » La mélanine sature toute forme vivante. Chez les êtres humains, on la trouve principalement dans l'épiphyse, la peau, le cœur et les organes génitaux.

Ces constatations permettent d'étudier plus en détail l'épiphyse et de comprendre pourquoi elle est en fait l'énergie la plus élevée de l'homme. Dans un article intitulé « Meditation on the Endocrine System », Karl König affirme :

L'épiphyse est imprégnée d'idées éternelles. Elle offre à l'homme la possibilité de formuler ses propres concepts. Grâce à cet organe de la pensée, on apprend à « connaître » les idées éternelles, et donc à les changer en concepts matériels. L'hypothèse de Descartes selon laquelle l'épiphyse est le siège de l'âme humaine se base là-dessus. L'épiphyse désigne donc le territoire de l'âme.

Si on réunit des affirmations comme « interface entre la conscience et la réalité », « offre à l'homme la possibilité de formuler ses propres concepts » et « désigne le territoire de l'âme », on commence à saisir le lien entre l'épiphyse et le purement abstrait, l'infini, et même le point de conception abstraite. Bien que l'épiphyse soit physiquement située dans la tête, elle connecte celle-ci avec le plan non physique. C'est le premier moment matériel en rapport avec les aspects non physiques de la nouvelle vie. L'épiphyse représente ce premier mouvement, ce premier ralentissement, où l'énergie s'éloigne de l'infini pour se diriger vers le fini. Le chapitre suivant présente le lien de l'épiphyse avec le chakra couronne (le septième chakra), qui permet d'atteindre l'état d'illumination de l'âme éveillée.

Un lien métaphysique semble aussi exister entre l'épiphyse et les gonades – glandes sexuelles –, d'autant plus que la mélanine a un certain contrôle sur les organes génitaux. Ce lien devient plus explicite si on se souvient que les deux principales fonctions de ces glandes, l'expression sexuelle et l'expression spirituelle, vont rarement de pair. Invariablement, une fonction est plus active tandis que l'autre est refoulée, comme par exemple chez les moines.

L'hypophyse

Située à la base du crâne et rattachée au cerveau, l'hypophyse dirige l'orchestre des glandes endocrines. L'ensemble de l'équilibre physiologique, particulièrement la croissance, dépend de cette petite glande. Étroitement liée à la puberté, à la grossesse, à la fertilité et à d'autres spécificités féminines, elle contrôle et entretient tous les aspects du développement corporel. Son dysfonctionnement débouche sur des anomalies de croissance.

L'hypophyse fait avancer encore plus le mouvement énergétique décrit précédemment. Elle correspond au second ralentissement de l'énergie, le point abstrait d'accélération, où l'intelligence se rapproche de la matière. Cette glande constitue le lien entre l'âme et la terre, elle incarne l'énergie abstraite plus lente permettant la manifestation physique. L'hypophyse traduit le non-physique en une forme compréhensible pour le corps humain, action manifeste dans l'influence qu'elle a sur la croissance et le fonctionnement de l'organisme. Elle est une interface entre l'épiphyse, l'élan spirituel supérieur et le corps, la manifestation physique de cet élan. « Si l'épiphyse désigne le territoire de l'âme, l'hypophyse désigne la terre », écrit Karl König dans son article « Meditation on the Endocrine System ». L'âme humaine s'éveille à la conscience grâce à ce petit organe. Le chapitre 3 présente la connexion de cette glande avec le chakra du troisième œil.

La glande thyroïde et la glande parathyroïde

De même que l'épiphyse se rapporte à la conception abstraite et l'hypophyse à l'accélération abstraite, la thyroïde et la parathyroïde associées permettent à l'homme de venir à l'existence. Le troisième ralentissement de l'énergie se produit au niveau du cou, point correspondant à la naissance abstraite / conception physique : l'incarnation de l'être-en-devenir dans la matière physique. La thyroïde et la parathyroïde sont situées dans le cou. La thyroïde régit le métabolisme et la respiration. Par exemple, le ralentissement de cette glande en hiver permet aux animaux de se mettre en hibernation.

Karl König dit à propos de cette glande :

> On affirme que cet organe est lié à la respiration ; ce lien ne concerne pas la force qui fait inspirer, mais le processus plus large de la respiration. La thyroïde est l'organe qui incite le cadre corporel matériel à aspirer l'âme humaine… suite à quoi cette âme s'éveille dans un corps qui lui est propre.

Un livret sur la guérison psychique décrit cette zone, la gorge, comme étant le point de conception et de formation du corps humain :

> Les anciens ont toujours su que ce centre [la gorge] est res-
> ponsable de la créativité humaine [ou de la créativité d'un
> être humain]… Ce centre particulier d'activité est l'inter-
> médiaire des impulsions neurales et des vibrations plus
> lentes qui constituent le tissu dense du corps physique.

La thyroïde est la porte entre l'abstrait et la réalité, gouvernée par le souffle qui confère vie au corps. On a expliqué précédemment que le souffle doit traverser le cou, pont entre l'esprit et le corps. À son tour, la parathyroïde maintient l'équilibre entre le rythme de l'inspiration et celui de l'expiration. Selon König, « ce rythme offre à l'homme l'équilibre dont il a besoin pour révéler son état matériel de conscience. »

Le thymus

Situé dans la partie inférieure du cou, relativement près du cœur, cette glande conduit l'individu de la conception à l'après-conception. L'une des principales fonctions du thymus est la transformation des cellules immunitaires fraîches en lympho-cytes T, qui traversent le corps entier à la recherche des envahis-seurs potentiellement dangereux. Les lymphocytes chercheurs sonnent l'alarme, les lymphocytes tueurs détruisent les cellules infectées, les lymphocytes suppresseurs donnent le signal de la retraite quand le champ de bataille a été nettoyé. En d'autres termes, la capacité de se protéger, de mener et de gagner les batailles intestines sans recourir à des aides extérieures, a pour source la zone du cœur, associée au développement du moi. Le thymus étant étroitement lié à l'énergie du cœur, son bon fonc-tionnement met en évidence l'importance de l'amour. Quand on se sent amer, coléreux, haineux ou méprisant à l'égard de soi-même ou des autres, la capacité de combattre l'infection et la maladie s'affaiblit. La résistance est meilleure lorsqu'on est tendre, compatissant, généreux et serein.

Le thymus gouverne aussi le sommeil. À mesure que l'éner-gie descend dans le monde physique, le sommeil accroît sa concentration sur le développement individuel se déroulant dans la poitrine – on le voit chez le fœtus ou chez le bébé, qui dort beaucoup au cours de ses premiers mois de vie.

Les glandes surrénales

Situées au-dessus des reins, les glandes surrénales correspondent au point d'accélération. Lorsque l'individu est confronté à une situation « d'urgence », elles sécrètent de l'adrénaline. Cette hormone met en branle la décision de se sauver – au lieu de se montrer brave et d'affronter la situation – ou de combattre – faire face, sans tenir compte des mises en garde intérieures. L'adrénaline aide à gérer les émotions vis-à-vis de soi-même et des autres, par ailleurs affaiblissantes et stressantes.

Les glandes surrénales gèrent aussi le taux de sucre sanguin et la tension. Ce rôle correspond au rôle de rapprochement que joue le point d'accélération entre l'aspect privé et l'aspect public de l'individu : les glandes surrénales régissent la composition et l'équilibre du sang (l'énergie d'amour) qui passe de la partie privée du corps (la poitrine) à la partie publique (l'abdomen). Pour maintenir la pureté du sang, les reins sont souvent obligés d'en extraire les émotions négatives, telles que la colère et la peur. En présence d'un volume trop élevé d'énergie émotionnelle négative, des irritations du système urinaires sont susceptibles d'apparaître.

Les gonades

Les gonades sont des glandes sexuelles : ovaires chez la femme, testicules chez l'homme. Ces glandes se rapportent à l'étape précédant la naissance, à la naissance, à l'approche de la relation, à l'émergence en tant qu'être distinct. Elles assurent la reproduction, entretenant ainsi l'attache de l'individu avec le monde physique. C'est la fin du voyage, la descente sur terre, le ralentissement final de la vitesse de vibration. Les gonades sont le commencement de la progression vers une compréhension plus grande de l'infini, à partir de sa propre naissance.

Les gonades représentent le partage de l'individu avec autrui à travers la sexualité. Les enseignements ésotériques orientaux renferment de nombreuses pratiques, comme le Tantra, qui se servent de l'énergie sexuelle pour aboutir à une compréhension supérieure. Le très grand pouvoir de la sexualité peut être utilisé soit dans des buts spirituels et affectueux, soit détourné. Dans ce dernier cas, il causera dégénérescence et troubles (si le pouvoir de la nature est mal employé, le bien-être et l'équilibre sont perturbés et une maladie se déclare). Si une quantité excessive d'énergie est consacrée à l'activité sexuelle, l'énergie consacrée aux occupations spirituelles sera amoindrie d'autant.

CHAPITRE 3

LES CHAKRAS

Comprendre le système des chakras
c'est se comprendre soi-même.
SWAMI BRAHMANANDA

Comme nous l'avons vu au chapitre précédent dans la section concernant le modèle pré-natal et les glandes endocrines, l'énergie descend de la conception à la naissance, donc de la tête à la région génitale. Pendant cette descente depuis l'absolu, la vitesse de vibration ralentit progressivement à chaque niveau, jusqu'à ce que l'être prenne entièrement forme dans le monde relatif. Cette venue à l'existence, en plus de correspondre à la naissance physique, représente aussi la capacité de l'individu à développer de nouvelles facettes psychologiques, émotionnelles ou spirituelles. Le système des chakras met parfaitement en évidence ce processus.

Les chakras entre le corps et l'âme

Tous les enseignements mystiques orientaux comportent des références détaillées aux sept chakras, centres énergétiques correspondant à sept zones spécifiques de la colonne vertébrale. Bien qu'immatériels, ces chakras sont en relation avec les aspects physique, émotionnel, mental et spirituel de l'être. Ils sont associés à l'esprit et au corps, de même qu'aux glandes endocrines, qui régissent diverses fonctions de l'être. Les glandes endocrines,

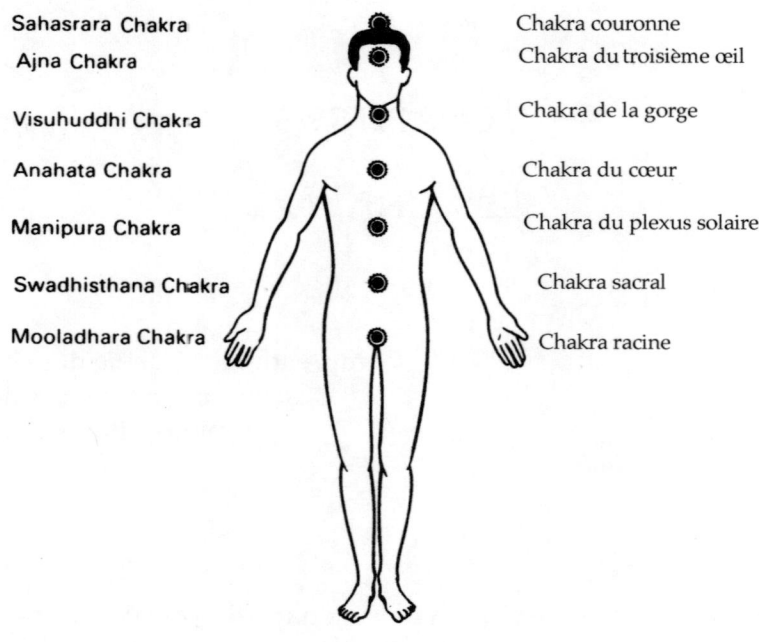

Sahasrara Chakra — Chakra couronne
Ajna Chakra — Chakra du troisième œil

Visuhuddhi Chakra — Chakra de la gorge

Anahata Chakra — Chakra du cœur

Manipura Chakra — Chakra du plexus solaire

Swadhisthana Chakra — Chakra sacral

Mooladhara Chakra — Chakra racine

Figure 5 : *Les chakras.*

à leur tour, sont en rapport avec le cerveau et, à travers celui-ci, avec le corps. Les chakras sont donc analogues à des fils conducteurs, connectant les parties du corps auxquelles ils correspondent aux états émotionnels ou mentaux associés à ces parties-là et à leurs énergies spécifiques. C'est là l'exemple d'une relation directe corps/esprit.

Les chakras montent le long de la colonne vertébrale, depuis les vécus les plus instinctifs symbolisés par les organes sexuels jusqu'aux expériences conscientes les plus élevées aboutissant à l'illumination, au sommet de la tête. Ce dernier centre est le point d'entrée de l'intelligence qui entame sa descente dans la matière – lors de la conception abstraite, ce point d'entrée est situé au niveau de l'épiphyse. Ce centre marque en même temps « le territoire de l'âme ». La trajectoire du modèle de gestation de la conception à la naissance va de la prise de conscience de soi à la prise de conscience d'autrui (donc de la relation), tandis que le mouvement descendant les chakras va de la prise de conscience d'autrui à la conscience de soi, la dissolution du moi individuel dans le Moi cosmique. Chaque partie du corps incarne ce mouvement descendant et ascendant de l'énergie.

Les chakras les plus élevés restent d'ordinaire fermés ou fonctionnent à un régime minimal. Ils exigent une prise de conscience et de la persévérance pour commencer à s'ouvrir et pour permettre l'ascension vers les états de conscience supérieurs. L'exploration des chakras conduit à un niveau de développement plus subtil, concerné par l'aspect spirituel de l'être, aspect qui aspire à dépasser le terrestre pour satisfaire ses objectifs prééminents. L'homme n'est certainement pas là juste pour naître, manger, boire, dormir, procréer, travailler et mourir. La tentative de comprendre le langage de l'entité corps/âme entraîne déjà dans le monde de la métaphysique, de la cause et de l'effet, du pouvoir des pensées positives ou négatives et du désir de comprendre les sens cachés des choses. En se plongeant dans les sept modes de conscience représentés par les chakras, on peut approfondir la conscience de soi-même, découvrir des significations encore plus subtiles que celles déjà connues.

Chaque chakra est représenté par une fleur de lotus, symbole très important. Pour se développer spirituellement, l'individu doit franchir trois étapes, chacune caractéristique de l'existence sur un plan de conscience distinct : l'ignorance ou l'illusion, l'engagement ou la détermination et l'illumination. Le lotus traverse lui aussi trois phases, du limon à l'air en passant par l'eau. Le limon où le lotus plonge ses racines symbolise l'ignorance. La tige du lotus s'élève dans l'eau en s'efforçant d'atteindre la surface, et c'est là l'engagement de l'être à se développer, sa détermination d'y parvenir. Finalement, le lotus aboutit à l'air libre, où la lumière du soleil invite sa fleur à s'ouvrir. C'est l'étape de l'illumination. Le lotus incarne donc la croissance de l'être depuis l'état inférieur d'ignorance et d'illusion jusqu'aux états les plus élevés de sagesse et de prise de conscience. De même que la fleur du lotus éclôt dans toute sa pureté et s'affranchit tant de la boue que de l'eau, l'épanouissement de la vraie nature de l'être est sans tache.

Premier chakra : Muladhara chakra

Ce premier chakra, *muladhara*, littéralement « centre racine », est situé chez les hommes à mi-chemin entre le scrotum et l'anus, chez les femmes à 1,25 cm à l'intérieur du vagin, sur le col de l'utérus. Associé aux gonades, ce chakra est principalement concerné par la survie et l'énergie primaire. Bien que le terme « primaire » puisse sembler excessif, bon nombre de choses le sont encore : la peur est l'émotion inhérente la plus répandue, la préoccupation concernant la survie est constante. La société s'efforce de trouver assez de ressources pour nourrir tout le monde, les conflits font rage dans nombre de pays, les crimes, les viols, la pollution, le matérialisme et le chômage sont présents partout. L'ensemble de ces préoccupations « primaires » déclenche des réactions d'angoisse débouchant sur l'agressivité.

Le stress de la survie engendre non seulement peur, mais aussi paranoïa et égocentrisme, sentiments qui affectent la capacité de se sentir ancré et bien dans sa peau dans le monde. Une grande partie de cette peur et de cette paranoïa s'exprime à travers la sexualité, ce qui ajoute la culpabilité, les remords et la honte à la liste des émotions attribuées au premier chakra. Le stress éprouvé ici est susceptible de se manifester par des troubles intestinaux : une situation extrêmement grave déclenchera une diarrhée ou provoquera une constipation. Ce chakra est impliqué dans la transformation des besoins primaires de la survie, susceptibles de dégénérer facilement en matérialisme et égocentrisme. Pour gérer son énergie, on doit accepter le caractère insensé du matérialisme et apprendre à faire confiance, à développer une nature plus généreuse et plus altruiste.

Au niveau du chakra racine se love kundalini, l'énergie qui monte à travers les chakras jusqu'au sommet de la tête, conduisant du terrestre au sublime. Ce chakra représente le limon où le lotus plonge ses racines, donc la source de toute énergie. L'homme évolue à partir de cet état primaire de survie, de ses peurs, de sa culpabilité et de son anxiété.

Deuxième chakra : Swadhisthana chakra

Ce second chakra, correspondant au système reproducteur et au système urinaire, est situé à la base de la colonne vertébrale.

56

Il est associé à la rate, au pancréas et aux gonades. Le terme swadhisthana signifie littéralement « sa propre demeure ». Partant des questions primaires de la survie, ce chakra établit le contact avec l'énergie de la reproduction et de l'élimination, déclenchant le désir : envie sexuelle et délectation sensorielle, associées à l'obstination aveugle de se cramponner aux situations offrant du plaisir.

L'équilibre de ce chakra implique une activité sexuelle harmonieuse. À ce niveau, la tension ou les conflits généreront des troubles sexuels pouvant déboucher sur une instabilité. La question sexuelle est très importante, elle peut dominer la vie, car elle affecte la plupart des relations entre personnes. Le plaisir ne vient jamais sans souffrance, le stress et la confusion l'accompagnent souvent. Cette souffrance engendre, pour sa part, une résistance au changement, une incapacité à se montrer spontané, un désir de maintenir le statu quo et une quête effrénée d'encore plus de plaisir, censé atténuer la douleur. Cette attitude suscitera des troubles physiques dans la région génitale.

En plus d'être le siège de la sexualité et des instincts fondamentaux, ce chakra est aussi la résidence de l'inconscient, l'entrepôt des impressions mentales, le centre de la mémoire collective et ancestrale de l'homme, qui motive et influence la nature inférieure de celui-ci. Il est difficile de gérer de façon positive l'énergie de ce chakra, enfoui dans le tréfonds du corps. On doit creuser profondément pour dévoiler les impressions et les souvenirs qui influencent l'homme sur tant de plans. Si on y parvient, on dévoilera de nouveaux aspects de l'être, des niveaux de compréhension inédits.

Troisième chakra : Manipura chakra

En dépassant les plans inférieurs d'énergie représentés par les deux premiers chakras, on arrive à *manipura*, la « cité des joyaux », le centre du feu. Celui-ci est situé à la hauteur du nombril et de la huitième vertèbre thoracique. Il est relié au plexus solaire et aux glandes surrénales. C'est le centre subtil qui influence les activités de digestion et d'absorption de la nourriture, ainsi que la production d'enzymes et d'hormones, surtout de l'adrénaline.

Ce chakra est le préambule des qualités réellement humaines, par opposition aux attributs plus animaux de la survie et de la sexualité. On émerge là au plan de la prise de conscience et du discernement. C'est le centre du pouvoir, du contrôle, du statut et de l'ego. À partir de ce centre, l'énergie est concernée par ce que l'individu aime ou déteste, par le fait qu'il a ou non du pouvoir. C'est là que sont stockées la peur de l'infériorité ou les obsessions de grandeur et de réussite. C'est aussi la zone régie par l'adrénaline, qui renferme donc autant l'excitation de la vie que la peur à son égard.

Étant donné que le pouvoir de l'individu tend à être limité à son monde personnel, celui-ci tentera de gouverner, deviendra dominateur, essayera d'inciter les autres à se conformer à sa manière de penser, si l'énergie part de ce chakra. Cet état d'égocentrisme qui traduit une incapacité à s'unir ou à partager avec autrui éloignera la paix intérieure. Cette zone est associée au point d'accélération, au conflit et en même temps à l'harmonie entre le monde intérieur et le monde extérieur de l'être.

Pour traverser ce chakra sans devenir l'esclave de son ego, il faut développer l'appréciation et le respect pour les sentiments et pensées d'autrui, admettre que tous les gens sont différents et ont des droits propres. Il faut aussi se montrer capable d'utiliser son pouvoir de façon constructive, à son propre bénéfice et au profit de son monde. C'est admettre que l'ego est une illusion et non pas un moyen de définir la place de l'individu dans le monde, et par conséquent qu'il n'a pas de réel pouvoir. Les troubles physiques dans la région du plexus solaire se rapportent aux questions d'identité et au conflit de pouvoir représentés par ce chakra, ainsi qu'à la capacité de l'individu de s'imprégner de vie à un degré permettant d'atteindre l'objectif de sa présence ici-bas.

Quatrième chakra : Anahata chakra

C'est le centre du cœur, « l'espace où demeure la pureté ». Il est associé à la huitième vertèbre cervicale, proche du thymus. C'est là que résident le développement et l'expression de l'amour et de l'affection, ainsi que les qualités nobles de compassion et de tendresse affectueuse. Alors que les trois chakras précédents étaient concernés surtout par le monde du corps, des sens et de l'esprit, on entame ici le passage aux domaines supérieurs. Celui-ci correspond par ailleurs à l'étape d'après-conception de la gestation, à la croissance de l'individu. Ce chakra est le prélude de la véritable expérience personnelle, l'expression la plus haute de l'individualité, l'affranchissement des influences matérielles ou sensorielles. C'est l'état de réelle unité avec les autres, l'acceptation de l'idée que l'on forme un tout.

Ce chakra représente l'étape du développement de l'amour inconditionnel. Ici, toutes les émotions négatives inférieures sont transformées en empathie, en altruisme, en compassion, en tendresse affectueuse. C'est l'amour sans attentes, sans le besoin ou le désir d'obtenir quelque chose en retour. John Harvey affirme dans *The Quiet Mind* :

> Une personne fonctionnant à partir du second chakra coupe une tranche de gâteau et dit « C'est délicieux ! J'*aime* ce gâteau ! » Une personne fonctionnant à partir du troisième chakra se montrera possessive envers une autre personne, et prétendra l'aimer. Mais l'amour tel qu'il est compris à partir du chakra du cœur ne s'attend pas à obtenir quelque chose en retour, tout comme le soleil envoie ses rayons sans espérer de contrepartie.

Se montrer tellement altruiste dans un monde fondamentalement égoïste est parfois une attitude difficile à assumer : les gens mettront en doute la générosité et la gentillesse dont l'individu fera preuve. Les personnes suivant une voie spirituelle reconnaîtront l'éclat de la beauté intérieure, mais les autres se montreront méfiants et paranoïaques. Ces qualités risquent alors d'être contestées et d'entraîner une fermeture de ce centre. Il faut beaucoup de courage pour se montrer tendre et compatissant dans ce monde, car il n'est pas facile d'être différent. Pourtant, une fois que l'engagement a été pris, la joie intérieure submerge tout.

Cinquième chakra : Vishuddha chakra

Ce chakra, associé au plexus cervical situé juste derrière le creux de la gorge, au niveau de la troisième vertèbre cervicale, influence le larynx et la thyroïde. Comme on l'a vu dans le modèle prénatal, la zone de la gorge représente le pont entre l'abstrait et le relatif. Le terme *vishuddhi* signifie « purifier ». On entre ici dans la phase de purification. Ce centre est le siège de la capacité de distinguer entre la compréhension qui baigne la conscience à partir des plans supérieurs de sagesse et les divagations dénuées de sens du mental inconscient ou de la pensée égoïste. Dans la mythologie hindoue, cette capacité est représentée par le cygne au long cou, qui peut par ailleurs faire la distinction entre lait et eau, entre vérité et ignorance, entre ce qui est convenable et ce qui ne l'est pas.

Dans les textes orientaux traditionnels, le chakra de la gorge est le lieu où l'individu savoure le nectar divin. En plus de son apparition physique, ce nectar peut être symboliquement tenu pour une nourriture spirituelle en raison de la communication et de la parole divine. Ce chakra représente un état d'ouverture et de conscience pour qui chaque expérience est un enseignement permettant une compréhension plus avancée de soi-même et de son identité propre. Le chakra de la gorge est concerné par l'expression et l'interprétation de la communication.

Toutefois, si on ne reçoit pas nourriture ou amour, si on est empêché de confier ces émotions à autrui, ce centre restera fermé, suscitant privation et douleur. Pourquoi n'arrive-t-on pas à s'exprimer librement ? Quelles émotions sont retenues dans la poitrine ? Le nectar est-il en réalité quelque chose de peu appétissant et de difficile à avaler ? Le désir d'être éduqué est-il traduit en besoin d'aliments ou d'autres substances, qui remplacent le véritable amour divin et le vrai soutien ardemment désiré ?

Lorsque le centre de la gorge est ouvert, la capacité de dire la vérité est révélée. Le nectar coule à flots et l'amour inconditionnel ressenti au niveau du chakra du cœur trouve là à s'exprimer.

Sixième chakra : Ajna chakra

Ajna signifie « commander ». Ce chakra est le centre du « troisième œil », de « l'œil de sagesse », de l'œil qui regarde en soi pour transcender la sagesse au lieu de se tourner vers le monde extérieur. Là résident la connaissance et la compréhension de la vérité. Ce chakra est associé au cerveau. Il est relié à l'hypophyse, qui représente la descente de l'intelligence dans la forme, quoi qu'ici l'intelligence s'élance vers l'infini. La connexion entre ce centre et le chakra couronne situé au-dessus de lui, similaire à la façon dont l'hypophyse est étroitement liée à l'épiphyse dans la manifestation physique de l'homme, permet d'accéder à la connaissance supérieure.

C'est le chakra de l'esprit, de la conscience de soi supérieure, de l'extase, de la joie et de la vision intérieure. Le moi, son fonctionnement égocentrique et toutes les émotions qui l'entourent ont été dépassés. En s'affranchissant du désir, l'attachement à la matière et à la forme se dissout. Le troisième œil représente la capacité de « voir » clairement toutes les choses, grâce au savoir intuitif. L'individu a l'impression de s'éveiller du rêve de l'illusion qui voile constamment la perception. Il est maintenant conscient de la réalité de la cause et de l'effet, du fait que toutes les choses sont interdépendantes. Il peut distinguer désormais les lois subtiles qui gouvernent l'homme sur le plan psychique et sur le plan spirituel.

Septième chakra : Sahasrara chakra

Bien que techniquement il ne s'agisse pas d'un chakra, car ceux-ci existent dans le domaine de la psyché, *Sahasrara* est habituellement inclus dans cette catégorie. *Shahasrara* est le siège de la conscience élargie, au-delà de la psyché. Situé au sommet de la tête, il correspond à l'épiphyse, la « demeure de l'âme humaine », le portail vers l'intelligence pure. On trouve ici la conscience plénière de l'unicité, de l'absence de séparation ou de dualité. C'est la fin de l'existence individuelle, du nom et de la forme, l'apogée de l'existence humaine.

Les enseignements spirituels décrivent cette expérience suprême en lui accolant une multitude de noms : nirvana, samadhi, illumination, communion, paradis, Dieu, conscience cosmique… On aboutit au niveau de ce pseudo-chakra grâce à un effort et à un engagement sans réserve, après avoir exploré et ouvert les six chakras précédents. C'est là le plus beau et extatique état de paix et d'unité avec l'ensemble de la vie.

Après avoir passé en revue le symbolisme des chakras, on peut comprendre l'importance de leur ordre. À partir des pieds et des jambes, racines représentant les ancêtres et l'histoire collective, on monte jusqu'aux besoins de la survie primaire et individuelle. L'individu émerge de l'âme collective, représentée par le premier chakra. Avec le second chakra arrive le développement de la sexualité et du désir, puis au troisième chakra apparaît le sentiment d'identité et de pouvoir personnel de l'être. C'est la fin de la nature inférieure et l'aube de la nature supérieure, car au quatrième chakra commence le développement de la tendresse affectueuse, de la compassion et de l'altruisme. C'est le passage de la conscience de soi à la conscience d'autrui, mouvement similaire à celui du modèle prénatal. Le cinquième chakra représente la communication claire et la communication divine, tandis que le sixième chakra symbolise la conscience élargie et le mental spirituel. Le septième chakra incarne l'aboutissement à l'autoréalisation plénière, l'illumination.

CHAPITRE 4

Interprétation du langage de l'entité corps/esprit

Le monde est un tissu complexe d'événements, où les connexions
de divers types alternent, se chevauchent ou se combinent,
déterminant ainsi la texture de l'ensemble.
ANONYME

L'interprétation du langage corps/esprit part de l'identifica-
tion des symptômes physiques. En second lieu, on examine
la zone où est situé le problème – poitrine, abdomen, jambes,
bras – et la signification de cette zone par rapport au modèle de
gestation, au centre de mouvement ou au centre d'action. *p. 28*
**Le problème touche-t-il le côté droit ou le côté gauche du
corps? Est-il proche d'une glande endocrine ou d'un chakra?
Quelle est la nature de la structure tissulaire concernée?
S'agit-il d'un tissu irrité ou contracté, d'un os fracturé, de
fluides suintants ou retenus?**

Décrire les sensations du problème

Il faut analyser chaque aspect du trouble pour obtenir une
image globale. Plus important encore :
**Quelle est la *sensation* laissée par la zone malade? En
éprouvant cette sensation, on peut percevoir les émotions
impliquées. Quels mots utilise-t-on pour décrire celle-ci?
S'agit-il d'une couleur, d'une image, d'une texture, d'une tem-**

pérature? Très souvent, une sensation et les paroles utilisées pour la décrire seront assez explicites. Quelle sensation donne un muscle froissé? Peut-on ressentir la tension intérieure qu'il représente?

Je me souviens d'un patient qui avait souffert de la polio dans son enfance. Il m'a raconté que la naissance de son jeune frère l'avait fait se sentir émotionnellement abandonné par sa mère. Lors de son séjour à l'hôpital, il avait eu le sentiment que son corps avait été abandonné là, inerte et impuissant. Sans s'en rendre compte, il avait utilisé le même terme pour décrire ces deux sentiments. En poussant plus loin l'analyse, il a commencé à réaliser ce que la polio avait symbolisé pour lui, donc ce qu'il devait faire pour compenser les blessures émotionnelles de son enfance.

Le corps reproduit les modèles inconscients, refoulés et ignorés par l'esprit. Les modèles conscients sont en général connus et, espérons-le, gérés, alors que les énergies inconscientes tentent de se faire connaître et appellent à l'aide pour être admises et résolues. Tout individu a sa façon spécifique d'exprimer son entité corps/esprit, car chacun a ses propres problèmes. **Il est donc important de considérer l'ensemble des diverses interprétations du langage utilisé**, car un seul aspect donné sera approprié. Par exemple, les pieds qui transpirent anormalement signalent parfois la libération d'émotions obsolètes, parfois un excès d'émotion intérieure mal accepté.

Rechercher la cause

Pour trouver les causes psychologiques et émotionnelles de l'expression de l'entité corps/esprit, **on doit examiner en premier lieu les six à neuf mois qui ont précédé l'apparition du problème physique**.

Que s'est-il passé à l'époque concernant la famille ou les proches? Un traumatisme s'est-il produit, qui a miné profondément le corps? Y a-t-il eu une déception au travail? Un sentiment croissant de colère, de mécontentement ou d'insécurité? Êtes-vous un type qui critique constamment, êtes-vous envahi de ressentiment, jouez-vous au martyr?

Pour transmettre un message, l'esprit se sert du corps seulement en dernière instance. Avant d'en arriver là, le déséquilibre se manifeste sur un plan intérieur. L'attention et la conscience doivent se concentrer sur ce point. **Ce processus implique d'être parfaitement honnête avec soi-même, d'admettre ses véritables sentiments à propos d'une situation**, quelle qu'elle soit, même s'ils sont négatifs ou semblent inappropriés, ainsi que se plonger dans certains de ses aspects les plus sombres et ténébreux. Si l'énergie n'est pas admise sur ces plans intérieurs, elle devra se trouver une expression à travers le plan physique. Pour libérer le corps, on doit identifier, accepter et intégrer le conflit intérieur. Si on ne peut pas en trouver la cause dans l'année qui l'a précédé, il faut remonter davantage.

Je me souviens d'Élisabeth, une femme âgée de 46 ans, venue me voir avec ses parents. Elle souffrait d'une peur nerveuse des objets métalliques et d'un poids excessif réparti entre la taille et les genoux. Nous avons déterminé que ces deux troubles s'étaient déclarés 23 ans auparavant. Elle ne se rappelait rien d'important qui serait survenu à l'époque. Incapable de se contenir, la mère d'Élisabeth a fini par intervenir, pour apporter l'explication : sa fille avait découvert à l'époque que son jeune mari, son premier amour, l'homme qu'elle avait épousé seulement six semaines auparavant, était homosexuel. Pour elle, cette découverte avait symbolisé son rejet en tant que femme, même si son mari l'aimait en tant que personne. Élisabeth avait totalement occulté les faits, négation qui a joué le rôle principal dans sa prise de poids. Ce rembourrage autour de la zone de son expression sexuelle constituait un amortisseur, lui permettant d'éviter les sentiments enfouis au plus profond d'elle. Son mari était métallo. Élisabeth ne pouvait pas supporter la proximité des objets métalliques.

Le corps guérit moins vite que l'esprit

Le corps peut aussi reproduire les symptômes d'un problème interne déjà réglé, car il a besoin de plus de temps que l'esprit pour changer. Par exemple, une période d'intense colère a pris fin, pourtant le corps la ressent encore, peut-être comme un déséquilibre du foie ou de la rate. Dans ce cas, il faut remonter davantage dans le temps pour découvrir ce qui a perturbé à ce point l'organisme. Il faut aussi déterminer si d'autres questions moins évidentes entretiennent les symptômes au lieu de les laisser disparaître. **Est-on réellement prêt à se sentir bien, à se libérer de cet état de limitation? Le désire-t-on vraiment?** Le chapitre 7 étudie en détail ces questions importantes.

On peut aussi se persuader que ses problèmes sont dus à des expériences irrésolues des vies antérieures. Certes, nombre de problèmes physiques, particulièrement chez les enfants, défient les explications rationnelles. Mais on se trompe complètement si on se sert de l'influence des vies antérieures comme excuse pour maintenir le statu quo dans cette vie-ci. Ces problèmes se manifestent *maintenant*, afin d'être résolus et éliminés. Après tout, personne n'a envie de les emporter une fois de plus dans une autre vie! Peu importe à quelle époque remonte un problème, une année ou plusieurs siècles. La même action est nécessaire si on veut s'en libérer et dépasser ses limitations.

Les questions importantes

Résumons :
1. **Quelles sont la nature, la fonction et la partie du corps affectées?**
2. **Quels sont les sentiments intérieurs et le langage utilisé pour décrire le problème?**
3. **À quel moment les symptômes se sont-ils déclarés et quels étaient les états les entourant?**
4. **Quel dessein caché entretient la situation?**

Une fois qu'on a déterminé ce qu'exprime le corps et qu'on a circonscrit la zone du conflit occulté, on doit découvrir le moyen le plus approprié de laisser aller les modèles obsolètes et de passer à une compréhension nouvelle. Les chapitres 7 et 8 offrent des suggestions et des indications à ce propos.

CHAPITRE 5

DE LA TÊTE AUX PIEDS

Tout ce qui existe sur terre existe aussi sous une forme ou une
autre dans chaque dimension de réalité au-delà de la terre. La forme
n'est qu'une expression de ce qu'on voit autour de soi. Cette
expression change d'innombrables façons qui se rapportent
aux réalités infinies existant sur tous les plans.
L'ensemble de ce qui concerne la terre existe
sur tous les autres plans de réalité.
ANONYME

Les chapitres 2 et 3 ont esquissé les principaux modèles dont
l'entité corps/esprit se sert pour exprimer les troubles, les
dysharmonies et les conflits intérieurs. Réunissons maintenant
ces modèles dans un ensemble cohérent pour mieux appréhender le langage et le mode d'emploi de cette entité.

La tête

La tête est le centre de la communication, la zone où l'individu entre en contact avec le monde à travers l'ouïe, la vue, le
goût et l'odorat ainsi que celle où le monde touche l'individu à
travers la parole et l'expression. Toutes les impressions sensorielles et les échanges d'idées se produisent ici, à l'emplacement
du « contrôle central », le cerveau. Mais la tête est bien davantage. Comme nous l'avons vu dans le modèle de gestation, la
tête est en rapport avec l'étape précédant la conception et avec

l'énergie purement abstraite symbolisée par cette période. Ici, l'énergie représente l'intelligence se dirigeant de l'infini vers la forme et s'élevant de nouveau pour se reconnecter à l'infini. On peut considérer que tous les types de dérèglements psychiques sont attirés vers l'être-en-devenir avant même la conception, comme si en se dirigeant vers la matière l'énergie appelait des états mentaux particuliers. Il y a donc une forte affinité entre les caractéristiques mentales et les énergies spirituelles de l'être.

Il est intéressant de noter que ce processus est illustré par le fait que la tête est formée d'os – tissus durs (énergie spirituelle) – entourant la partie molle et les fluides (énergie mentale et énergie émotionnelle). C'est le crâne qui renferme le cerveau, alors que dans le reste du corps c'est le squelette (les os) qui est recouvert par des parties molles et des fluides. La tête, représentant l'abstrait et le lien avec l'infini, est en premier lieu de nature spirituelle, agissant sur l'énergie mentale et l'énergie émotionnelle qu'elle englobe ou dirige. À mesure que l'énergie s'incarne dans un corps de chair, son caractère spirituel devient moins apparent, plus discret, mais il exerce davantage son influence sur l'aspect mental et sur l'aspect émotionnel. La tête constitue le centre le plus élevé de tout ce qui ne fait pas appel à la matérialisation. C'est là que l'énergie pénètre dans la dimension physique et descend lentement afin de pouvoir se manifester dans le monde à travers l'épiphyse, l'hypophyse et le système nerveux central. La tête se trouve dans la dimension de l'abstrait. À mesure que l'énergie s'incarne dans la matière – au niveau du cou donc de la conception –, elle doit agir à travers le corps physique, par le mouvement et la direction de celui-ci, si bien que sa position favorise l'introspection.

Le mal de tête est suscité par la compression des artères de cette zone, ce qui entraîne une pulsation sanguine plus forte. Le sang véhicule les sentiments, surtout ceux en rapport avec l'amour et l'acceptation, ainsi qu'avec leurs contraires, la haine, la colère et le rejet. On donne et on reçoit l'amour à travers les artères et les veines. La sensation d'oppression dans la tête signale donc en général une incapacité à exprimer ou recevoir de tels sentiments ; c'est un étouffement, sinon un arrêt définitif de l'expression. Exprimer ses sentiments sans entrave ou accepter les émotions exprimées par autrui n'est pas chose facile, car même s'ils sont ressentis dans la tête, ils transitent ensuite par le corps plus dense. C'est ainsi que risque de se développer une séparation corps/esprit : le corps ressent une chose, la tête une autre, et on n'arrive pas à réunir les deux. Les maux de tête de tension sont dus au stress auquel on se soumet soi-même au cours de ce processus. Vous trouverez plus d'informations sur les maux de tête au chapitre 6.

La tête est le lieu où l'individu se retire à l'écart du monde, où il se développe et où il atteint les plans supérieurs de conscience. À partir de là, il communique avec le monde matériel environnant, avec son monde intérieur et avec les dimensions au-delà du soi. Chaque partie de la tête représente une facette différente de cette communication élargie, qui reçoit des impressions et des sensations du corps et les exprime à l'extérieur. Néanmoins, quand la tête est isolée par rapport au corps, la communication est bloquée et refoulée.

Le visage

Le visage est la première partie de l'être que regardent les autres. C'est en examinant le visage que les gens portent des jugements et se font une idée à propos de l'individu, du genre de personne qu'il est, de leurs sentiments à son égard. Le visage présente non seulement l'apparence extérieure, mais aussi le caractère : ouvert ou fermé, désireux de partager, digne de confiance ou sournois, heureux et joyeux ou accablé par la tristesse. C'est le masque derrière lequel on se cache, l'expression manifeste du moi. Impossible de ne pas reconnaître le visage d'un être illuminé, car rien n'est caché, la paix intérieure rayonne. Au contraire, le visage d'une personne troublée et déprimée sera sillonné, fermé, sombre, lourd.

L'individu façonne son visage en fonction de sa nature, de ce qu'il pense être ou de ce qu'il fait semblant d'être. Des expressions comme le sourire ou le froncement de sourcils peuvent soit exprimer les véritables sentiments, soit les cacher. Si on a l'habitude de se cacher derrière un masque, les muscles faciaux finiront par se tendre et se déformer, faisant du déguisement une expression réelle. Souvenez-vous : enfant, on vous disait de ne pas faire des grimaces, pour ne pas risquer de les garder pour toujours sur votre visage. Si on arbore trop souvent un visage désagréable, les muscles s'habituent à cette expression et l'assument. Un masque peut aussi bien cacher les sentiments aux yeux du monde que protéger l'individu de ses vrais sentiments. Si on se cache des autres, c'est parce qu'on n'aime pas en général ce qu'on voit en soi.

Le visage se réfère aussi à l'image, à l'identité, à l'ego. Quand « on perd la face », c'est une perte de fierté, du standing de l'ego. Si on possède le courage et la force intérieure nécessaires, on « fait face » à la situation. Dans le cas contraire, on « perd » en quelque sorte la face. Un sentiment d'insuffisance, une irritation envers soi-même, une autocritique, une impression de ne pas être aimé peuvent marquer la peau du visage, symbolisant le désarroi intérieur. La peau est un tissu malléable, une énergie mentale. Un problème de peau se manifestera sous la forme d'une irritation mentale, qui suscitera une souffrance émotionnelle, incarnée à son tour par ce même problème. La peau redeviendra nette si le trouble intérieur s'estompe. Regardez aussi la référence traitant de l'Acné au chapitre 6.

Les yeux

« Fenêtres de l'âme », les yeux sont l'expression profonde de l'être, le moyen permettant de lire, de comprendre, d'exprimer et de partager énormément de choses. C'est au niveau des yeux que s'établit le contact avec l'autre. Il est difficile de cacher sa propre réalité intérieure lors de ce contact. Si le regard est dans le vague, s'il est distant, on sait que l'individu éprouve un sentiment de grand vide. Si les yeux sont alertes et brillants, ils reflètent la joie intérieure. Toutes sortes d'émotions sont exprimées à travers le regard, de la sensualité à la méfiance et à la haine. Le regard accepte ou refuse, caresse ou blesse. Les yeux représentent à tel point l'être dans son intégralité, qu'une forme de médecine alternative leur est associée : l'iridologie. En étudiant les caractéristiques et les marques que présentent les yeux, un iridologue peut diagnostiquer ce qui se produit dans les différents organes et parties du corps physique.

En plus de communiquer grâce au regard, les yeux permettent d'appréhender la réalité. Les troubles de la vision sont invariablement liés à l'interprétation qu'on donne au monde : par exemple, le refus d'admettre ce qu'on voit autour de soi et donc le manque de confiance dans ses yeux ou dans sa vision intérieure. Les myopes tendent à voir uniquement ce qui est devant eux et ont du mal à voir au-delà, à saisir l'image globale. Ils ont aussi des difficultés à se projeter dans l'avenir, sont souvent timides ou introvertis. C'est comme si la vision était retenue, peut-être en raison d'un traumatisme ou de la peur du lendemain. Les presbytes aperçoivent avec bonheur les grandes perspectives qui les attendent, mais ont du mal à gérer la réalité immédiate. Ce sont des extravertis et des aventuriers, souvent éloignés de leurs sentiments ou effrayés de ce que peut leur réserver le présent. Une vue trouble peut être provoquée par le refus de la réalité, désaveu qui arrive lorsque la réalité intérieure de l'individu ne cadre pas avec la réalité extérieure. La tension et le stress jouent aussi un rôle important, car ils déforment aisément la vision qu'on a de la réalité. Une mauvaise vue peut par ailleurs refléter la façon dont on se perçoit soi-même : excessivement modeste et facilement intimidé. Pour éviter l'affrontement, quel qu'il soit, on détourne le regard ou on rend sa vision moins nette. C'est ainsi qu'on finit par être obligé de porter des lunettes. Lisez le chapitre 6 pour plus de détails sur les troubles visuels.

La capacité ou l'incapacité d'accepter ce qu'on voit se reflète aussi dans la santé oculaire. Une de mes patientes avait contracté une infection du nerf optique gauche, la privant de cet œil-là. Elle s'est rendue compte qu'à l'époque de cet incident elle refusait d'accepter l'idée de l'effondrement de son mariage. Le côté gauche est le côté émotionnel, intérieur. La cécité survenue du côté gauche lui a montré qu'elle refusait d'admettre ses véritables émotions concernant sa situation, qui signalaient que son mariage devenait insupportable. Elle ressentait de la colère à ce propos. En acceptant pleinement la situation et en laissant s'exprimer ses sentiments à l'égard de la relation, cette patiente a pu guérir.

Les larmes représentent une profonde libération de la douleur intérieure : fluides, elles incarnent le déversement et la résolution de l'émotion. Il est intéressant de noter que souvent un œil est plus fermé que l'autre, ou qu'un œil est inondé de larmes alors que l'autre est sec. L'œil gauche représente l'aspect intérieur, émotionnel et intuitif, l'œil droit, la gestion des situations extérieures, donc les énergies plus agressives et assurées de l'individu.

Les yeux sont connectés au chakra du troisième œil, d'où leur importance pour la « vision » physique et métaphysique. Tout comme on voit extérieurement, on peut voir intérieurement, par exemple lors de la méditation, où le regard se tourne vers soi-même pour découvrir son monde intérieur. On dispose là d'une possibilité d'atteindre la sagesse transcendante.

Les oreilles

Les oreilles permettent de saisir, d'absorber, la réalité sonore afin de se positionner en fonction de ce qu'on entend. Lorsqu'on n'est pas content de ce qu'on entend, on diminue l'énergie de cette zone ou on débranche carrément la fonction auditive. Souvent, on devient « dur d'oreille » par un processus très sélectif. En parlant avec des personnes âgées, on constate qu'elles entendent parfaitement si elles le veulent, mais deviennent immédiatement « dures d'oreille » dès qu'elles n'ont pas envie d'aborder certains sujets ! J'avais une patiente qui m'entendait sans problème de l'autre bout de la pièce quand je lui offrais un chocolat. Par contre, j'étais obligée de crier pour qu'elle entende lorsqu'on parlait de sa fille, sur laquelle elle n'avait rien de positif à dire. La perte d'audition peut apparaître suite à des critiques excessives, soit de la part d'autres personnes, soit de sa propre part. Dans ce cas précis, la fille critiquait sans cesse sa mère, et par conséquent celle-ci ne l'entendait plus. Les maux d'oreilles surviennent souvent quand ce qu'on entend fait mal, donc suscite une souffrance intérieure.

Les oreilles permettent aussi d'aboutir à l'équilibre et donc au contrôle de soi. Lorsque les oreilles sont déséquilibrées, cela signale immuablement l'instabilité de sa vie, la perte de contrôle, le vertige et le décentrage suscités par les événements. Si on n'admet pas ce qui se passe dans sa vie, les oreilles signalent qu'il faut trouver un nouvel équilibre et une autre harmonie. Si une partie de son audition s'estompe, il faut examiner les attributs caractérisant le côté concerné, gauche ou droit (voir chapitre 2) et les appliquer ensuite à la réalité quotidienne.

Le nez

Le nez joue un rôle important dans le processus de respiration : en association avec les poumons, les narines inspirent l'air porteur de vie. Ce n'est pas toujours là une expérience désirée, surtout lorsque les choses vont mal, quand on souhaite inconsciemment mettre fin aux événements en cours. Par conséquent, quand on se sent particulièrement déçu, désillusionné ou impuissant, on est susceptible de développer une mauvaise grippe, qui bloquera et fermera les passages de l'air, dans une tentative subconsciente d'arrêter le mécanisme de la respiration, le mécanisme de la « vie ».

Une grippe représente aussi l'envie de pleurer, qui monte irrépressiblement quand on se sent frustré ou impuissant. La plupart des symptômes sont identiques, car tant les sanglots que la grippe impliquent une libération des émotions : le déversement d'un fluide. En cas de grippe, on pourrait avoir envie de se demander si on a une réelle raison de pleurer. Y a-t-il un chagrin profond auquel on s'accroche ?

Bien que la grippe soit contagieuse, il est intéressant de noter qui l'attrape, et quand. Des milliards de germes nous entourent constamment, mais on en attrape un seulement de temps à autre. Attraper une grippe est souvent synonyme d'un besoin de temps pour se reconnecter à son moi et à son désir de vivre. C'est une façon de se libérer des frustrations ou les émotions accumulées.

Dans le nez, on trouve aussi les sinus, lieux de passage de l'air connectés à la pensée, à la réalisation abstraite, à la prise de conscience et à la communication. D'habitude, ils s'obstruent en raison d'un blocage mental, qui empêche la communication ou le dépassement du soi limité.

Le nez permet aussi de faire l'expérience des odeurs, associées à des souvenirs particuliers. Un blocage olfactif peut se rapporter au refoulement du souvenir d'une situation douloureuse. Humer tout en inspirant, c'est « absorber l'arôme de la vie », éprouver par exemple une joie dans l'ensemble de son être en sentant une belle rose. En développant sa conscience, les passages nasaux deviendront plus sensibles à la « fragrance » métaphysique environnante.

La bouche

La bouche est le passage de la communication. Elle permet d'exprimer les sentiments et les pensées, d'absorber la nourriture, et d'entamer le processus de digestion, d'embrasser, de sourire, de faire la moue, de grimacer, de cracher, de mâcher, de mordre. C'est elle qui parle, chante, murmure, crie.

Vu ses multiples usages, les problèmes de la bouche sont très nombreux. Les troubles peuvent concerner la difficulté d'apprécier et d'évaluer la réalité, une répugnance à digérer les événements, une pénurie de nourriture qui affame la bouche, une envie d'exprimer des pensées et des sentiments négatifs qu'on préfère taire et qu'on retient donc dans la bouche, un désir inopportun d'être embrassé et d'aimer alors qu'on est rejeté.

Les lèvres sont particulièrement sensibles aux sentiments. Une de mes patientes, Annie, a été affligée de boutons de fièvre deux jours après son mariage. Quand ceux-ci ont commencé à guérir, elle a été hospitalisée pour une amygdalite. Le message était clair. Le mariage avait fait ressortir plusieurs questions qu'elle voulait ignorer, si bien qu'elle avait exprimé sa confusion en créant un espace vide autour d'elle, pour éviter d'être embrassée. En même temps, elle avait beaucoup de mal à avaler ce qui se passait : la réalité de sa situation dépassait ce qu'elle était préparée à affronter. La colère inexprimée se manifeste souvent ainsi, que ce soit de la colère à l'égard de soi-même ou à l'égard d'autres personnes. Les infections buccales signalent une irritation soit envers ce qu'on saisit, soit envers la façon dont on s'exprime soi-même (lisez le chapitre 6 pour plus de détails).

Les dents

Les dents tiennent une place importante dans la bouche, car elles représentent l'énergie essentielle, l'aspect spirituel. La langue et les autres parties molles symbolisent l'aspect mental, la salive et les autres fluides, l'énergie émotionnelle. Les dents constituent un portail entre soi et le monde extérieur, un filtre déterminant ce qui entre et ce qui sort. Elles gèrent les premières impressions de ce qu'on absorbe : avant d'être assimilés, les informations, les sentiments et les perceptions sont séparés ici. La mastication désagrège la réalité pour l'examiner de l'intérieur. On peut distinguer ainsi entre ce qu'on veut et ce qu'on ne veut pas et rejeter ce qui est inacceptable. En serrant les dents, on a l'impression de fermer une porte, s'opposant à ce qui arrive tout en retenant ce qui doit sortir.

Les dents cariées peuvent indiquer une dégradation de ce processus de distinction, une incapacité à évaluer et à séparer ce qui entre de ce qu'on veut voir entrer. Ce conflit est susceptible de rendre l'individu assez vulnérable et indique aussi que ce qu'il reçoit a un effet destructeur sur lui. Une répugnance, une douleur, liée à la réception, s'est développée au point d'entrée. Chez les enfants, les dents cariées sont souvent liées à des problèmes familiaux et au conflit suscité par ce qu'ils reçoivent. Les parents tentent de compenser la culpabilité qu'ils ressentent à l'égard de leurs enfants en leur offrant des sucreries et des chocolats, aggravant de ce fait la carie. Pour recevoir amour, soins et nourriture on dépend des dents, les seules à pouvoir les transformer en une forme assimilable. Si les dents sont inutilisables, on avale des choses douloureuses à digérer et à intégrer.

Rosemary avait des problèmes avec ses dents, qui exprimaient son irritation envers sa mère. Celle-ci tentait de dominer sa vie. Dès la plus tendre enfance, la mère est associée à l'amour, à la nourriture, aux soins, si bien que cette irritation s'exprimait dans la bouche de Rosemary : ses dents essayaient d'édifier une barrière pour empêcher sa mère de s'approcher. Ces problèmes indiquaient aussi son besoin d'exprimer ses sentiments réels et de parler avec sa mère, au lieu de serrer les dents et de s'accrocher à l'espoir que celle-ci finisse par s'en aller !

Les dents et la mâchoire ont un rapport très étroit. En serrant les dents, on n'avale plus et on maintient le statu quo. On fait grincer ses dents de colère, on contracte les mâchoires pour s'abstenir d'exprimer cette colère, qui s'accumulera au point de déformer les muscles dont dépendent non seulement la mastication, mais aussi l'articulation, la morsure, etc.

Le cou

Au niveau du cou, on passe de la conception abstraite à la conception physique, car c'est là qu'on inspire l'air et qu'on avale la nourriture qui maintiendra l'existence du corps. Le cou est un pont à deux voies entre le corps et l'esprit, permettant à l'abstrait de trouver une forme et à la forme de communiquer. Grâce au cou, les pensées, les idées et les concepts peuvent se manifester dans l'action et les sentiments intérieurs, surtout ceux du cœur, être libérés simultanément. La traversée de ce pont du cou exige un engagement, une présence et une participation plénière à la vie. L'absence d'engagement risque de provoquer une grave séparation du corps et de l'esprit.

À travers le cou on « avale » la réalité. Les troubles dans cette zone sont donc associés à une résistance ou répugnance à accepter la réalité et à l'intégrer. Les aliments nourrissent le corps et le gardent en vie, ils sont le symbole de la consistance et de la matérialité du monde. Pourtant, on recommande souvent aux enfants de « ravaler leurs paroles », donc de retenir leurs sentiments. Serge King l'écrit dans *Imagineering for Health* :

> Nous tendons à associer les aliments aux idées, comme le montrent les expressions « nourriture pour la pensée », « vous attendez-vous à ce que j'avale cela ? », « cette idée manque de goût », etc. La gorge, ainsi que les glandes et les organes qui l'entourent, gonfleront et deviendront douloureux, réaction refoulée aux idées inacceptables.

La même réaction se produira par rapport aux sentiments d'autres personnes ou aux situations peu savoureuses qu'on est parfois forcé d'accepter.

Puisque la gorge est un pont à deux voies, les problèmes apparus dans cette zone représentent en égale mesure le conflit suscité par le fait d'encaisser une réalité inacceptable et la suppression des émotions tentant de trouver une expression dans l'amour, l'affection, la douleur ou la colère. Si on est persuadé que l'expression de ces émotions n'est pas bénéfique ou si on craint les sentiments ou les conséquences de cette action, on réprimera ceux-ci, ce qui provoquera une accumulation d'énergie dans la gorge. Une telle répression des sentiments est susceptible de provoquer une énorme tension dans le cou et les glandes associées. Il est facile de voir le lien qu'entretient le cou avec le cinquième chakra, le centre de la communication divine.

Le cou permet aussi d'élargir son champ de vision, donc de saisir des aspects du monde délaissés. Si le cou devient raide et crispé, le mouvement sera limité, de même que la vision. En plus d'un entêtement égocentrique, d'un raidissement, ce fait signale qu'on devient étroit d'esprit, qu'on n'accepte que son propre point de vue. Cette rigidité limite les sentiments et la communication qui passent entre l'esprit et le corps. Un rétrécissement du cou sépare nettement l'individu des réactions et des désirs du corps et l'empêche de recevoir pleinement les stimulus de ses expériences dans le monde.

Puisque le cou correspond à la conception, il représente aussi le sentiment d'être dans ce monde de son plein droit, d'y avoir sa place, d'être chez soi. Si ce sentiment est absent, l'impression de sécurité et de présence sera minée et un rétrécissement de la gorge surviendra assurément. Il sera alors très difficile d'avaler quoi que ce soit, donc de fournir énergie ou nourriture à l'existence physique. Ce processus génère un syndrome de « rejet », déclenché lorsqu'on se sent repoussé ou blessé, et qui peut affecter aussi le fonctionnement de la thyroïde, associée au mécanisme de la respiration et donc à l'apport de l'air porteur de vie.

Les épaules

Les épaules représentent l'aspect le plus intériorisé de l'énergie active, l'énergie qui exprime les sentiments et les pensées à propos de ce qu'on fait et de la façon dont on le fait, du fait de savoir si on fait ce qu'on a vraiment envie ou si l'activité ne plaît pas, si on a été dupé ou traité comme on souhaite l'être. Les épaules représentent le passage de la conception à la matière et donc à l'action. C'est là qu'on porte le poids et la responsabilité du monde, car en ayant assumé maintenant une forme physique, l'individu doit faire face à tout ce qu'implique cette forme. L'énergie émotionnelle du cœur s'exprime par les épaules dès lors qu'elle se projette dans l'énergie expressive des bras et des mains en enlaçant et en caressant. Les épaules correspondent aux désirs les plus profonds de créer, d'exprimer, de réaliser.

Plus ces sentiments et ces conflits sont refoulés, plus les épaules sont rigides. Combien de gens font ce qu'ils voudraient vraiment faire dans la vie ? Embrasse-t-on la personne qu'on a réellement envie d'embrasser ? Désire-t-on participer à la vie plutôt que de s'enfermer en soi ? A-t-on peur d'être soi-même, d'agir librement, de faire ce qu'on veut ? Pour justifier la répression de cette expression libre, on s'en remet à la culpabilité et à la peur. Les muscles se déforment alors pour s'adapter à ces émotions. Cette attitude est visible dans les épaules voûtées, accablées par le poids des problèmes de la vie ou par la culpabilité des actions passées, dans les épaules hautes, rigidifiées par la peur et l'anxiété, dans les épaules peu saillantes, qui font ressortir la poitrine, comme si on voulait montrer qu'on peut faire bonne contenance alors que le dos est faible et déformé.

L'énergie mentale se révèle dans la contraction et la détente des muscles. Ce n'est pas inhabituel de constater que cette énergie est contractée dans la zone des épaules, qui renferme tant de désirs refoulés. Si la tension prédomine du côté gauche, elle concerne l'aspect féminin de la vie : peut-être n'exprime-t-on pas pleinement sa nature féminine intérieure, peut-être traite-t-on les femmes de sa vie d'une façon inquiétante. Cette tension reflète aussi les aspects réceptif et créatif, ainsi que la capacité d'exprimer ses sentiments. La tension du côté droit se rapporte plus au travail et à l'aspect masculin, à l'expression de l'agressivité ou de l'autorité. C'est le côté dirigeant et assuré, qui assume toutes les responsabilités de la vie. Il reflète les sentiments concernant l'activité dans la société, ainsi que les relations avec les hommes.

Les épaules permettent d'exprimer nombre d'attitudes : le haussement d'épaule indique qu'on ne sait pas quelle est la bonne façon d'agir, tourner le dos montre qu'on ne veut rien avoir à faire avec telle personne, une avancée de l'épaule suggère une invitation, souvent sexuelle.

Une épaule fracturée indique un niveau autrement profond de conflit, une rupture dans l'énergie la plus essentielle, car la tension entre ce qu'on projette de faire ou ce qu'on est obligé de faire et ce qu'on veut réellement faire devient insupportable. Récemment, un de mes amis, Simon, passait par de tels problèmes de communication avec son épouse qu'il avait fini par décider de quitter le domicile conjugal. C'était la St Valentin, il déblayait la neige devant sa maison, puis il a avancé d'un pas vers ce qu'il pensait être l'entrée. Mais ce n'était là que de la neige. Il est tombé d'une hauteur de deux mètres et s'est fracturé l'articulation de l'épaule. Les conséquences de cette fracture ont été considérables. Simon avait pris la décision de s'en aller, bien que son cœur n'en eût pas vraiment envie. L'énergie conflictuelle entre la décision prise et le désir de faire autre chose s'était concentrée dans son épaule gauche. Le côté gauche représentant l'aspect émotionnel et intérieur, cette épaule exprimait autant son conflit avec ses propres sentiments qu'avec son épouse. S'agissant de la fracture d'un os, le conflit était très profond. Le pas que Simon avait fait exprimait le changement qu'il planifiait – il a compris là que cette action aurait été réellement un pas dans le vide. En réalité, il voulait accorder plus d'attention à ce qui se passait dans la maison et à ses sentiments profonds. Son accident l'a empêché de partir, car il dépendait de son épouse pratiquement pour tout. Ils ont ainsi tous deux eu l'occasion de faire l'expérience des aspects plus tendres de leur couple en conflit et de trouver des moyens pour entretenir une relation sereine.

Les bras

À mesure que l'énergie descend par les bras jusqu'aux mains, elle passe des aspects intérieurs et personnels de l'énergie d'action aux aspects plus extérieurs et plus actifs, exprimés par le sentiment d'accomplissement ou la compétence. Les bras peuvent caresser, tenir, enlacer, donner et recevoir, aussi bien que frapper, prendre, repousser et protéger le cœur de l'individu de toute tentative d'approche. Les bras communiquent et expriment ainsi les sentiments et les attitudes intérieurs. Lorsqu'on parle, cette zone sert de moyen de communication, car on agite les bras pour souligner ce qu'on veut transmettre. Les bras vont vers l'extérieur à partir du cœur, ils sont l'extension de l'être intérieur. À travers eux, on reçoit aussi des impressions et des informations concernant le monde environnant. La grâce et la maladresse reflètent ici la façon dont on gère sa vie et ses activités. Une faible confiance en soi sera visible dans le bras droit, le côté concerné principalement par le principe masculin. Un conflit en rapport avec l'expression de la gentillesse et de l'amour actif sera plus probablement situé dans le bras gauche, le côté incarnant le principe féminin.

Le haut des bras

Cette région est utilisée pour exprimer la force et le pouvoir. Chez les hommes, la tendance à surdévelopper les muscles de cette région coïncide souvent avec une difficulté à exprimer l'énergie du cœur, les aspects plus conciliants et plus tendres. Cette zone reflète une certaine lourdeur et un désir d'entrer agressivement en action, de devenir plus « masculin ». Inversement, une partie supérieure des bras mince et chétive indique la timidité quant à l'expression, le refus de laisser cette énergie s'épancher. Ce refus indique aussi une indécision à propos de la participation active à la vie, une incapacité à prendre son destin en main.

Les coudes

Traditionnellement, c'est là que s'exprime la maladresse, de même que l'arrivisme, comme l'indique l'expression « avancer en jouant des coudes ». On peut tout aussi facilement écarter quelqu'un d'un coup de coude que se retrouver écarté sous l'action d'autres coudes. On fait saillir les coudes pour se donner l'air brave et puissant, car ils transforment les bras en armes. Par ailleurs, les coudes peuvent exprimer le doute ou le conflit concernant la capacité de réagir ou la compétence. Les articulations confèrent grâce et étendue au mouvement, qu'elles rendent en fait possible. Si les coudes sont bloqués, la capacité de s'exprimer de façon très diversifiée sera figée, maladroite ou même impossible : essayez d'enlacer quelqu'un si vous avez les coudes bloqués ! Les coudes permettent aussi d'exprimer l'effort mis dans une activité : « huile de coude ». Un conflit dans cette zone signale qu'on ne s'apprécie pas soi-même autant qu'on le pourrait, ou autant qu'on sait devoir le faire.

Les avant-bras

Ce sont des zones d'action : on roule ses manches pour se mettre au travail. Les avant-bras sont plus éloignés de l'expression intérieure et plus proches de l'expression extérieure du centre d'action. La sensibilité de la face intérieure des avant-bras suggère la délicatesse et l'hésitation qu'on peut ressentir avant d'exprimer quelque chose à haute voix, le moment où cette chose, tout en étant sur le point de devenir publique, est encore privée, ou les sentiments qu'on peut éprouver en effectuant quelque chose au grand jour, bien qu'on ne soit pas totalement à l'aise à ce propos.

Les poignets

Les poignets sont eux aussi des articulations qui permettent le mouvement, la manifestation extérieure de l'énergie d'action. Ils accordent une extraordinaire aisance et liberté aux actions, ils autorisent à être souple et conciliant dans la gestion des affaires, dans la façon dont on fait les choses, dans l'expression des sentiments. Quand l'énergie se déplace sans entraves à travers les poignets, on peut s'exprimer librement : on fait ce qu'on a envie de faire. Lorsque les poignets sont rigides, l'expression devient heurtée et gauche. La contracture qui se manifeste lors d'une foulure du poignet ou en cas d'arthrite signale un conflit dans les sphères d'activité, une rigidité imprégnant les actions, une restriction qui gêne le travail, un recul devant ce qu'on fait ou un blocage empêchant de faire quelque chose qui doit être fait.

Les mains

Expression intense du soi dans le monde, les mains sont pareilles à des antennes avançant pour explorer le chemin et faire leur rapport. Lorsqu'on tend la main à une personne, on lui envoie un message d'amitié et de sécurité. La « poignée de main d'un gentleman » vaut autant qu'un engagement écrit, car le pouvoir du toucher va au-delà de l'esprit rationnel. Ce sont les mains qui peignent, dirigent la musique, écrivent, conduisent, guérissent, coupent du bois, jardinent... Si les mains sont endommagées, on devient pratiquement impuissant, car c'est à travers elles qu'on interagit avec le monde.

L'ensemble de la période de gestation se reflète là, particulièrement dans la ligne réflexe spinal qui court sur le côté du pouce. Les mains portent gravé sur elles le passé, le présent et l'avenir de l'individu, ainsi que ce qui est unique à chaque être humain, les empreintes digitales. Je me souviens qu'à une époque d'intense travail personnel et de transformation, mes pouces sont devenus extrêmement sensibles. Ils étaient presque à vif. La peau s'est mise à se craqueler et à peler, on aurait dit un serpent qui muait. C'était assez douloureux, d'ailleurs. Je me suis rendue compte par la suite qu'à mesure que je me libérais du passé, de ses modèles et de ses blocages, je créais une nouvelle personne, une nouvelle « identité ». Je n'ai cependant jamais vérifié si mes empreintes avaient changé !

Julie est venue me voir avec une forte douleur au pouce gauche et à la cheville gauche. Sa mère était décédée depuis peu et la douleur s'était déclarée presque aussitôt. Lorsque les parents disparaissent, on réalise qu'on n'est plus un enfant, qu'on est maintenant « le dernier de la lignée ». Indirectement, cela incite à analyser sa capacité d'être adulte, de devenir celui ou celle qu'on a perdu. Maintenant, on est obligé d'endosser les habits de l'âge « adulte ». La douleur de Julie s'était déclarée dans son pouce gauche, directement lié à la perte de la mère et à l'entrée dans la vie adulte (le côté gauche est le principe féminin). Elle se disait : « Je suis maintenant la patronne, j'ai pris la succession. Je suis montée d'une génération. » Le pouce exprimait le conflit suscité par le sentiment qu'elle devait assumer le contrôle, donc la responsabilité.

La douleur s'était ensuite étendue à sa cheville, zone représentant la structure de support à laquelle on fait appel. La perte de sa mère avait affaibli ce support, sur lequel Julie s'était appuyée pendant de nombreuses années. Comme il s'agissait du côté gauche, Julie était confrontée aux doutes et aux peurs suscités par sa propre féminité, car elle venait de perdre son principal modèle féminin. Julie devait comprendre que l'important n'était pas de devenir le maître ou de prendre la place de sa mère, mais de trouver la sienne, différente de celle de sa mère. Julie a pu accepter son conflit intérieur parce qu'elle avait toujours voulu suivre sa propre route, à laquelle sa mère était opposée. Maintenant que celle-ci n'était plus, Julie se sentait doublement coupable à l'idée de faire ce qu'elle souhaitait.

Les mains sont déformées et rigidifiées par des affections telles que l'arthrite. L'une de mes patientes souffrait d'une arthrite très douloureuse des doigts de la main droite, qui se déformaient peu à peu. Elle m'a raconté occuper depuis dix ans un poste qu'elle n'aimait pas vraiment. Son arthrite s'était tellement aggravée qu'elle ne pouvait plus continuer. Elle avait le sentiment d'être repoussée de l'intérieur par sa maladie. C'est d'ailleurs exactement ce que son corps/esprit faisait : lui montrer que son déplaisir quant à son poste la faisait reculer, et que cette résistance était si forte qu'elle l'empêchait effectivement de travailler. Une admission plénière de ce qu'elle voulait vraiment faire et un changement d'emploi ont rapidement libéré cette énergie refoulée.

Tout comme les fluides sont associés aux émotions, les mains froides signalent une mauvaise circulation, donc un retrait de l'énergie émotionnelle face aux activités dans lesquelles on est impliqué. Les mains froides soulignent aussi une hésitation à exprimer l'amour et la tendresse. Au contraire, les mains moites indiquent la nervosité et l'anxiété, génératrices d'un excès d'émotion, d'un débordement affectif lié à l'activité et à l'environnement. La musculature des mains est liée à la compétence et à la capacité de saisir les choses. Si on a l'impression de lâcher prise, les mains l'exprimeront par des crampes, une faiblesse ou une blessure. Ou elles refléteront le sentiment d'incompétence, la peur d'échouer, de ne pas être capable de faire son travail. Lorsqu'on vise trop haut, lorsqu'on se pousse en avant au mauvais moment, on finit invariablement par se couper, se contusionner et se brûler les doigts.

Les mains servent aussi à toucher un de ses semblables et d'entrer en relation avec lui. La qualité de ce toucher transmettra beaucoup d'informations sur soi, car c'est là un moyen de communication subtil et silencieux. Le toucher est essentiel si on veut se sentir émotionnellement en sécurité, confiant, accepté et désiré. La caresse, l'enlacement, le toucher sont tous des ingrédients vitaux pour une vie heureuse et équilibrée. Privé de toucher, on se sent étranger, rejeté, non désiré, menacé. Dans les cas extrêmes, on peut subir des dommages mentaux. À travers le toucher, on favorise la guérison de la douleur et de la souffrance d'autrui. Un conflit dans les mains peut signaler une grande envie de toucher ou d'être touché, contrariée par une crainte considérable d'exprimer cette envie.

Un toucher hésitant signale une profonde peur de partager, de montrer qui on est, de permettre le développement d'une relation. Cette attitude peut être due à des abus passés ou à une tendance naturelle à l'introversion, mais il est important de la gérer, car une hésitation prolongée finira par causer plus de dommages. Le toucher permet de se montrer ouvert et vulnérable, donc d'entrer en contact avec ses sentiments. Les mains autorisent ce toucher-là. Se blesser aux mains peut indiquer un refus du toucher, une tentative d'éviter de genre d'intimité, afin de se dérober à la confrontation avec soi-même. Une blessure dans cette zone peut aussi signaler que le toucher d'une autre personne est douloureux, qu'il est inacceptable et génère de la souffrance.

Le dos

Le dos est un amalgame intéressant de symboles et de significations. D'une part, c'est là qu'on place tout ce qu'on ne veut pas voir ou ce qu'on ne veut pas laisser voir aux autres. C'est une « décharge », l'endroit où sont enfouis tous les sentiments et les expériences douloureuses ou déroutantes. Comme on ne peut pas voir son propre dos, on se comporte en autruche, se disant que les autres ne peuvent pas le voir non plus. Par la suite, on se plaint d'un « mauvais dos », comme si le dos avait fait quelque chose de mal ! D'autre part, le dos renferme la colonne vertébrale, la partie la plus importante de la structure corps/esprit, « l'épine dorsale » de l'être, le cadre sous-jacent autour duquel est édifié le reste du corps.

La colonne vertébrale

Tige osseuse articulée représentant l'énergie primordiale de l'être et correspondant aux aspirations spirituelles les plus élevées, la colonne vertébrale est le pilier sur lequel repose l'individu. Soit elle rend l'individu fort et compétent, soit elle le fait paraître « sans échine », sans caractère. La colonne vertébrale relie aussi les divers aspects de l'être via le squelette, le système nerveux central et le système circulatoire unissant le cerveau au reste du corps. Chaque pensée, sentiment, événement, réaction, impression, se grave sur la colonne vertébrale ainsi que sur les parties correspondantes du corps. Certaines branches de la médecine alternative, comme la chiropratique ou la technique métamorphique, se concentrent sur les points réflexes spinaux, considérant qu'on peut toucher l'ensemble de l'être à travers sa colonne vertébrale.

Après la conception, la colonne vertébrale est la première partie du corps à prendre forme. Elle représente par conséquent le désir de s'incarner, de venir à l'existence. Nous avons vu au chapitre 2 que le modèle pré-natal, le développement de la conscience durant la gestation, est accessible par l'intermédiaire de la colonne vertébrale. Ce modèle va de la conception, au niveau du cou, jusqu'à la naissance, au niveau des organes génitaux. C'est un mouvement de maturation progressive, régi par la descente de l'énergie le long de la colonne vertébrale. La colonne vertébrale supporte aussi le système de chakras et l'énergie kundalini qui monte à partir de sa base. On peut donc considérer que le voyage de l'être est constitué de l'abandon de l'infini, de la venue à l'existence et du développement en tant qu'être humain pendant que l'énergie descend, puis continue jusqu'à une nouvelle fusion avec l'infini en traversant des plans encore plus subtils de conscience pendant que l'énergie remonte. Il s'ensuit que chaque partie de la colonne vertébrale est habitée par deux niveaux fondamentaux d'énergie : l'un en relation avec le processus de maturation en tant qu'être humain, l'autre avec le processus d'émergence du super-humain !

La partie supérieure du dos

Il s'agit de la zone allant des épaules jusqu'au bas des omoplates. Comme cette région reflète la période suivant la conception – l'étape du développement intérieur et personnel –, les problèmes dont on se débarrasse ici ont invariablement un rapport avec les sentiments ou les préoccupations de l'individu envers soi-même. Grâce aux bras et aux mains, on peut exprimer dans cette zone l'énergie d'amour du chakra du cœur. Le dos renferme l'amour et la chaleur qu'on ressent pour une personne sans être capable de les exprimer et qu'on cache par conséquent, ou leurs contraires, le ressentiment ou la froideur qu'on ne veut pas admettre. Ces sentiments tentent de se frayer un chemin, mais étant sans cesse ignorés et niés, ils finissent par s'accumuler et risquent de se transformer en colère ou en fureur refoulées.

Les muscles tendus qui transforment la partie supérieure du dos en armure sont souvent chargés d'une fureur initialement dirigée vers soi-même, projetée ensuite vers les autres. « La bosse de la douairière », qui arrondit la partie supérieure du dos, surtout chez les femmes âgées, met en évidence cette attitude. Il semble que cette accumulation représente la totalité des pensées coléreuses et hargneuses empilées au fil du temps sans être exprimées et qui se manifeste lorsqu'on prend de l'âge, quand la raison de vivre ou l'objectif de la vie perd de sa force (voir aussi le chapitre 6).

Jim est venu me voir pour une douleur lancinante dans la partie supérieure du dos. Il avait vu plusieurs chiropraticiens, mais aucun n'avait réussi à soulager sa douleur. Il a fini par me raconter qu'il était divorcé, mais que son ex-épouse ne le laissait pas tranquille, lui téléphonait sans arrêt avec des exigences, au point de lui « casser » littéralement le dos. Quelques semaines après le début de son traitement, l'ex-femme de Jim a déménagé 600 km plus loin et a refait sa vie. Peu de temps ensuite, Jim a rencontré un chiropraticien qui a réglé son problème de dos en une séance. Jim a réalisé alors que sa douleur avait disparu parce qu'elle ne lui était plus « nécessaire », qu'il s'était en fait accroché à son ex-épouse autant, sinon plus, que celle-ci s'accrochait à lui.

Comme nous l'avons mentionné précédemment, la partie supérieure du dos est aussi en relation étroite avec les épaules et l'énergie exprimée dans cette zone. La douleur ou la tension qui s'y manifeste est donc liée à la frustration suscitée par l'impossibilité de faire ce qu'on a envie, à l'ambition contrariée ou aux accomplissements contrecarrés. Invariablement, cela arrive, parce qu'on s'est coupé de ses véritables désirs, dont on s'est débarrassé dans le dos, peut-être parce qu'ils étaient inacceptables ou en conflit avec ses propres attentes. En libérant la colère et la frustration cachées, on peut dévoiler simultanément ces ambitions et aspirations depuis longtemps dissimulées. Le premier stade de développement après la conception représente la venue à l'existence, la manifestation de son but intérieur – soit simplement la découverte de sa voie ou de sa profession, soit, à un niveau supérieur, le dépassement de l'attrait et du pouvoir du monde matériel à travers l'acceptation de son intention spirituelle.

Le milieu du dos

C'est la région du plexus solaire, le creux des reins, qui paraît si souvent déséquilibré. Cette zone représente la période d'accélération, le moment du passage du fœtus de la conscience du soi à la conscience d'autrui que soi-même. Autrement dit, c'est une sorte de point d'appui de balançoire, qui équilibre les aspects intérieurs, privés, de l'être avec ses aspects extérieurs, publics. Lorsque cette zone est ouverte, on peut s'exprimer dans le monde, auquel on confère sens et perspective. Si elle est fermée ou bloquée, un conflit existe à l'égard de cette expression, une immobilisation de l'énergie qui devrait descendre librement ou une peur de s'exprimer, de même qu'une hésitation à laisser aller son énergie parce qu'on se sent plus en sécurité en la gardant en soi.

Le mouvement descendant de l'énergie est un mouvement de maturation progressive dont le point naturel de blocage reflète l'opposition intérieure au vieillissement, réagit à la responsabilité ou fait face à sa propre mortalité. Ce point est un passage du soi à la relation, ce qui entraîne une confrontation avec soi-même et avec la gestion de l'âge adulte.

C'est aussi la zone du troisième chakra, principalement concerné par le pouvoir et l'ego. Une dysharmonie dans cette partie de la colonne vertébrale ou du dos est susceptible de signaler des jeux ou des conflits de pouvoir, souvent déclenchés au cours du processus de découverte de soi et de sa place dans le monde. L'énergie spirituelle monte naturellement, pour faire l'expérience des états toujours plus élevés, quoique l'ego fasse tout ce qui est en son pouvoir pour l'arrêter! L'attrait et les promesses ambiguës du pouvoir sont extrêmement séduisants ; une fois qu'on y a goûté, il est difficile de dire non. Malgré tout, cette énergie est étroitement apparentée à la corruption et à la manipulation, alors que le but de la voie spirituelle est de s'élever au-delà de ce genre de séduction.

Le bas du dos

Cette région va du plexus solaire jusqu'au coccyx. Elle représente la maturation finale précédant la naissance. Les études menées sur les douleurs du bas du dos ont démontré que celles-ci sont plus susceptibles d'apparaître lors des moments qui signalent l'avancée en âge : 60e ou 70e anniversaire, anniversaire de mariage, fin des études supérieures d'un enfant, enfant quittant la maison, retraite. Bien que jardiner ou soulever des poids provoque parfois le mal de dos, une faiblesse existait probablement déjà dans cette zone, que l'effort excessif met en évidence. La faiblesse est toujours cette résistance à la maturité et au vieillissement dans le contexte de la société et des relations. Cette attitude est particulièrement rencontrée en Occident, qui met l'accent sur la jeunesse, la longévité et le maintien d'une apparence juvénile aussi longtemps que possible. Peu de conseils existent sur la façon de vieillir avec grâce et avec la sagesse digne de l'âge mûr. Les problèmes du bas du dos sont liés aussi à la signification du bassin, comme décrit ci-dessous.

Le bassin

Cette zone importante du bas du dos jouit de l'énergie de la colonne vertébrale et représente la relation. On trouve souvent ici les peurs et les conflits concernant la sécurité, les proches, la famille, les amis. Le bassin est le centre de mouvement intégré dans l'individu, la zone où on peut donner naissance, non seulement physiquement, mais aussi spirituellement. L'émergence de l'énergie kundalini, le serpent lové du pouvoir spirituel qui entame son voyage ascendant, met en évidence ce fait. À mesure que cette énergie bouge, elle a besoin d'être exprimée. Si on est incapable d'une telle expression – qui peut signifier un changement et exige une grande sincérité dans les relations – ou si on en est effrayé, on risque de fermer cette zone, suscitant stress, raideur et douleur.

Le voyage ascendant commence par la satisfaction des besoins de la survie, de la sécurité et de la sexualité. Le conflit de l'individu avec l'énergie sexuelle et son expression est situé dans cette zone pelvienne, car il s'agit d'une peur de la survie ou d'une peur d'être privé de son terrain familier. Le bassin est le pivot du corps, qui harmonise le mouvement ascendant de la poitrine et de la tête, le plus visible aux yeux du monde, avec le mouvement qui descend dans les pieds, conférant direction et ancrage. C'est à partir de là qu'on va à la rencontre du monde, et c'est là qu'on apprend la réaction du monde envers soi (voir aussi chapitres 2 et 6).

Jenny était âgée de 65 ans lors de notre rencontre. Elle s'était fracturée la hanche trois fois dans sa vie, toujours au même endroit, et toujours par accident : la première fois, elle était tombée de cheval, la deuxième fois c'était un accident de voiture, la troisième fois elle avait dégringolé un escalier. Les accidents s'étaient produits à des années d'intervalle. En discutant, nous avons découvert que Jenny s'était fracturé la hanche pour la première fois à 21 ans, deux semaines après le décès de son fiancé. Elle ne s'était jamais mariée et était allée vivre chez ses parents pour s'occuper d'eux. Lorsqu'elle avait 44 ans, sa mère était morte. Un mois après, Jenny a eu un accident de voiture et s'est de nouveau fracturé la hanche. Son 57e anniversaire avait été marqué par le décès de son père. Quelques semaines plus tard, Jenny est tombée dans l'escalier et s'est une fois de plus fracturé la hanche. À chaque fois, la fracture était survenue quand la personne dont elle dépendait émotionnellement le plus s'était éteinte, quand son sentiment de sécurité avait disparu. À chaque fois qu'elle avait eu l'occasion de devenir indépendante, d'apprendre à se tenir sur ses propres jambes, elle n'en avait pas été capable. La tension affaiblissait tellement sa hanche que celle-ci s'effondrait. Afin de pouvoir avancer de nouveau aisément, sans dépendre de quiconque, Jenny devait se trouver, achever le processus de maturation, dénicher la sécurité en elle-même.

Les fesses

Le bas du dos comprend aussi les fesses, la partie sur laquelle on s'assoit et de l'invisibilité de laquelle on est persuadé. Combien de fois a-t-on arboré un sourire alors que les muscles des fesses étaient crispés ? Les fesses étant en rapport avec l'élimination, elles sont donc aussi connectées à la libération et à l'expression des sentiments, des émotions et de la sexualité. Serrées, elles représentent un véritable étouffement de l'expression, une censure de l'aisance. Essayez de respirer profondément et de détendre les muscles des fesses, et vous verrez la différence ! Une tension dans cette zone provoque douleur, déformation des muscles et hémorroïdes. Les muscles anaux sont étroitement liés à l'enfance, par exemple l'apprentissage de la propreté, et par conséquent au tiraillement émotionnel, au refoulement et aux conflits sexuels.

La poitrine

La zone allant du cou au diaphragme reflète l'étape qui suit la conception, la période de formation de l'être intérieur. L'ensemble de cette région est donc une zone personnelle et privée (à l'inverse de l'abdomen, lié à la relation avec les autres gens). La poitrine symbolise le plus directement le « soi » et le sens de son identité propre. Lorsqu'on parle de soi, de ses sentiments ou de ses opinions, le geste désigne la poitrine ou la touche, pour bien souligner de qui il s'agit. Vous rappelez-vous Tarzan se frappant la poitrine ? C'est là qu'on fait face au monde, la poitrine bouffie d'orgueil ou avançant avec assurance, bien que l'on puisse trembler de peur à l'intérieur. Une poitrine élargie est généralement visible lorsqu'on souhaite maîtriser la situation et sembler viril, quand on peut facilement exprimer sa colère mais on a par contre du mal à manifester sa tendresse. Si la poitrine est étroite et contractée, c'est là un signe d'insécurité, de faiblesse émotionnelle, d'expression timide, qui a besoin de sécurité et de réassurance extérieures.

C'est dans la poitrine qu'on exprime une grande partie de ses sentiments, particulièrement ceux à propos de soi-même : valeur personnelle ou aversion de soi, sa capacité à s'aimer – qui permet par la suite d'aimer les autres – et leurs contraires, la colère ou la frustration envers soi. La tension présente dans cette zone formera une armure protégeant de la douleur et du rejet. Comme le dit Ken Dytchwald dans *Bodymind*, « l'individu qui entretient une tension dans cette région de l'entité corps/esprit tente d'entourer son cœur et les émotions sincères d'une armure protectrice. L'armure protège de la douleur et de l'attaque, mais rejette en même temps les sentiments chaleureux et tendres. » Les sentiments les plus intenses demeurent dans cette partie du corps. Ils trouvent expression à travers les relations de l'individu, descendant par le bassin et les jambes ou montant par les bras ou dans la voix. Chacun des organes situés dans cette zone reflète un aspect différent de cette énergie.

Le cœur

Constitué de tissus mous, le cœur est un élément de l'énergie mentale de l'individu, qui a pour fonction la distribution de l'énergie émotionnelle, à savoir le sang. C'est le symbole de l'amour, tant sur le plan inconditionnel que sur le plan plus personnel. Le cœur représente toutes les émotions romantiques et solitaires qui accompagnent l'amour : on a le cœur brisé, on reçoit un coup au cœur ou on se fait voler son cœur, en fonction des circonstances. Dans *Imagineering for Health*, Serge King affirme :

> Si vous montrez de la compassion, vous êtes un « grand cœur ». Dans le cas contraire, vous êtes un « sans cœur », un « cœur de pierre » ou un « cœur dur ». Une grande perte vous « brise le cœur » et vous remerciez du « fond du cœur » ceux qui vous manifestent leur compassion. Dans la peur, le cœur peut sauter dans la poitrine ou battre la chamade. Tous ces sentiments ont leur reflet biologique.

Cette énergie du cœur est exprimée à travers la bouche, les lèvres, les bras, les mains, les organes génitaux. Le cœur est aussi relié au chakra du cœur et donc aux manifestations nobles de l'amour, nommément la compassion et la gentillesse affectueuse qui dépassent les intérêts personnels. Comme cette zone de la poitrine correspond à l'étape d'après-conception, elle est aussi concernée par le soi. On doit donc s'aimer et s'accepter soi-même avant de pouvoir réellement aimer quelqu'un d'autre. Le véritable amour est inconditionnel – c'est l'amour pour la joie d'aimer et non pas pour obtenir quelque chose en retour. Cet amour-là n'a pas de limites, il est toujours constant. On ne peut cependant pas cultiver cet état si on est incapable de l'éprouver d'abord soi-même. Si on ne s'aime pas, les tentatives d'aimer les autres seront sous-tendues par des sentiments de douleur, d'angoisse intérieure, d'aversion pour soi et de déni. On aimera les autres pour être aimé et se sentir bien. L'amour sera dépendant de ce qu'on pourra obtenir en retour, car celui-ci ne sera pas capable de se donner soi-même.

Le cœur est aussi associé au thymus et donc à la production des lymphocytes T du système immunitaire. Comme expliqué au chapitre 2, le système immunitaire tend à être plus fort et à mieux éviter l'infection lorsque l'individu exprime des sentiments positifs et tendres. Si le centre du cœur n'est pas ouvert, quand il éprouve des émotions négatives telles que la colère, la haine, la frustration et l'aversion de soi, le thymus s'affaiblit et le système immunitaire résiste moins à l'invasion microbienne.

Les troubles cardiaques signalent que ce puissant centre d'activité est déséquilibré, qu'une censure mentale, un blocage ou un déni de l'amour ou une incapacité d'exprimer celui-ci sont présents. Une méfiance ou une peur intense de l'amour – même une fausse conviction qu'il faut gagner l'amour par des moyens matériels, en ne respectant aucune règle. La crise cardiaque typique survient à des périodes de tension financière et de compétition, associées à un éloignement de plus en plus grand de la famille et des proches. Les enfants s'en vont, les années de travail acharné n'ont pas laissé le temps d'être avec eux, l'attrait des femmes plus jeunes et des liaisons superficielles est plus facile à gérer que la vérité du mariage, etc. Les troubles cardiaques signalent donc qu'il faut ralentir, se concentrer sur ce qui est important et plus que tout s'aimer soi-même, puis partager cet amour avec les autres. La négation de ces faits mène à une vie machinale et dépourvue d'intérêt, ou à un stress qui cause tellement de douleur que le cœur s'effondre sous la pression. Les crises cardiaques sont l'une des principales causes de mortalité en Occident, où les gens sont de plus en plus isolés de leurs sentiments, de leurs engagements et de la relation avec les rythmes naturels du monde où ils vivent, et de plus en plus obsédés par la réussite et les gains matériels.

De nombreux enseignements traditionnels tiennent le cœur pour le centre de l'être, plus important que la tête, car c'est de là que rayonnent la chaleur et l'amour pour tous les êtres. Par exemple, lorsqu'on affirme « vous avez touché mon cœur », on implique que le plan le plus subtil de l'être a été affecté. Les Amérindiens disaient que les Blancs étaient très bizarres, car ils « pensaient avec leur tête, et non pas avec leur cœur ». Cette observation est étayée par la découverte des liens neurologiques entre le cerveau et le cœur : le cerveau reçoit les informations émotionnelles directement du cœur. Comme le dit Alexander Lowen dans son livre *Bioenergetics*, le cœur est pareil au roi, alors que l'esprit joue le rôle des conseillers du roi. Les conseillers visitent le pays pour voir ce qui s'y passe, puis font au roi un rapport circonstancié sur l'état de son royaume, accompagné de recommandations sur les actions à entreprendre. Le roi prend néanmoins ses décisions en se basant non pas sur les dires de chaque conseiller, mais sur l'image globale. De cette façon, le roi peut prendre une décision qui semblera illogique aux conseillers, mais qui sera juste et correcte. Autrement dit, si on est capable de sonder son cœur et de prendre des décisions en tenant compte de ses affirmations plutôt que de celles de l'esprit, on constate souvent que la décision prise était la bonne. Elle peut paraître irrationnelle ou illogique, mais si on la respecte, elle apportera assurément un grand bonheur. C'est ainsi qu'on pense avec son cœur.

Comme le cœur est le centre de l'amour et de la sagesse intérieure, le sang s'empare de cet amour et le fait circuler d'un bout à l'autre du corps. En s'appuyant sur l'amour de soi, on peut exprimer alors cet amour et cette compréhension dans l'ensemble de son monde. Le sang part du cœur puis y revient ; il donne et il reçoit. Le sang véhicule aussi l'oxygène venant des poumons, ce qui fait de lui autant le porteur de l'amour que celui de la vie, qui imprègne d'intention chaque cellule de l'être. Les problèmes hématologiques reflètent les relations de l'individu avec ce fait, signalant toujours un sentiment de faiblesse, de frustration ou d'échec, une incapacité de faire face ou de réagir. La mauvaise circulation signale une inaptitude à se laisser emporter émotionnellement par le tourbillon de la vie. Les artères rétrécies impliquent une diminution du mouvement émotionnel de l'individu, si bien qu'il exprime et reçoit l'amour d'une façon restreinte et limitée (voir chapitre 6 pour plus de détails).

Les poumons

Lors de leur formation dans la matrice, les poumons marquent l'engagement de l'individu d'être là. La respiration est une façon de dire « oui » à la vie. Par ailleurs, les poumons renferment aussi la peur de la vie ou une hésitation à être totalement présent dans ce monde. Ce fait peut déboucher sur un penchant à la soumission : quand on n'est pas certain de vouloir réellement être là, la vie est bien plus facile si une autre personne prend toutes les décisions.

Le souffle est la vie, bien que seule une petite partie du potentiel des poumons soit utilisée. Lorsqu'on apprend comment respirer pleinement et profondément, l'énergie et l'enthousiasme pour la vie connaissent un nouvel élan. Une respiration superficielle empêche ce genre de participation à la vie, c'est une façon d'éviter à avoir à gérer la réalité relative. L'anxiété et la peur suscitent une respiration haletante, par exemple en présence d'une menace. La respiration profonde met l'individu en contact avec lui-même, avec son ancrage dans la réalité, lui permettant de se sentir à l'aise et de faire preuve de vaillance. En se dilatant et en se contractant, les poumons représentent la capacité de l'individu à se développer, à partager et à entrer dans la vie ou au contraire, à se contracter, à s'isoler et à se retirer de la vie.

La toux ou l'inflammation bronchique exprime souvent une frustration ou une irritation à son propre égard. Elle signale parfois la tentative d'évacuer quelque chose de sa poitrine, de dire ou de transmettre une chose qui est bloquée. Des questions occultées font surface, bien qu'on n'ait pas encore trouvé le courage ou les moyens de les affronter. Il se peut aussi que la vie et les expériences personnelles irritent, empêchant de respirer profondément. On ne veut ni inspirer ni expirer.

L'asthme est susceptible d'exprimer une peur profonde d'une vie indépendante et l'incapacité de se développer dans cette vie-là, car on est totalement dépendant d'un parent ou d'un partenaire. L'asthme permet de communiquer la difficulté de se sentir à l'aise dans son monde personnel, par exemple si on est obligé de vivre dans un environnement exempt de poussière, comme si la terre n'était pas vraiment l'endroit où on avait eu l'intention d'atterrir! L'asthme met aussi en évidence une certaine culpabilité de n'avoir pas répondu aux attentes ou une peur du rejet en raison de son imperfection. Ceci souligne que pour ne plus avoir besoin de l'approbation des autres on doit s'aimer et s'accepter d'abord soi-même (voir aussi chapitre 6).

Pam, une patiente asthmatique, mariée et mère d'un bébé, avait reçu la visite de sa propre mère pendant une semaine. Dix heures après le départ de celle-ci, Pam a été hospitalisée, victime d'une grave crise d'asthme. Dès son retour dans sa maison, à 2 500 km de là, sa mère avait dû faire demi-tour et revenir. Elle est restée deux autres semaines avant que Pam puisse supporter de la voir repartir. Pam avait d'ailleurs eu une crise grave d'asthme pendant sa nuit de noces et avait passé la majeure partie de sa lune de miel à l'hôpital. Lorsqu'elle était obligée de faire face toute seule, la peur devenait insupportable.

Les seins

Principal symbole de la féminité, les seins offrent joie, anxiété, nourriture et réconfort. C'est la partie symboliquement la plus vulnérable du corps – la société proclame que les seins doivent avoir une certaine forme et taille pour être à la mode ou acceptables. Les femmes se tourmentent à propos de leurs seins. Le sein gauche représente ces sentiments sur un plan extrêmement personnel, car le côté gauche incarne le principe féminin, les aspects plus émotionnels. Le côté droit reflète les problèmes suscités par le fait d'être une femme dans une société à prépondérance masculine et agressive, le conflit entre ce que la société attend de la femme et ce que celle-ci est capable de donner ou veut donner. Il montre aussi la façon dont on se voit soi-même en tant que femme dans le monde.

Les seins fournissent nourriture et vie – allaitement, réconfort, sécurité. Toutefois, en cas de déroute, d'incapacité ou de réticence à exprimer cette qualité porteuse de vie, celle-ci risque de se transformer en refus des seins et de la nature féminine qu'ils incarnent. Le cancer du sein est étroitement lié aux sentiments concernant la féminité de la personne concernée, de sa valeur particulière et de sa capacité de s'exprimer en tant que femme (voir chapitre 6). Il est également lié à la peur du rejet de la part des autres gens, ou au refus de soi.

Par exemple, Mary a développé un cancer du sein après avoir eu trois enfants, qu'elle n'avait pas pu mettre au monde naturellement (les trois étaient nés par césarienne) ni nourrir au sein, malgré son désir ardent. Tombée enceinte une quatrième fois, elle a fait une fausse couche. Une année plus tard, on lui a diagnostiqué un cancer au sein gauche. Mary éprouvait une grande culpabilité et une immense douleur émotionnelle, persuadée qu'elle avait échoué en tant que femme, qu'elle n'avait pas pu être une mère convenable. Comme elle n'avait pas été capable d'allaiter ses enfants, elle ressentait de la colère et du ressentiment envers ses seins. Son incapacité de porter à terme une quatrième grossesse avait ajouté à ses sentiments d'échec et d'impuissance ; son chagrin s'était transformé en colère à son propre égard. Son sein est devenu l'exutoire de ses émotions, le symbole de son échec en tant que femme et c'est donc là que les cellules cancéreuses ont fait leur apparition.

Laisser émerger pleinement sa féminité ne dénote pas l'obligation d'avoir des enfants, d'être une mère parfaite ou d'avoir les seins les plus impeccables. C'est l'émergence des caractéristiques les plus subtiles de la féminité – la sagesse, l'intuition, l'amour, la compassion, les qualités tendres et affectueuses. C'est l'acceptation et l'amour pour soi-même telle qu'on est et la compréhension que les manifestations extérieures ne sont pas aussi importantes que les qualités intrinsèques.

La cage thoracique

Les côtes forment une cage protectrice autour des aspects les plus personnels et les plus vulnérables de l'individu : le cœur et les poumons. Ces organes nous confèrent une vie individuelle, dont les côtes sont les gardiennes. Lorsque les côtes se cassent, c'est un signal d'alarme : on se sent fragile et vulnérable, on n'est plus protégé, on perd son sentiment de sécurité, on a l'impression de n'avoir aucun contrôle sur sa vie. On est donc impuissant, exposé et facilement atteint à un niveau très profond.

Le diaphragme

Large muscle plat qui sépare la poitrine de l'abdomen, le diaphragme agit comme un portail entre la partie supérieure et la partie inférieure du corps. À travers ce portail passent les sentiments et les impressions d'en haut, qu'il faut avaler afin de les assimiler et de les digérer, ainsi que les besoins et les inspirations d'en bas, qui ont besoin de monter pour être exprimés. Les problèmes du diaphragme, par exemple une hernie hiatale, signalent que cette double circulation de l'énergie est conflictuelle. Ce conflit concerne soit l'acceptation de la réalité, qu'on laisse pénétrer davantage en soi, soit le sentiment d'être suffisamment en sécurité pour s'exprimer librement.

Cette zone est par ailleurs liée à la période d'accélération, l'époque où le fœtus commence à découvrir l'existence d'autre chose que soi-même. C'est la région où la conscience passe d'un état à un autre, de l'intérieur acquérant la liberté de s'exprimer extérieurement et de l'expression extérieure trouvant un sens depuis l'intérieur. Si cette zone est bloquée, l'énergie intérieure sera compactée et réprimée, ou l'activité extérieure deviendra superficielle et sera exempte de profondeur.

Le diaphragme est associé aussi à la respiration, si bien qu'une restriction dans cette zone musculaire signale l'impossibilité de respirer à fond – donc un désir de ne pas absorber pleinement la vie. Ce muscle est aussi en rapport avec le passage du troisième chakra au quatrième, de la conscience inférieure à la conscience supérieure. En montant du plexus solaire vers le cœur, on passe d'une conscience collective à un niveau de conscience plus individuel, de l'égoïsme à l'altruisme. Pour que ce mouvement prenne place, le diaphragme doit être détenu et ouvert.

L'abdomen

On entre là dans la zone de la relation, car c'est l'étape de la période de gestation précédant l'accouchement, où le fœtus se prépare à passer de l'état solitaire à un état social. Par conséquent, toute difficulté dans cette zone est inexorablement liée aux conflits ou aux blocages entre l'individu et le monde où il vit, exprimés à travers les relations constituant sa réalité. Comme c'est aussi la zone où on peut faire venir à l'existence de nouveaux aspects de l'être, elle révèle les possibilités de développement et d'ouverture grâce aux relations et à l'acceptation des pensées et des sentiments envers autrui et envers le monde. C'est la région où on absorbe, assimile et « digère » la réalité, où on extrait ce qui est souhaité et élimine ce qui est indésirable, où s'accroche à ses problèmes ou on les laisse aller.

Ce qu'on absorbe de l'extérieur fournit nourriture et énergie, dont on peut se servir pour donner à son tour au monde. C'est là un processus permanent. Toutefois, si ce qu'on absorbe produit un déséquilibre, une douleur ou une indigestion, on n'aura pas la nourriture nécessaire et donc l'énergie s'épuisera. On ne pourra pas donner autant en retour et en fait on ne disposera que du reflet de la douleur intérieure. Ceci s'applique tant aux pensées, aux sentiments, aux impressions et aux informations qu'à la nourriture. La réalité est traitée dans l'abdomen, on s'appuie sur elle et on partage ses conséquences avec les autres. Si cette réalité est douloureuse et abusive, on donnera probablement à son tour de la douleur et de l'abus. Si elle est chaleureuse et tendre, mes énergies créatives et affectueuses de l'individu seront libres de s'exprimer.

Cette zone est étroitement liée aux pensées et aux sentiments de l'individu, mis en évidence dans des expressions comme « savoir au fond de soi-même », « avoir du cœur au ventre », être « incapable de digérer une situation ». C'est là que demeurent

98

l'intuition la plus subtile de l'individu et son sens du bien et du mal. Une réaction instinctive est souvent une meilleure indication de ce qui se passe que les signaux fournis par les sens. Lorsqu'on ressent une forte intuition, on peut garantir qu'elle est bonne ; l'ignorer conduira souvent à une impression de malaise intérieur et à des erreurs.

L'estomac

La nourriture représente la mère, l'amour, l'affection, la sécurité, la survie, la récompense. On remplace le besoin ou le désir de n'importe lequel de ces sentiments par de la nourriture, afin de remplir son vide intérieur. La nourriture remplace l'affection et l'amour, surtout à des époques de perte, de séparation, de décès. Elle allège les tensions financières et matérielles. En consommant des sucreries, on absorbe la douceur dont on se languit, on s'accorde temporairement le bien-être ou la récompense que nul n'offre. Inversement, en exprimant le besoin de nourriture, on peut cesser de manger, diminuant ou réduisant ainsi son besoin d'affection jusqu'à un niveau où les demandes sont nulles. L'obésité ou l'anorexie expriment en fait un état similaire : l'absence d'amour de soi et par conséquent le besoin d'affirmation et de soutien extérieur, qui cependant n'est pas suffisamment satisfait. Tout simplement, la réaction à cet état est exprimée de manières opposées : l'obésité indique une perte du contrôle personnel, l'anorexie implique une tentative très exagérée de contrôle (voir chapitre 6 pour plus de détails).

Tous ces processus sont gérés dans l'estomac. C'est là que sont assimilés en premier lieu les envies, les désirs insatisfaits, les pressions du monde et les conflits extérieurs. Pas étonnant qu'ils suscitent tant de troubles : indigestion, ulcères, acidité. On entend souvent des personnes se plaindre que « quelque chose » les « dévore », puis on diagnostique chez elles un ulcère gastrique. L'estomac modifie et décompose les aliments pour qu'ils puissent être absorbés. Les aliments passent plusieurs heures dans l'estomac – il n'est pas surprenant de constater que les pensées et les sentiments peuvent y rester aussi longtemps, suscitant nausées et tensions. Une zone de l'estomac hypertendue signale une opposition aux idées, un cramponnement à la réalité, dans une tentative d'empêcher les mouvements et les changements inévitables.

Les intestins

Depuis l'estomac, les aliments passent dans l'intestin grêle, puis dans le gros intestin (côlon), avant l'élimination. Les substances nutritives sont absorbées dans les intestins, où ce qui est bénéfique est séparé de ce qui ne l'est pas. C'est un processus d'intégration et de dégagement, non seulement de la nourriture, mais aussi des sentiments, des pensées et des expériences. Si ce processus de libération est limité (par l'insécurité, la peur, etc.), il se produit une stagnation, suscitant constipation, ulcères intestinaux ou côlon spasmodique. Si la libération est trop hâtive, ce qui diminue le temps d'intégration, un risque de diarrhée est présent.

Les intestins sont l'endroit où on s'accroche à toutes les questions qu'on craint de laisser aller, où la réalité extérieure se connecte à la réalité intérieure et où on élimine ce qu'on ne veut plus garder en soi. Comme l'explique Bernie Siegel dans *Amour, médecine et miracles* :

> Après une opération chirurgicale en urgence pour enlever plusieurs centimètres d'intestin, une thérapeute jungienne m'a dit : « Je suis heureuse que vous soyez mon chirurgien. J'étais en analyse. Je ne pouvais pas gérer toute la merde qui remontait ou digérer les bêtises de ma vie. » Un lien avec ses sentiments aurait pu passer inaperçu pour un autre médecin, mais pour nous ce n'était pas une coïncidence que les intestins étaient le point focal de sa maladie.

En 1982, je voyageais en Égypte. Je suis arrivée au Caire tard dans la nuit et on m'a conduit à l'hôtel en traversant la ville. J'ai eu l'impression de recevoir un coup de poing dans le ventre, émotionnellement parlant. C'était encore plus bouleversant que visiter Bombay ou Delhi, car en juillet en Égypte il fait si chaud et si sec qu'il n'y a de feuilles vertes ou d'eau nulle part. En Inde il y avait au moins des arbres et des fleurs. Ici, il y avait plus de 12 millions de personnes vivant dans une ville sèche et poussiéreuse conçue pour 3 millions. Les gens s'entassaient dans tous les endroits imaginables, y compris les cimetières. Quelques heures après mon arrivée, mes intestins se vidaient à un rythme accéléré. J'avais été infectée par un quelconque parasite, alors que mes intestins étaient déjà affaiblis et endoloris émotionnel-lement. Mes expériences m'avaient réellement porté un coup au ventre.

Quelques années plus tard, ce parasite s'est manifesté de nou-veau, alors que je travaillais dans le service psychiatrique d'une maison de retraite. Le degré de souffrance qui m'entourait était tel que je l'ai ressenti dans le ventre, comme en Égypte. Je me suis alors rendu compte que les parasites vivaient de la souf-france que j'absorbais. Ma guérison impliquait que je devais apprendre à être objective et à me garder d'absorber la souf-france. Pourtant, comment peut-on se montrer compatissant et tendre sans s'impliquer subjectivement dans la réalité qu'on voit ?

La constipation est une rétention, une crispation des muscles, empêchant l'élimination. La personnalité constipée apparaît lorsqu'on contrôle et domine, lorsqu'on a du mal à être spon-tané, de peur de perdre le contrôle des événements ou de faire l'expérience de sa nature créative. Un moyen de gérer cette peur est de laisser la vie se dérouler à son rythme. Ce n'est pas tou-jours facile : la nature même de la constipation est la retenue, qui s'applique autant à la maladie qu'à ses causes émotionnelles ! On dépense chaque année une fortune en laxatifs, car la peur est un état très répandu, surtout la peur de perdre ou l'insécurité. On est plus susceptible de souffrir de constipation lorsqu'on connaît des problèmes financiers, des conflits relationnels ou quand on voyage. Lors des périodes où on ne se sent pas en sécurité et ancré, on voudrait s'accrocher à n'importe quoi pour empêcher tout changement, parce qu'on ne sait pas ce qui vien-dra ensuite. Ce faisant, on génère toutefois une forte tension, douleur et irritation. Laisser aller signifie avoir la certitude de l'absence de danger de cette action, être persuadé que la vie réglera d'elle-même les choses et qu'on ne doit pas détenir le pouvoir pour que le monde fonctionne. Ces convictions impli-quent d'apprendre à jouer, à s'exprimer librement et à être en paix avec tout ce qui survient.

Il y a des époques où la réalité qu'on doit digérer est boule-versante, accablante ou effrayante. On n'a pas envie de s'accro-cher à quoi que ce soit, et encore moins d'absorber une quel-conque information. On tend alors à souffrir de diarrhée, juste comme un animal qui vide ses boyaux lorsqu'il est confronté à une situation extrêmement dangereuse. Toutefois, les gens sont plus enclins à souffrir d'une diarrhée récurrente s'ils sont du genre qui se précipite sans écouter et sans assimiler ce qui est dit. Ils manqueront donc de nourriture et de courage, car ils ne pourront se baser sur aucune réserve. Il faut donc ralentir, prendre le temps d'écouter et d'intégrer pleinement une situa-tion avant de passer à la suivante.

Le foie

Tout le sang de l'estomac et des intestins passe par le foie en vue d'une absorption complète et correcte des substances nutri-tives. En plus d'aider au maintien du taux de sucre dans le sang, le foie absorbe et emmagasine les graisses et les protéines. Le foie a un rôle essentiel dans la neutralisation des toxines péné-trant dans le système digestif, et occupe donc une place impor-tante dans le système immunitaire. Le foie peut même régénérer ses tissus.

Tout comme il absorbe les substances nutritives du sang, le foie fait de même avec les émotions. L'acupuncture chinoise tra-ditionnelle associe le foie à la colère. On peut constater ici de quelle façon le foie extrait du sang la colère, maintenant ainsi l'équilibre émotionnel. Si le foie ne remplit pas cette fonction, l'individu devient rapidement excédé ou refoulé émotionnelle-ment. Par ailleurs, le foie est un entrepôt pour les substances nutritives, de même que pour la colère. On y stocke la colère, qui risque de provoquer des dommages si elle n'est pas acceptée et relâchée. La colère envers soi-même peut conduire à la dépres-sion. En s'aggravant, celle-ci suscite parfois une paresse ou un dysfonctionnement du foie.

Le foie neutralise les toxines corporelles et ce faisant garde les hommes aimables et en bonne santé. Cependant, il peut aussi devenir le dépôt des aspects pervertis de l'être, des pensées et des sentiments amers et pleins de ressentiment qu'on n'exprime pas, ni ne règle. Le rôle du foie dans le cadre du système immunitaire met en évidence la façon dont les pensées et les sentiments négatifs influencent l'état général de santé. À mesure que la colère et l'amertume s'accumulent, le foie s'épuise et n'arrive plus à fonctionner correctement, ce qui affecte aussi le système immunitaire et le système sanguin, donc la capacité du corps à combattre l'infection.

Le foie est très impliqué dans les dépendances, que ce soit une dépendance de la nourriture, de l'alcool ou des drogues, car cet organe élimine les toxines du sang et gère l'excès de graisse et de sucre. C'est ici qu'on éprouve la tension émotionnelle qui génère le besoin de se libérer à travers une dépendance, car cette tension est assurément basée sur la colère et le ressentiment (envers le monde ou envers des individus donnés). Souvent, les toxines sont ingérées pour se cacher de celles déjà présentes dans l'organisme : haine, frustration, fureur, incompétence, mépris de soi, douleur, avarice, besoin de pouvoir. En absorbant des toxines extérieures, on n'a pas à admettre ce qui est déjà en soi ou l'affronter.

Le foie est étroitement lié au troisième chakra, qui se concentre sur le pouvoir et l'identité personnelle. En transformant ces qualités, on peut les dépasser. Cependant, il est aussi facile de devenir leur victime qu'il est difficile de les transformer. Le foie reflétera alors la colère et la déroute qu'on éprouve en tentant de se trouver, soi-même et ses objectifs.

La vésicule biliaire
Ce petit organe décompose les graisses grâce à la bile, sécrétée par le foie. La « bile » est associée d'ordinaire au culot, à l'effronterie, mais aussi à l'amertume, à l'exaspération. L'absence de bile induit une mauvaise digestion des graisses, générant nausées et troubles. Les problèmes de la vésicule biliaire peuvent donc être associés aux modèles mentaux et émotionnels d'irritation et d'amertume envers d'autres personnes, ou aux situations perturbantes. Ces modèles de pensée sont susceptibles de se figer et de se durcir, se transformant en calculs biliaires dont l'élimination est très douloureuse. Le pouvoir de la pensée négative ne doit pas être sous-estimé !

Le pancréas et la rate

Bien que ces organes aient chacun leur fonction spécifique, ils sont tous deux impliqués dans la sécrétion et la distribution de l'insuline. Le pancréas maintient l'équilibre du sucre dans le sang ; sans lui, le taux de sucre monte, suscitant d'innombrables problèmes tels que le diabète. Son contraire, l'hypoglycémie, manque de sucre dans le sang, cause faiblesse et vertiges.

Le taux de sucre dans le sang est manifestement lié à la douceur et à l'amour présents dans la vie de l'individu et à ses contraires, la colère et l'aigreur. Le diabète signale que l'amour reçu est incontrôlable et excessif au point d'être accablant, tout en étant par ailleurs inutilisable, car éliminé en permanence dans l'urine, en réaction à un sentiment de perte et de tristesse. Cet état induit la présence d'un grand désir d'affection et d'amour, bien qu'on ne sache pas comment agir au cas où ce désir est satisfait. Cette ignorance fait monter la colère et le ressentiment, on blâme les autres pour sa propre peur et déroute devant l'amour. L'hypoglycémie signale les mêmes conflits avec l'expression et l'acceptation de la douceur, qui laissent un sentiment d'épuisement et de vide (voir aussi chapitre 6).

Les reins et la vessie

Les reins entament le processus d'élimination des déchets, de purification du sang des produits secondaires nuisibles tout en maintenant l'équilibre des substances nutritives. La vessie est la chambre qui collecte les déchets fluides avant de les éliminer. Cette partie de l'organisme est étroitement associée à la purification et à l'élimination des émotions négatives sous forme d'urine. Comme il s'agit de la région pelvienne, il fait se souvenir que ces émotions sont principalement concernées par le soi et l'autre, par les relations, par la réaction de l'individu et son interaction avec le monde qui l'entoure.

Les reins sont liés aux glandes surrénales situées à leur sommet et à l'adrénaline, sécrétée aux moments critiques et stressants lorsque le syndrome « lutte ou fuite » est activé. Autrement dit, les reins sont associés à la peur : la peur de la relation, la peur de s'exprimer (particulièrement la peur d'exprimer la négativité), la peur de la survie personnelle. Ici, la question est de « combattre » et sortir pour trouver les réponses et la libération ou « se sauver » et s'intérioriser pour régler les problèmes. Les calculs rénaux se développent d'habitude en raison de la déshydratation, qui provoque une cristallisation de l'urine ; ils apparaissent aussi quand on s'accroche à des pensées ou des attitudes obsolètes qui auraient dû être éliminées ou à une tristesse ancienne prenant forme dans les larmes. À mesure qu'on laisse aller le passé, la libération génère l'occasion de passer dans un nouvel état stable.

Les reins sont liés au troisième chakra, comme on l'a vu au chapitre 3, ainsi qu'au second chakra, la sexualité et les problèmes sexuels et donc les relations, tout comme l'est la vessie. L'accent est mis ici sur l'adaptabilité, car la vessie a la merveilleuse capacité de s'adapter aux quantités variables d'urine – d'émotion négative – qu'elle contient. Dans son livre *Traditional Acupuncture : The Law of the Five Elements*, Dianne M. Connelly écrit :

> L'adaptabilité est une caractéristique importante du fonctionnement de la vessie, ce qui est significatif sur tous les plans. Une personne encline à la dépression aiguë, à l'incapacité de faire face aux situations ou aux peurs du changement, peut présenter un déséquilibre énergétique où le principal problème est l'incapacité à s'adapter. Être capable d'uriner fait partie du processus de circulation avec l'ensemble corps/esprit/âme.

Les études montrent clairement que les cas de cystite (inflammation de la vessie) surviennent plus souvent durant la rupture d'une relation et après celle-ci. Au cours de cette période, de nombreuses émotions négatives restent inexprimées : fierté blessée, colère, peur de la solitude, perte, rejet, troubles sexuels – pour n'en citer que quelques-unes. Ces émotions inexprimées commencent à s'accumuler, suscitant une intense irritation et frustration. La cystite est une irritation du système urinaire, le moyen d'éliminer les émotions devenues inutiles, qui sont dommageables si on les retient. Comme la vessie se trouve dans la région pelvienne, son énergie émotionnelle est concernée par les relations. Lors d'une rupture, l'accent est mis par ailleurs sur la nécessité de se retrouver de nouveau soi-même, d'avoir à faire face seul au lieu d'être dépendant d'un autre. C'est le symbole du bassin, la zone où on vient à l'existence. La cystite signale une accumulation d'émotions négatives qui exige d'être relâchée, associée au besoin de trouver son terrain indépendant.

Les organes reproducteurs

Tous les organes reproducteurs sont naturellement associés à la sexualité, aux sentiments les plus intimes de l'individu à propos de sa féminité ou de sa masculinité, de son acceptation et de son rejet. On trouve aussi ici la capacité de créer une nouvelle vie et ce faisant de se partager avec un autre être au travers de la sexualité et la procréation. Les problèmes dans cette région sont la manifestation des déroutes et des conflits intérieurs, des difficultés de communication, de partage, de paix avec soi-même et avec le sexe opposé, d'être libre et capable de faire confiance, de se montrer respectueux et poli. Les problèmes sexuels comme l'impotence ou la frigidité soulignent les questions profondes des anciens abus, douleurs, traumatismes, insécurités, sentiments d'insuffisance et d'échec, aversion de soi, culpabilité et négligence.

L'énergie sexuelle est l'une des expressions les plus puissantes de l'ensemble corps/esprit, car c'est l'énergie sur laquelle on s'appuie pour le voyage descendant de la naissance à la maturité et le voyage ascendant à travers les chakras jusqu'aux états supérieurs de conscience. Cette énergie permet de dissoudre l'ego, de faire apparaître de nouvelles compréhensions et libertés intérieures. C'est un endroit de transformation extraordinaire.

Le yoga tantrique utilise le pouvoir de l'énergie sexuelle pour éveiller la kundalini, le serpent lové qui monte le long de la colonne vertébrale à travers les chakras. Cette pratique exclut l'éjaculation, car elle utilise l'énergie pour monter. Ce n'est qu'un exemple de l'importance de l'énergie sexuelle. Cette énergie permet à deux personnes de fusionner, libérant par là leur ego et aboutissant à une réelle unité. C'est une façon d'exprimer les plus intenses sentiments d'amour et de tendresse envers une autre personne, ainsi qu'un moyen de gérer et de résoudre les conflits qui gênent la véritable croissance.

Au fil des époques, l'énergie sexuelle a été malheureusement mal utilisée et maltraitée, son potentiel supérieur ignoré au profit d'un laisser-aller purement sensuel exempt de sentiments véritables, pour exercer le pouvoir et le manipuler. Lorsque le but le plus subtil et la beauté de l'énergie sexuelle sont ainsi niés, celle-ci risque de s'intérioriser et d'imploser, car elle ne peut pas trouver une expression vraiment satisfaisante. Elle suscitera alors divers problèmes, comme les maladies sexuellement transmissibles.

Les jambes

Partant du centre de mouvement du corps, le bassin, les jambes dirigent l'énergie de mouvement vers l'extérieur, dans le monde, et représentent la direction et le mouvement de l'individu. Grâce à elles, on peut marcher, courir, trouver un rythme et un but au mouvement. Les jambes permettent l'ancrage – on reconnaît la terre et on se lie à elle en tant que corps à partir duquel on a évolué. On peut en tirer appui et stabilité, tel l'arbre soutenu par ses racines enfoncées dans le sol. L'énergie monte depuis la terre, conférant un sentiment de fermeté, de force et d'ancrage solide. Elle descend aussi dans la terre, où elle est relâchée, tout en gardant le contact avec la réalité. Les jambes expriment le degré d'ancrage ou de fermeté, ainsi que le passage de la vie dont on a fait l'expérience et la direction vers laquelle on se dirige.

Les jambes symbolisent aussi la position de l'individu dans le monde, donc le regard porté sur soi par les autres. Elles véhiculent la capacité de l'individu de faire face. Se tenir sur ses jambes marque manifestement l'indépendance, ainsi que la différence par rapport aux autres formes animales. Les jambes faibles indiquent généralement l'absence de cette énergie, le manque d'ancrage ou l'incapacité de faire face et de se montrer fort. Une tendance à être dépendant des autres est présente. Comme son propre mouvement est faible et incertain, on fait appel aux autres pour être motivé et soutenu. Le contraire ce sont des jambes bien développées, musclées, où l'énergie est si ancrée dans le sol qu'elle laisse peu de place à la spontanéité ou au changement de direction. Une tendance à se répéter, à toujours suivre la même voie ou direction, même si on en profite peu est présente, tout comme une peur de s'ouvrir émotionnellement. Les jambes charnues sont similaires à celles musclées, bien qu'à un niveau moins conscient. Il y a plus d'apathie et une absence de réaction, une muraille de modèles mentaux s'élève entre la motivation et sa mise en action. Inversement, les jambes minces sont chargées d'énergie, qui cependant ne circule pas gracieusement – elle n'a pas trouvé le moyen de s'exprimer sans heurts et avec sérénité, malgré son impatience à bouger. Elle risque donc de devenir fragile, s'effondrant au niveau des articulations.

Les muscles crispés et la tension dans les jambes concernent la relation de l'individu avec le sol. Un conflit peut être présent quant à la direction prise, ou un sentiment d'insécurité, comme si on s'attend à avoir l'herbe coupée à tout instant sous ses pieds. Ce dernier sentiment est assez répandu si on a eu une enfance manquant de sécurité ou lorsqu'on a fait l'expérience d'un quelconque traumatisme similaire. Il s'installe alors une peur, une incertitude, une hésitation à faire confiance à la solidité du sol. La tension dans les muscles des jambes naît de l'habitude de s'accrocher, de la crainte qu'en lâchant prise on échouera ou on sera « déçu ». La tension musculaire peut aussi surgir d'une hésitation se rapportant à l'endroit où l'on va. Si un doute ou une résistance existent quant à la direction et au mouvement de la vie, les jambes tenteront d'entraver ce mouvement.

Les cuisses

Très proches du bassin, les cuisses tendent à représenter l'aspect le plus intérieur et le plus personnel du mouvement. Ici, les questions concernent principalement la sexualité, l'expression, la capacité de se partager, soi-même et son mouvement, avec autrui, le tout étroitement associé au sentiment de féminité ou de masculinité de l'individu. À mesure qu'on grandit et qu'on mûrit, on y trouve aussi des questions en rapport avec les parents, car on doit s'éloigner de l'énergie parentale localisée dans la région de la naissance, le bassin. Un poids excessif dans cette zone est une accumulation d'opposition mentale à l'expression plénière ou à la découverte de sa propre direction, à la paix avec son expression sexuelle. C'est un moyen de s'interdire de ressentir réellement l'intensité de ses sentiments dans cette partie de l'entité corps/esprit.

Les genoux
Pour découvrir ce qu'ils représentent, essayez de marcher les genoux bloqués et voyez ce que vous ressentez! Une rigidité, une raideur et une inflexibilité s'y installent immédiatement. Les genoux symbolisent donc la capacité de s'adapter, de donner et d'être spontané. Les genoux permettent de s'agenouiller, action associée à l'abandon ou à l'acceptation d'une autorité supérieure. C'est là qu'on exprime sa fierté et son humilité. Un problème au niveau des genoux peut signaler une difficulté à accepter les situations et à s'y soumettre, de par son arrogance ou son entêtement. Les genoux confèrent flexibilité, ce sont les amortisseurs qui absorbent la pression d'en dessus et celle du sol sur lequel on marche.

Au *taï chi chuan*, méditation chinoise en mouvement, les genoux restent fléchis d'un bout à l'autre de la pratique. Cette posture libère la circulation de l'énergie, car des genoux bloqués entravent l'énergie. La même posture est utilisée par la bioénergétique pour laisser l'énergie s'écouler vers le sol. Les articulations permettent soit d'être fluide et de bouger avec grâce, soit elles se coincent et produisent des mouvements saccadés, « désarticulés ». Ce sont des points d'accumulation de l'énergie, susceptibles de se bloquer facilement. En présence d'une résistance au mouvement ou au changement, d'une hésitation à se rendre, d'un entêtement, d'un excès de fierté ou d'une peur de progresser, les genoux ressentiront l'effort.

Il y a quelques années, j'étais la gérante d'un restaurant végétarien, racheté par de nouveaux propriétaires. Ils n'avaient jamais rien fait de tel auparavant, si bien que je leur ai proposé de les aider. Cependant, ils voulaient apprendre par eux-mêmes et je les ai regardés faire erreur après erreur. Il m'était difficile d'accepter la situation et j'ai tenté de leur enseigner la bonne méthode de faire. Mais ils ne prêtaient aucune attention à mes paroles, me blessant dans ma fierté ! À cette époque, mes genoux sont devenus très douloureux. La raideur rendait mes mouvements difficiles. Le jour où j'ai fini par accepter l'idée de démissionner, la douleur dans mes genoux a disparu. J'avais abandonné !

Les mollets

Cette partie des jambes est plus proche des pieds, expressions plus terrestres et extérieures du mouvement et de la direction. La partie inférieure de la jambe représente l'énergie de ce mouvement juste avant sa manifestation, avant que l'activité débute, tout en étant sur le point de commencer. Par exemple, l'une de mes amies était en train de faire ses valises, pour déménager dans une autre ville, bien qu'elle aurait préféré rester sur place, mais elle n'avait pas le choix. En empaquetant, elle se prenait les pieds dans les objets recouvrant le plancher, se faisant des bleus aux mollets. Son opposition mentale au déménagement se montrait là, même si celui-ci n'avait pas encore eu réellement lieu.

Les chevilles

Comme les genoux, les chevilles sont des articulations en relation étroite avec la direction prise et la capacité de la gérer. Toutefois, les chevilles ont un symbolisme supplémentaire, car elles sont le pont entre le corps et les pieds, entre l'au-dessus et l'au-dessous, entre l'esprit et la terre. Si l'énergie ne s'écoule pas régulièrement dans la terre, elle risque de s'accumuler là. Les tendons d'Achille conduisent les pensées et les désirs vers leur réalisation, tout en mettant en évidence le moindre blocage à ce mouvement. Par exemple, on peut avoir un fort désir de s'installer, de trouver ses racines, de découvrir un endroit pour soi-même dans ce monde. En même temps, ce désir peut s'avérer impossible à satisfaire, peut-être en raison d'un travail qui exige de se déplacer ou d'une incapacité financière. Lorsque cela arrive, un blocage se développe entre le désir de voir l'énergie descendre vers la terre et la réceptivité des pieds. Les chevilles expriment cette énergie bloquée.

Les chevilles représentent par ailleurs la structure mentale et spirituelle de support, la gamme de valeurs et de concepts sur laquelle se fonde l'individu ainsi ce qu'il est dans le monde. Lorsque les chevilles s'effondrent, tout le corps s'écroule. Si la cheville est tordue ou foulée, on est en présence d'une distorsion de cette structure de support – rien n'est plus net et droit comme avant, tout est confus et déformé. La direction vers laquelle on se dirige et les événements que cette direction détermine sont en conflit avec la structure de support ou font monter la peur et la confusion. À un moment de traumatisme ou de changement inattendu, lorsque sa destination est incertaine, le désir inconscient dicte de changer de direction, de remettre en forme tout ce qui est dénaturé dans sa vie. Une fracture de la cheville représente ce conflit à un niveau bien plus profond, la grave blessure et la considérable confusion à propos de sa position, sa sécurité, son but dans la vie. Les foulures, les torsions et les fractures stoppent l'avancée pendant un moment, durant lequel on peut effectuer les adaptations nécessaires et accepter la situation.

Les pieds

Partie prodigieuse de l'entité corps/esprit, les pieds reflètent en fait les innombrables aspects distincts de l'être. Par exemple, la réflexologie se sert d'un schéma de traitement physique, car les pieds reflètent l'ensemble du corps avec tous ses organes internes. La Technique métamorphique utilise un diagramme de la période allant de la conception à la naissance (voir chapitre 2). À travers les pieds, on peut par conséquent être en contact avec son être physique et avec son être métaphysique.

Les pieds mettent en contact l'être – dans son intégralité avec le monde. Les pieds sont la partie du corps la plus avancée vers l'extérieur. Ils représentent le passage de l'individu sur terre. La marche avec les pieds tournés vers l'extérieur signale une certaine confusion concernant la direction prise ; la marche avec les pieds tournés vers l'intérieur, que cette direction manque de précision. Les pieds sont la plate-forme sur laquelle on se tient, les points d'ancrage et d'équilibre, ainsi que les instigateurs du mouvement. Les déséquilibres apparus ici se propagent à l'ensemble du corps. L'état physique des pieds révèle une grande partie de ce qui se passe dans la vie.

Les orteils représentent la tête et les différentes fonctions sensorielles qui y prennent place. Le gros orteil est particulièrement intéressant, car il incarne l'épiphyse et l'hypophyse, le chakra couronne et le chakra du troisième œil, la partie la plus spirituelle et la plus abstraite de l'individu. Les ongles incarnés, dont souffre d'ordinaire le gros orteil, représentent par conséquent un conflit entre les énergies mentales (parties molles) et les énergies spirituelles (tissus scléreux) de cette zone de réflexion et de créativité. Je me souviens de l'avoir ressenti lorsque j'écrivais *The Metamorphic Technique*. À l'époque, j'avais l'impression que ma tête était une cage, qui m'empêchait d'aboutir à une sagesse ou à une intuition plus grandes. Lorsque j'ai finalement réussi à franchir les barrières mentales qui bloquaient la circulation de ma créativité et quand j'ai pu me reconnecter à ma compréhension spirituelle, l'état de mon ongle incarné s'est amélioré.

Les orteils en marteau ou rétractés indiquent le stress et l'hésitation à avancer, ainsi que la résistance ou la peur suscitée par une façon d'être plus abstraite et moins structurée. Les orteils crispés expriment le désir de se sauver, de trouver d'autres moyens d'avancer ou une autre direction. Le cou et le point de conception se reflètent juste au-dessous de l'articulation du gros orteil. Si on descend sur le côté du pied, zone du réflexe spinal, on passe à travers les différentes étapes de la période de gestation jusqu'à atteindre la naissance au niveau du talon (voir chapitre 2, figure 2). Les parties charnues des pieds incarnent la poitrine, la voûte plantaire symbolise le plexus solaire. Sous le talon, on trouve l'ensemble des organes abdominaux.

À l'époque de formation des poumons de la période de gestation, un oignon se développe sur le pied au point de l'étape d'après-conception. Les poumons représentent le système individuel de support. Au moment de son apparition, l'oignon indique la faible envie de rester sur terre et de continuer l'existence individuelle. Ce processus se manifeste plus tard dans la vie en tant qu'immaturité et que besoin d'être dans une relation de soumission : comme on ne souhaite pas vraiment être là, il est bien plus simple de laisser quelqu'un d'autre prendre les décisions. Les oignons apparaissent d'ordinaire au moment de l'entrée dans ce genre de relation, que ce soit avec les parents, avec un partenaire dominateur ou même avec ses propres enfants. Se prendre en charge, assumer la responsabilité pour soi-même et s'impliquer ainsi plus pleinement dans l'existence présente permettent l'amélioration de l'oignon.

La voûte plantaire correspond à la zone du plexus solaire et donc à la période d'accélération, au mouvement de la conscience de soi à la conscience d'autrui, au passage du privé au public. Ainsi, les pieds plats indiquent une absence de frontières, de séparation entre intérieur et extérieur, qui rend l'individu très vulnérable. Les limites manquent, bien qu'on en ait besoin afin de se définir soi-même. Si on a des pieds plats, on glissera sur les choses, sans jamais s'y plonger pleinement, sans jamais développer des racines, toujours en mouvement, pour éviter d'être confronté à cette vulnérabilité. En absence de séparation entre travail et vie privée, les deux se chevauchent souvent, invariablement au détriment du reste des relations. Le mode de vie devient ainsi plus superficiel et moins imaginatif. Inversement, si les voûtes plantaires sont hautes, une ligne très nette est tirée entre public et privé, laissant rarement les deux domaines empiéter l'un sur l'autre. L'individu peut parfois sembler assez solitaire et renfermé – il ne fera très souvent le premier pas vers une amitié. Les voûtes plantaires hautes indiquent une grande créativité, à l'exemple du peintre introverti produisant des chefs-d'œuvre auxquels peu de gens ont accès.

Les talons représentent la terre mère, le sentiment d'ouvrir les yeux à la réalité. En marchant sur la pointe des pieds, on peut avoir l'impression d'éviter la réalité, de prétendre qu'on n'est pas vraiment là, car la tête est dans le ciel et le contact avec la terre est infime. En faisant descendre les talons, on établit une connexion avec le sol et le monde. En enfonçant les talons dans le sol, on tente désespérément de s'ancrer, de s'accrocher à tout prix à la réalité, probablement en raison d'un fort sentiment d'insécurité qui prône que cette réalité sera écartée.

Un excès de peaux mortes ou en train de peler signale une accumulation de pensées et de modèles mentaux obsolètes auxquels on s'accroche. C'est la région de la naissance, donc de la capacité de faire apparaître l'inédit et de manifester son potentiel.

Les pieds enflés concernent l'état émotionnel, une retenue d'énergie émotionnelle liée à la direction suivie. La transpiration des pieds représente une libération de cette énergie émotionnelle, symbolique d'un excès d'émotions. Les ampoules apparaissent à des époques de friction, quand les questions mentales et émotionnelles causent des conflits. On pense que le problème est provoqué par les chaussures, alors que la faiblesse était déjà là et les chaussures ne sont qu'un catalyseur. Comme le dit Robert St John dans *Metamorphosis* :

> L'état normal d'une fonction est exempt de stress. Les tissus normaux (tissus qui ne sont pas perturbés) ont une réaction positive aux pressions et aux irritations qui leur sont imposées. Un pied normal s'adaptera à une chaussure inappropriée sans résistance, de la même façon qu'une personne normale s'adaptera sans friction aux différents éléments de la société.

Le voyage à travers le corps achevé, on peut maintenant examiner les différents aspects de la maladie ou du trouble avec une nouvelle compréhension de l'entité corps/esprit.

CHAPITRE 6

DES ABCÈS AUX ULCÈRES

Il n'y a pas de maladies incurables,
seulement des personnes incurables.
Dʳ BERNIE SIEGEL

Ce chapitre offre un guide alphabétique des affections, des maladies et des troubles les plus communs, sans constituer pour autant une liste exhaustive. Si une affection particulière n'est pas mentionnée, relisez d'abord les chapitres précédents pour repasser en revue l'ensemble des modèles. Il est important de se souvenir que les origines de la plupart des problèmes peuvent être retracées, d'ordinaire en analysant les six à douze mois précédant leur apparition. À l'occasion, on peut remonter davantage dans le temps ou même découvrir des incidents récents en rapport avec l'état respectif.

N'oubliez pas que le corps reproduit non pas ces modèles, mais les modèles inconscients, car ce sont ces énergies-là qui tentent de se faire connaître, les attitudes et les comportements qu'on n'accepte pas ou qu'on refuse d'admettre en connaissance de cause. Les informations données ici permettent de pénétrer davantage dans l'inconscient et donc d'arriver à se connaître davantage, de voir ce qu'il y a d'ignoré en soi.

Abcès : accumulation de pus formant une poche qui soit se rompt toute seule, soit doit être incisée. Sa présence indique une réaction émotionnelle – colère ou blessure (pus = fluide = émotion) – ou un sentiment en effervescence, qui s'enflamme et finit par agir sur l'énergie mentale, suscitant une perturbation (gonflement). L'éclatement des abcès laisse l'individu vide et épuisé. L'émotion concernée est celle associée à la fonction et à la partie du corps où se développe l'abcès. Par exemple, si l'abcès apparaît sur la jambe, l'émotion est en relation avec la direction que prend l'individu dans la vie ou avec sa capacité à faire face seul, à manifester son indépendance et sa liberté. *Voir aussi les références concernant le côté et la partie du corps affectés.*

Accidents : signalent un besoin d'action immédiate, car pour s'exprimer l'esprit se sert d'une situation extrême, entraînant souvent un éloignement définitif de la direction suivie. Le conflit a pu se développer au cours de l'année précédent l'accident, car la partie du corps endommagée à cette occasion est d'ordinaire déjà affaiblie. L'accident met en évidence cette faiblesse. Le besoin inconscient de changement, de réévaluation totale, est si considérable qu'il en devient spectaculaire. *Voir aussi les références concernant le côté et la partie du corps endommagés et la nature de la blessure.*

Acné : le visage est la partie du corps la plus visible, celle qui affronte le monde, celle qui suscite acceptation ou rejet. Lorsqu'un conflit émotionnel et mental s'instaure chez l'individu à propos de son identité, de l'expression de sa véritable nature, de sa découverte de soi, il finit par devenir visible. L'acné exprime la colère, le ressentiment et la peur concernant la découverte de l'identité personnelle, ainsi que le fait d'être accepté et aimé sans condition pour ce qu'on est en tant que personne. Malheureusement, de par l'inhibition et la gêne qu'elle suscite, l'acné rend souvent cette découverte de soi encore plus difficile. Une nourriture dépourvue de véritable valeur nutritive provoque de l'acné, car elle affecte le fonctionnement du foie, l'entrepôt de la colère (*voir Foie*). Par ailleurs, l'acné peut être un moyen d'éviter le contact avec les autres, car on en a peur même si l'envie est forte. L'acné indique aussi que l'individu est harcelé, qu'il permet à quelque chose d'interférer et de générer de la négativité. *Voir aussi Visage.*

Allergies (rhume des foins y compris) : réaction excessive du système immunitaire à un allergène extérieur induite toutefois par une cause intérieure. Quelque peu similaire à l'asthme, quoi que dans ce cas elle se produit au niveau des yeux, du nez et de la gorge et non pas des poumons et de la poitrine. À quoi est-on vraiment allergique ? Envers quoi réagit-on excessivement ? Qu'est-ce qui cause réellement l'irritation et la forte réaction émotionnelle du corps (éternuements, yeux larmoyants, peut-être une envie de pleurer) ? Toutes ces réactions témoignent de la libération des émotions refoulées. Les allergies tendent à indiquer une peur intense, peut-être une grande crainte : peur d'être obligé de participer pleinement à la vie ou peur de ne pas disposer d'appuis et de devoir être autosuffisant – une allergie permet aussi d'obtenir plus de sympathie, de soutien et d'attention. Utilise-t-on l'allergie pour obtenir de l'amour ? Qu'est-ce qu'on évite en fait de gérer ou d'affronter ? Que craint-on de laisser venir à soi, au point de réagir violemment pour empêcher que cela se produise ? Y a-t-il là une chose à laquelle on se fie si peu qu'on doit la repousser ? *Voir aussi Asthme.*

Alzheimer, maladie d' : état apparenté à la **démence**. Cette maladie provoque une lente dégradation de la mémoire et des fonctions intellectuelles, débouchant sur la confusion, l'incapacité de soutenir une conversation claire, l'oubli de l'environnement, la retombée dans l'enfance, des accès de violence et bien d'autres effets handicapants. Médicalement parlant, les cellules nerveuses cérébrales manquent de sang, dégénèrent et meurent, endommageant le cerveau. Les causes mettent en évidence l'intervention de facteurs émotionnels (fluides) et mentaux (tissus mous). La maladie s'installe dans la tête, le centre de la prise de conscience abstraite et de la relation abstraite avec les états supérieurs de conscience. Les causes soulignent par ailleurs un recul de l'énergie émotionnelle (sang) causant un important traumatisme mental, par exemple une grande peur de la vieillesse et de la mort. Ce traumatisme est tel que l'individu revient à un comportement infantile et efface la conscience du présent afin de pouvoir ignorer l'avenir. Cet état est considéré comme une période de préparation au trépas, une période où l'individu met en scène ses peurs et ses fantasmes alors qu'il subsiste dans un état semi-vivant, un état à la limite de la conscience et de la compréhension. Quand la mort arrive, elle est moins chargée de la terreur instinctive éprouvée lorsque la conscience est encore parfaitement présente. L'amour et le soutien des proches sont essentiels.

Amnésie : la souffrance intérieure est parfois si considérable que l'esprit la gère en l'occultant totalement. La plupart des gens sont capables d'oublier, à un degré ou un autre, surtout les souvenirs déplaisants de l'enfance. Il est difficile et pas toujours agréable de se remémorer des choses, car cette action impose d'affronter des zones cachées et sombres de sa psyché. Cependant, une amnésie totale signale le désir de prendre un nouveau départ, l'ancienne vie étant devenue trop dure à supporter et trop accablante de par ses implications directes et indirectes. Le passé peut susciter une immense culpabilité ou honte, dont on tente d'ignorer la réalité, de même qu'il peut séparer de la réalité certaines personnes ou situations.

Ampoules : la faiblesse ainsi manifestée est d'habitude déjà présente dans le corps, bien que des chaussures inappropriées ou une manipulation excessive des outils puissent provoquer des ampoules – aux pieds ou aux mains. Irritation mentale qui finit par causer une éruption émotionnelle, les ampoules sur les pieds sont liées à la sécurité, au terrain sur lequel on se tient et à la direction qu'on prend. L'arrière du talon, lieu de prédilection des ampoules, est associé à la mère : la relation avec la Terre-Mère (réalité), avec ses qualités maternelles spécifiques ou avec sa propre mère. Les ampoules sur les mains représentent l'irritation et la frustration envers ce qu'on fait et envers la façon dont on gère sa vie, qui sont en train de se trouver un exutoire émotionnel. *Voir aussi les références au côté et à la partie du corps affectés.*

Amygdales : partie intégrante du système immunitaire et du système lymphatique, elles filtrent ce qui descend par la gorge, y compris la réalité. L'**amygdalite** se déclare souvent à des moments où cette réalité-là cause une irritation ou une peur intense, qui déborde tellement que le filtre devient inefficace. Les amygdales sont enflammées, exprimant la colère et la frustration face à la situation. C'est souvent le cas chez les enfants qui ne comprennent pas nécessairement les événements ni ne les contrôlent – ils savent seulement qu'ils n'aiment pas ce qu'ils sont obligés d'avaler. L'enlèvement des amygdales certifie qu'on doit donc accepter la réalité telle quelle et la gérer intérieurement d'une autre manière. *Voir aussi Gorge.*

Anémie : état causé par une carence de fer du sang, due parfois à un régime alimentaire pauvre en cet élément, une hémorragie prolongée, une grossesse, un stress. Dans ces cas, il est important de reconnaître ses besoins et de les satisfaire. Le sang représente l'amour et les émotions associées circulant d'un bout à l'autre du corps (le monde personnel) à partir du cœur – l'anémie est associée à un manque de substance, de force ou de profondeur de l'amour. (*Voir Sang*). Ce processus mine l'ensemble du système sanguin du corps, débouchant sur une faiblesse intérieure qui fait qu'on n'est plus capable de s'aimer soi-même, et encore moins les autres. Cet état est parfois provoqué par la conviction d'être faible, d'être incapable d'aimer vraiment, de ne pas être digne d'amour, ou par la peur de tenter l'expérience de l'amour.

Angine (de poitrine) : lorsque la demande d'oxygène est plus importante que la capacité du corps à le fournir, cet état suscite une sensation de contraction associée d'ordinaire à une douleur dans la zone du cœur. On peut tenir l'angine pour un avertissement du corps, qui signale son besoin d'attention. Au lieu de se diriger vers l'extérieur, de s'affairer et de se stresser là en ignorant le monde intérieur, l'attention doit se tourner davantage vers l'amour et les exigences de l'individu, ainsi que vers les besoins de ses proches. Le manque l'oxygène affirme qu'on donne aux autres jusqu'à l'épuisement, au point d'avoir besoin de se recharger émotionnellement. *Voir aussi Cœur.*

Anorexie : état étroitement apparenté à l'**obésité**, dont la cause est identique – un sentiment d'amour frustré, d'affection insatisfaite, un besoin de nourriture émotionnelle et d'acceptation inconditionnelle, qui font apparaître un vide intérieur exigeant d'être comblé. Alors que l'obésité naît de la tentative de combler ce vide en y engouffrant de la nourriture, l'anorexie procède de sa privation de nourriture, dans l'espoir qu'il diminue et donc exige moins, ou même disparaisse totalement. Lorsqu'on souffre d'anorexie, on continue à se voir comme trop gros, même si on est maigre comme un clou. Autrement dit, on perçoit toujours ses besoins émotionnels comme trop grands pour être supportables. L'anorexie est susceptible de se rapporter au sentiment d'être harcelé ou cerné, et donc au désir de montrer son indépendance et son individualité ; l'impression de ne pas avoir le contrôle des événements se transforme en tentative exagérée de le regagner. Il peut y avoir même un désir de reculer face à la maturité sexuelle, en rendant son corps juvénile. Cette attitude est due d'ordinaire à d'anciens abus ou traumatismes sexuels, de même qu'à un profond sentiment d'insécurité émotionnelle. L'acceptation et l'amour inconditionnels sont essentiels. *Voir aussi Dépendance, Boulimie et Obésité.*

Anus : point d'élimination de ce dont on n'a plus besoin. Les problèmes dans cette région sont liés à l'attachement – la « résistance » – auquel recourent souvent les enfants pour se « venger » de leurs parents. C'est aussi là qu'on relâche nombre de ses peurs et stress : par exemple, lors d'un entretien le visage arborera un sourire, mais les sphincters anaux seront contractés. Situé dans la région pelvienne, l'anus est concerné par la présence de l'individu dans le monde et par sa relation avec lui. À quel point refoule-t-on les choses et tente-t-on de les ignorer ? Que ressentirait-t-on si on pouvait les laisser aller ? Peut-on desserrer sa prise et ne pas contrôler les événements et les gens ?

Apathie : renoncement à la vie, indifférence, profonde absence d'intérêt ou de direction. L'apathie peut être due à un choc, à un traumatisme, à un mauvais traitement, au manque d'amour sans condition ou à d'autres situations négatives qui ont drainé toute joie ou raison de vivre. Elle peut aussi être causée par une aversion de soi, née d'une grande honte ou culpabilité. Il est essentiel de trouver de nouveaux objectifs et une nouvelle direction.

Apoplexie : provoquée d'ordinaire par l'hypertension artérielle, par le rétrécissement d'une artère cérébrale, par un caillot formé dans une artère, par la rupture d'une artère, tous phénomènes endommageant gravement le tissu du cerveau et l'activité cérébrale. Toutes les causes sont en relation avec la circulation du sang et les vaisseaux sanguins. Les moyens (les artères) utilisés pour exprimer son propre amour et pour recevoir l'amour des autres sont contractés, comprimés, réprimés. Les attaques d'apoplexie surviennent généralement à un âge assez mûr, indication de la présence d'une opposition progressive à l'amour ou d'une amertume croissante à son égard, peut-être parce qu'un être cher a disparu et que l'amour a été littéralement étouffé. L'apoplexie est aussi une tentative de garder les choses telles quelles, un refus du tour pris par les événements, surtout du vieillissement. La peur de la vieillesse ou de la mort incite à l'immobilisme, dans une tentative d'éviter tout changement. L'apoplexie survient souvent quand une personne âgée est placée en maison de retraite, loin de son environnement familier et privée des moyens d'exprimer et de recevoir l'amour qu'elle connaît. L'isolement est si grand qu'il peut provoquer la mort ou la paralysie – la douleur de la perte ou l'émotion refoulée est telle qu'un désir de ne plus être ici-bas et d'avoir à gérer les choses se manifeste. *Voir aussi les références au côté et à la partie du corps affectés.*

Appendice (appendicite) : filtre connecté au trajet intestinal, auxiliaire du système immunitaire. Une **appendicite** signale la destruction de la capacité de filtrer la réalité vécue et de se protéger de son impact. Situé dans la région pelvienne, l'appendice est principalement concerné par la relation avec le monde relatif et la capacité de l'individu à gérer cette réalité-là.

Aponévrite : raideur et douleur au plus profond des muscles. Peut être due au froissement d'un muscle (intense effort mental) ou à la tension contractant le muscle (tension mentale en train de s'installer). Cet état signale que les pensées ou les attitudes sont rigides et angoissées, que ce conflit intérieur appauvrit la circulation à travers les membres. Est-ce un effort mental associé à ce qu'on fait ou est-ce la façon dont on s'exprime dans le monde ? L'aponévrite est-elle liée à la direction qu'on suit et au terrain sur lequel on marche ? *Voir aussi les références au côté et à la partie du corps affectés, Douleur.*

Appétit : la relation avec l'appétit repose largement sur la relation avec soi-même et avec son sentiment d'être émotionnellement affamé ou rassasié. L'insatisfaction conduit à un vif appétit, pas seulement pour des aliments, mais aussi pour l'amour, pour la stimulation ou pour toute autre diversion qui repousse la nécessité d'affronter le véritable problème, le vide intérieur. L'appétit d'ogre signale la réticence à l'idée de chercher en soi des réponses, comme si en ingurgitant autant que possible on aboutira à un quelconque sentiment de satisfaction et de libération. À mesure que la satisfaction émotionnelle s'installe (en s'aimant soi-même davantage et en devenant ainsi capable d'aimer les autres), l'appétit revient à la normale. *Voir aussi Dépendance, Obésité et Estomac.*

Artères : véhicule que l'amour emprunte pour circuler à partir du cœur vers le reste du corps, ou depuis le moi vers le reste du monde (*voir Sang*). Les artères exprimant les émotions, les complications ou les problèmes qui apparaissent ont un rapport avec la capacité de partager avec autrui. *Voir aussi les références aux états spécifiques.*

Artériosclérose : épaississement, durcissement ou perte d'élasticité des parois des artères, exacerbé par l'accumulation de dépôts adipeux. Vaisseaux sanguins transportent le sang, fluide porteur de vie et d'amour, les artères se rétrécissent et se dilatent moins. L'épaississement des parois artérielles réduit la quantité de sang transportée, donc l'ampleur de l'amour exprimé. Cet état peut avoir pour cause le refoulement ou la rétention de l'amour, une peur de l'expression due peut-être à d'anciens refus, une aversion de soi si intense qu'elle est projetée sur les autres, une nature critique et arrogante qui nie l'importance de l'amour et devient ainsi rigide, figée et obstinée. Manifestement, une attitude plus gentille, plus tendre et plus réceptive envers la vie permettra une expression plus complète, tout en laissant les autres montrer leur amour et leur tendresse à l'égard de l'individu.

Arthrite : état affectant les articulations, qui éprouvent inflammation, douleur et raideur. Les articulations permettent de bouger gracieusement – l'arthrite est associée aux sentiments les plus intimes concernant le mouvement ou la direction suivie. Du reste, il y a là une sensation d'énergie se dérobant devant l'idée d'avancer, peut-être par peur du mouvement ou par envie de faire quelque chose d'autre ou d'aller ailleurs. Cet état indique aussi la présence de l'autocritique (raideur), de la négation de la valeur personnelle, de la peur, de la colère (inflammation) et de l'amertume (douleur). Un sentiment d'être réprimé, retenu, confiné, est là, tout comme une incapacité progressive à se plier, à être mentalement flexible ou à s'abandonner. L'ensemble de ces sentiments concernant sa propre personne reflète une absence de confiance en soi, de même qu'une attitude assez dure à l'égard de la vie. Au lieu d'être admis, ces sentiments sont d'ordinaire projetés sur les autres. La partie du corps affligée d'arthrite donne d'autres informations. *Voir aussi les références aux articulations concernées, au côté du corps affecté, Articulations et Polyarthrite chronique.*

Articulations : permettent un mouvement gracieux et fluide. Si les articulations sont bloquées, la raideur s'installe, l'expression se rigidifie et devient intolérante. Les articulations sont formées de tissus durs, de tissus mous et de fluides, si bien que leurs problèmes affectent ces aspects séparément ou globalement. Une inflammation des articulations signale une résistance au mouvement – peut-être la peur de ce qui viendra, la difficulté à s'abandonner à cet avenir-là. Peu d'énergie circule dans les articulations, autrement dit l'énergie se retire progressivement de cette partie de l'entité corps/esprit. Le degré de ce retrait dépend de la zone du corps affectée. Par exemple, les articulations des épaules, des coudes ou des poignets permettent le passage de l'énergie du cœur dans les mains, qui pourront alors exprimer les sentiments tendres et affectueux. Ces articulations permettent aussi la libre expression de l'énergie créative et de l'énergie d'action, ainsi que la manifestation des facultés de manipulation et de réalisation. Un mauvais fonctionnement de n'importe laquelle de ces articulations signale la crainte d'exprimer cette énergie, la colère ou l'opposition qu'elle suscite. *Voir aussi les références aux articulations spécifiques.*

Asthme : suscite des difficultés respiratoires en raison d'une réaction excessive à la pollution, à une substance allergène, à une situation émotionnelle ou stressante. Chez les enfants, l'asthme est surtout associé à la relation avec la mère – la mère « étouffante », hyperprotectrice, qui ne laisse pas l'enfant « souffler », ou la mère qui laisse l'enfant longtemps seul, si bien que celui-ci doit apprendre à se débrouiller tout seul à un âge trop tendre. Les crises peuvent être déclenchées par la séparation de la mère ou des circonstances affectives liées à cet événement. Chez l'adulte, l'asthme est associé au stress : un conjoint dominateur, un patron exigeant, un partenaire étouffant, des parents omniprésents, des responsabilités écrasantes donnent envie de respirer seul, à son aise. L'asthme est appelé d'ailleurs le « cri silencieux », la nostalgie de l'expression amalgamée à la répression du sentiment, le désir de grandir et d'entrer dans la vie, mêlé à une crispation et à une peur accablantes. Toutes ces sensations se retrouvent dans l'incapacité respiratoire. Celle-ci inclut la peur de l'expression, de la libération de la colère, de la rage ou du chagrin, donc l'accumulation de cette crainte en soi. On doit encourager l'expression – surtout chez les enfants – afin que les sentiments les plus occultés puissent se manifester. L'asthme étant une réaction démesurée du système immunitaire, il est important d'exprimer toute émotion personnelle excessive. *Voir aussi Respiration.*

Bassin : l'ensemble de la région pelvienne, encadrée par les hanches et la colonne vertébrale, est la zone de la communication et des relations. Ici, on se partage à travers la sexualité, on conçoit et on fait venir au monde une autre personne, on se développe, on crée de nouveaux aspects et attitudes, on commence le voyage ascendant à travers les chakras vers les états supérieurs de conscience. Le bassin est le centre à partir duquel on avance dans la vie, que ce soit dans une nouvelle direction ou vers la découverte de son monde intérieur. Les **hanches** soutiennent cette activité et lui permettent de prendre place; elles représentent le niveau énergétique le plus subtil en rapport avec le mouvement.

Bégaiement : peur de l'individu d'être clair à propos de ce qu'il veut dire, souvent causée par des parents dominateurs et autoritaires toujours en train de critiquer, de contrôler, de souligner l'ignorance de leur enfant. On doit se relaxer profondément, apprendre à se fier à ses sentiments et s'aimer soi-même tel qu'on est. *Voir aussi Bouche.*

Bouche : portail à travers lequel l'être intérieur obtient aliments, eau, air, soutien, réalité. C'est aussi le point de sortie des sentiments et des pensées, que les lèvres articulent et la voix exprime. La bouche est une région à double vocation. Ses difficultés expriment deux aspects : l'opposition à ce qu'on absorbe et aux effets suscités, qui laissent parfois un « goût amer », et le conflit avec l'expression et la capacité d'affirmer ses intentions.

Boulimie : ingurgitation d'une quantité considérable de nourriture, suivie par des vomissements provoqués, cet état a pratiquement la même cause interne que l'**anorexie** et l'**obésité**. L'aversion de soi est si grande qu'on préfère vomir qu'être en bonne santé, car c'est là une façon de confirmer ce dégoût de soi. Manger puis vomir n'apporte aucune joie, donc la dépression et le désespoir extrêmes sont manifestes. L'amour inconditionnel et l'acceptation sans réserve sont essentiels, tout comme le besoin de chasser le désespoir plutôt que de se débarrasser de la nourriture. *Voir aussi Dépendance, Anorexie et Obésité.*

Bras : membres qui soit se tendent pour enlacer et toucher les gens, partageant avec eux l'énergie provenant du cœur, soit heurtent en combattant et en résistant. Ils permettent aussi d'exprimer la créativité et la nature de dirigeant de l'individu, car c'est dans cette zone qu'il peut « faire » des choses. Lorsque cette énergie dirigée vers les bras est refoulée, elle provoquera raideur musculaire, mouvements gauches, douleur, tension, inflammation ou gonflement des articulations. Une **irritation dermique** peut signaler une frustration concernant ce que l'individu fait ou ne fait pas, ce qu'il exprime ou ce qu'il ressent à propos des agissements d'une autre personne à son encontre. *Voir aussi les références aux difficultés particulières, au côté et à la partie du corps affectés.*

Brûlures : quelque chose consume l'individu, tant mentalement qu'émotionnellement (car une brûlure affecte en même temps les tissus mous et les fluides). La douleur, la colère, la tristesse et d'autres émotions « ardentes » ont peut-être été réprimées et ignorées. Par exemple, une brûlure au pied signale une immense douleur intérieure à propos d'une action ou d'une décision concernant sa propre sécurité, qui déclenche une réaction émotionnelle forte, « torride ». Le vecteur de la brûlure donne aussi des indications : l'eau bouillante représente une donnée émotionnelle encore plus intense (quelqu'un ou quelque chose brûle ou a brûlé émotionnellement l'individu), le bois incandescent ou une autre matière incandescente implique davantage une brûlure mentale ou spirituelle. *Voir les références au côté, à la partie et aux fonctions du corps affectés.*

Bronchite : inflammation des bronches causée par la pollution, une irritation, une infection ou une accumulation d'émotion. Ces conduits amènent l'air dans les poumons. Leur apport est susceptible d'irriter ou d'étouffer émotionnellement. Également, il se peut que ce qui monte en soi a besoin d'être exprimé pour ne pas gêner la respiration. Une inflammation met en général en évidence la colère ou la fureur réprimée, émotion « brûlante », suscitée à ce qu'il semble par ce que l'individu inspire affectivement ou par les sentiments occultés de honte, de culpabilité ou de fureur envers lui-même. Parfois, il peut se sentir débordé émotionnellement et incapable de respirer. Tout comme les bronches relient les poumons au monde extérieur, on doit trouver un moyen de partager ses sentiments, si effrayants soient-ils. *Voir aussi Respiration, Poitrine, Poumons.*

Cage thoracique : partie principalement osseuse de l'anatomie humaine, qui protège les organes vitaux (le cœur et les poumons), impliquant la protection de la vie physique par l'énergie spirituelle. Un dommage signale la faiblesse, la vulnérabilité, l'impuissance devant une attaque.

Callosités : zones épaissies et durcies de la peau. La peau représentant l'énergie mentale, les callosités indiquent une sclérose des modèles de pensée ou des attitudes mentales générant un état « figé » où cette énergie est immobile. Cette accumulation d'énergie ne va nulle part, sans pour autant être libérée. *Voir les références au côté, à la partie et aux fonctions du corps affectés.*

Cancer : la tuberculose a été la principale maladie du XIXᵉ siècle, le cancer, celle du XXᵉ. Cette affection affaiblit le système immunitaire et le pousse à ignorer les cellules anormales, qui peuvent donc proliférer à leur guise. Ce type de cellules se développe constamment dans le corps, mais il est normalement détruit par le système immunitaire. Quel changement intervient pour que les cellules deviennent malignes ? Le corps s'est-il tellement habitué à l'anormalité en termes de modèles de pensées et d'attitudes mentales qu'il ne reconnaît plus la différence quand ceux-ci deviennent malins ?

Le cancer semble être la conséquence des innombrables années de conflit, de culpabilité, de blessures, de chagrin, de ressentiment, de confusion ou de tension entourant nombre de sujets extrêmement personnels. Il est associé aux sentiments d'impuissance, d'insuffisance et d'aversion de soi. C'est comme si les ressentiments ou les conflits profondément enracinés rongeaient peu à peu le corps. En outre, une théorie soutient que les cellules cancéreuses sont des cellules qui ont été isolées des autres suite à l'interruption des voies de communication intercellulaires. Ces cellules isolées engendrent à leur tour d'autres cellules isolées. Cette théorie renforce quelque peu l'idée que le cancer est favorisé par l'aversion de soi, par les attitudes conflictuelles ou discordantes envers un ou plusieurs aspects rejetés de soi-même.

La personnalité « cancer », définie suite à des années d'études, est très tendre, très obligeante et gentille, quoiqu'elle réprime en même temps les sentiments personnels. D'une patience à toute épreuve, elle n'a qu'un faible respect de soi. Quand on offre tellement aux autres, on place souvent leurs besoins avant les siens propres et on ne s'accorde rien – on ne s'aime et on ne s'honore pas vraiment. Cette personnalité est le « rocher » de la famille, celle qui se charge de tout sans jamais se plaindre. Elle trouve la satisfaction en regardant vers l'extérieur au lieu de se plonger en elle-même, faussement persuadée que les autres ont raison et qu'elle a tort. Cette bienveillance envers les autres peut devenir malfaisante pour soi-même.

Le cancer se déclare souvent après une tragédie ou la mort d'un proche, particulièrement d'un proche sur lequel se concentre toute l'attention. Ce genre de perte aggrave le sentiment d'impuissance et d'inutilité. Même si le décès est survenu plusieurs années auparavant, la perte, la douleur émotionnelle, la culpabilité et la peur restent vives. La disparition d'un proche fait perdre l'objectif inhérent à la vie et provoque un profond sentiment de désespoir. La douleur intérieure est souvent cachée derrière l'altruisme, une façon de donner à autrui au lieu de satisfaire à ses propres besoins.

L'impression d'inutilité peut être associée à l'absence d'amour inconditionnel ressentie dans l'enfance, période qui pose d'ordinaire les bases du sentiment de valeur personnelle de l'individu. Elle est aussi associée à l'idée d'échec et d'incompétence, à la sensation de n'avoir rien accompli. En s'intéressant constamment aux autres, on arrive à ignorer cette douleur intérieure pour finir par réprimer ses sentiments, surtout la colère, et leur refuser de s'exprimer. Ce déséquilibre intrinsèque rend plus difficile la gestion du cancer.

Certains facteurs environnementaux accroissent la prédisposition au cancer, car les substances carcinogènes sont présentes partout, sous de nombreuses formes. Toutefois, la faiblesse ou les attitudes mentales refoulées susmentionnées participent grandement au fait que certaines personnes tombent malades et d'autres non, alors qu'elles vivent dans des conditions identiques.

La partie du corps qui développe un cancer est d'ordinaire en rapport direct avec les attitudes cachées et les modèles mentaux inconscients impliqués. Sa tendance à rejeter l'organe ou le membre qui fait souffrir ou qui suscite des conflits est générale. *Voir les références au côté et à la partie du corps affectés.*

Candidose : infection mycosique qui se développe dans des zones chaudes et moites, comme le vagin ou les intestins, signalant par là une contamination ou une influence extérieure. Ce genre d'infection est généralement causé par des bactéries. Lorsqu'elle se déclare dans le vagin, l'infection suggère des conflits inexprimés concernant la sexualité, l'activité sexuelle, la relation. Une chose à propos du partenaire génère une vive irritation. Peut-être que des problèmes anciens de mauvais traitement sont revenus au premier plan. Si elle se déclare dans le système digestif, la candidose suggère que le régime alimentaire ou le mode de vie est déséquilibré, que l'individu ne se sent pas en sécurité, qu'il se sent menacé par quelque chose qui ronge le corps de l'intérieur, qu'il n'admet pas quelque chose de gênant et qu'il doit faire attention à son équilibre, à sa détoxication et à son mode de vie.

Cataracte : zone d'opacité sur le cristallin, qui déforme progressivement la vision. La diminution de la vue implique un retrait de l'énergie de cet organe – un désir de ne pas voir ce qui surviendra. Cet état se déclare d'ordinaire à un âge avancé et est souvent lié à une peur grandissante de la vieillesse et de l'impuissance. On n'a pas toujours envie de voir son image future, même si celle-ci n'est encore qu'hypothétique. Il suffit de se rendre compte qu'on ne peut plus se pencher aussi facilement, qu'on oublie des choses survenues récemment. À ces moments-là, l'avenir semble bien morne – pas surprenant qu'on a envie de s'en éloigner, de placer un voile entre soi et la réalité. La cataracte affecte aussi les personnes souffrant de malnutrition – on la trouve souvent dans les pays du Tiers-monde, où le manque de nourriture autant matérielle que spirituelle affame les corps et les âmes. *Voir les références au côté et à la partie du corps affectés, Yeux.*

Cécité : accepter et interpréter la réalité n'est pas toujours facile, surtout si celle-ci est douloureuse, exécrable, déroutante et offensante. Parfois, on préfère se retirer devant les impressions visuelles auxquelles on est confronté. En bloquant sa vision, on ignore plus facilement ce qui se passe autour de soi, bien que les sentiments soient toujours là. La cécité est liée au refus de voir ou d'accepter sa situation, au désir de « fermer les yeux » plutôt que d'affronter et de gérer cette réalité-là. Elle peut aussi être provoquée par le diabète, par une surcharge d'impressions telle qu'on ne peut pas les intégrer, ce qui déroute et suscite un sentiment d'impuissance. *Voir aussi la référence au côté du corps affecté.*

Cheville : pont entre l'être et le sol, les chevilles permettent la descente de l'énergie, son enracinement et sa montée à partir de la terre. Si elle est bloquée, l'énergie sera retenue dans cette région. Les chevilles soutiennent l'individu – elles sont la structure mentale et la structure émotionnelle sur lesquelles on compte pour traverser la vie. Lorsque ces structures sont menacées ou endommagées, le support fait défaut et la vie risque de connaître une fin brutale, tout comme l'ensemble du corps s'effondre lorsque la cheville cède. Une **cheville foulée** signale un conflit mental, dû soit au changement du système de soutien, soit à la présence d'un sentiment de manque d'ancrage, soit à la nécessité de modifier la direction suivie. Ce conflit est particulièrement visible dans le cas d'une **cheville tordue** : l'énergie tourne littéralement l'individu vers une direction différente, car le terrain sur lequel il pose les pieds n'est plus fiable. Une **fracture de la cheville** représente un conflit bien plus profond, dans le cadre duquel l'essence de son énergie ne peut plus soutenir l'individu. Tous ces états imposent une période d'immobilité, qui permet à l'intégration et au changement de prendre place. *Voir aussi la référence au côté du corps affecté.*

Cholestérol : la présence de petites quantités de cholestérol fabriqué par le foie est essentielle pour le système nerveux, à l'exclusion de celui provenant directement des aliments. Le taux élevé de cholestérol dans le sang provoque la formation de dépôts gras sur les parois des artères, qui à la longue se rétré-cissent, provoquant des infarctus et autres accidents vascu-laires. Les aliments comme la viande rouge et les produits lac-tés, riches en cholestérol, symbolisent l'amour de son propre confort, la prospérité et le bien-être, l'illusion qu'on s'offre des choses parce qu'on s'aime, même si en fait on endommage sa santé. Si on s'aimait réellement, on ne jouerait pas avec sa vie! L'attitude « vivre le moment présent et s'inquiéter plus tard des conséquences » représentée par la consommation d'aliments riches en cholestérol finit par priver de la vie et de ses plaisirs. *Voir aussi Artériosclérose.*

Circulation : le sang est l'énergie d'amour partant du cœur vers l'ensemble du corps. Une mauvaise circulation sanguine signale un retrait émotionnel face à la situation existante. L'individu refoule ses émotions, peut-être pour les protéger ou parce qu'il est trop douloureux de les supporter. La mauvaise circulation affecte d'ordinaire les jambes (la direction émotion-nelle suivie, les émotions sur lesquelles on s'appuie) et les mains (les actions affectives, la façon dont on exprime ses émotions, le désir d'arrêter ce processus). Ce sont les parties les plus actives et celles qui avancent le plus par rapport au corps, si bien qu'il s'agit là d'un recul devant la participation émotionnelle pleine et entière au monde. *Voir les références au côté et à la partie du corps affectés, ainsi qu'à la maladie de Raynaud.*

Cœur : centre d'amour de l'être, quintessence des émotions personnelles, le cœur est associé à l'ensemble des sentiments, en passant par l'amour, la compassion, la tendresse, le chagrin, la perte et la peur. On peut littéralement percevoir la douleur lorsque le cœur se « brise », et éprouver un sentiment de dyna-misme lorsque le cœur est joyeux.

Les **infarctus** sont la façon extrême du corps de souligner qu'on va trop loin, qu'on accorde une attention excessive aux aspects matériels, extérieurs et insignifiants de la vie, qu'on tente d'achever quelque chose dont la valeur réelle est minime. Met-on trop d'énergie dans les activités intellectuelles et pas assez dans les poursuites émotionnelles? On ne fait pas assez attention à ce qui est à portée de main : famille, expression de l'amour, amour de soi, sentiment de joie. La découverte des aspects vraiment significatifs de la vie ne dépend pas de l'argent et de la réussite. De même qu'il est associé à l'amour et à la compassion, le cœur peut l'être à leurs contraires, l'hostilité et le rejet. Un infarctus risque donc d'être provoqué par l'hostilité chronique tenue pour un rejet de l'autre, alors qu'elle est en fait un rejet de soi-même. Les crises cardiaques concernent la relation avec soi-même et les sentiments que cette relation suscite. Par exemple, est-on capable d'éprouver de l'amour et de l'exprimer à l'intention des autres ? Elles signalent aussi la perte du contact avec les rythmes naturels de la vie. Les troubles apparaissent trois fois plus souvent au niveau du ventricule gauche, qui représente les aspects plus émotionnels, personnels et intérieurs. L'**hypertension** contribue aux crises cardiaques. Autrement dit, la colère et les émotions refoulées qui font bouillonner le sang incarnent aussi la séparation de l'individu des sentiments provenant de son cœur.

Colite : inflammation, ulcéreuse ou non, du côlon (*voir Côlon*). Une inflammation implique irritation, frustration ou agacement. Ici, elle est liée à l'acceptation et à l'assimilation de la réalité environnante, des événements qui se produisent ou des relations dans lesquelles l'individu est impliqué. Le côlon est concerné par l'intégration et la gestion du monde relatif. Si cette irritation devient tellement intense qu'elle finit par ronger le corps, le dévorant de l'intérieur, exigeant qu'on change d'attitude, un ulcère se déclare. *Voir aussi Ulcère.*

Côlon : zone où on absorbe et intègre ce qui a été ingéré et d'où les déchets sont éliminés en passant par le rectum. Le côlon est le premier endroit du corps qui perçoit la tension, si bien que tout changement difficilement acceptable de la réalité environnante est perçu d'abord ici. Les mouvements péristaltiques font avancer constamment le contenu du côlon. Autrement dit, l'activité mentale de triage, d'absorption, d'assimilation et d'intégration du monde ne cesse jamais. En Occident, le **cancer du côlon** est l'un des trois types de cancer les plus fréquents. Le régime ali-

mentaire occidental, comprenant de grandes quantités de produits animaux, de céréales raffinées et de sucre, y contribue grandement, car il est difficile à digérer. En outre, cet apport n'a pas
grande valeur nutritive. Toutefois, si on prend en considération
le fait que beaucoup d'Occidentaux ne sont pas contents de leur
vie ou du monde dans lequel ils vivent, qu'ils sont sans cesse en
quête de plus de plaisir, de plus de biens, de plus de satisfaction,
il n'est pas surprenant que les principales zones du corps consa-
crées à l'absorption et à l'assimilation de la réalité ont tendance à
tomber malades. On vit une existence stressante, on s'efforce
d'atteindre ses objectifs, et pourtant, lorsqu'on les réalise, on en
tire en fin de compte peu de joie. Qui plus est, les gens mangent
sans arrêt des aliments sans valeur nutritive pour se récompen-
ser de leur dur labeur! Les intestins doivent traiter simultanément les affections, les stress émotionnels, les stress mentaux,
ainsi que les aliments qu'on ingurgite. Les gens, quant à eux,
accordent peu de temps à la relaxation, à la découverte de la joie
profondément enfouie en eux. *Voir aussi Cancer.*

Colonne vertébrale : support de l'être, canal central du système nerveux, du système circulatoire, de l'énergie essentielle et
de l'énergie spirituelle. De bien des façons, la colonne vertébrale
est la partie la plus importante du corps, car elle étaye l'être et
rend la vie possible. Les problèmes spinaux sont liés aux
troubles de l'élément le plus subtil du système énergétique. La
scoliose, courbure latérale de la colonne, fréquente chez les ado-
lescentes, indique un conflit fondamental quant à la présence
ici-bas et particulièrement à la croissance et à la maturité.
Comme on l'a vu lors du modèle pré-natal, l'énergie descend le
long de la colonne vertébrale, mûrissant à mesure de sa progression. Chez l'adolescente, les peurs et les inquiétudes concernant la maturité sont parfois si grandes qu'elles déforment cette
énergie, et sont accompagnées souvent de dépression ou d'apathie. On est en présence d'un retrait de l'énergie et d'un désir de
ne pas être là ou de ne pas avoir à gérer quoi que ce soit. *Voir
aussi Dos, Os, Hernie discale.*

Coma : perte de conscience durable, pouvant persister pendant des semaines, parfois même des années, généralement suite à un accident. D'ordinaire, ce genre d'état aboutit à la mort en quelques semaines tout au plus. Cependant, on dispose actuellement de moyens médicaux capables de garder le comateux en vie indéfiniment. Les premiers jours, il est important de parler à la personne dans le coma et de l'assurer que si elle désire mourir, elle est libre de le faire, et que si elle désire s'éveiller, elle trouvera sécurité et tendresse. C'est un choix où la vie et la mort sont à égalité et qui dépend des relations et de l'expérience de vie du comateux. La famille qui l'entoure doit gérer ses sentiments et le soutenir, quoi qu'il arrive, même si cela veut dire qu'il mourra. Lorsque le coma persiste au-delà de quelques semaines, il faut déterminer dans quelle mesure la peur de la mort et les désirs insatisfaits de ceux qui entourent le malade maintiennent celui-ci en vie. Il est alors encore plus important d'assurer la personne comateuse qu'elle peut s'en aller, car même si son souffle de vie est infime, sa propre peur la retient ici.

Commotion cérébrale : généralement due à un accident ou une blessure, provoque perte de conscience et éloignement temporaire du corps. Stoppant net toute avancée, elle accorde l'espace nécessaire pour réévaluer sa vie et décider quelle direction semble vraiment convenir le plus. La commotion cérébrale indique aussi que l'individu vit trop dans la tête, qu'il est trop « défoncé » et qu'il doit redescendre sur terre et gérer un peu plus la réalité. Ce grave coup à la tête lui rappelle où il est et ce qu'il est censé faire !

Conjonctivite : inflammation de la membrane recouvrant l'œil et l'intérieur de la paupière, causant gonflement oculaire et écoulement lacrymal. Une inflammation signale la présence d'irritation et de frustration, qui concernent ici ce qu'on voit et ce qu'on ressent à ce sujet. Cela provoque un engorgement mental ainsi qu'un déversement émotionnel similaire aux pleurs. On préférerait ne pas voir, être aveugle à cette vision qui suscite de la douleur. La conjonctivite ne débouche pas sur une cécité totale, c'est uniquement une gêne visuelle signalant qu'il s'agit davantage de ce qu'on voit sur les plans plus subtils que de ce qu'on voit sur les plans manifestes. *Voir aussi Yeux.*

Constipation : incapacité à éliminer aisément et régulièrement le contenu de ses intestins, signalant une contraction musculaire. Cet état très répandu en Occident est souvent associé à une pénurie de fibres dans le régime alimentaire (*voir Côlon*). L'absence de mouvements péristaltiques suggère qu'on tente de contrôler les événements, de se cramponner à eux par peur de les laisser aller. Cet état implique une tendance à « se laisser porter par le courant », un désir de contrôler né de l'insécurité – si on ne se sent pas en sécurité, on s'accroche à n'importe quoi. La constipation peut aussi devenir un signal : on n'assume pas son propre sentiment de sécurité et de pouvoir personnel. Les événements se déroulent alors à leur propre façon, en absence de toute interférence. Renoncer au contrôle suppose une grande confiance et la capacité de s'abandonner à ce qui existe.

Côté droit : correspond au principe masculin. Représente les aspects assurés, rationnels, logiques, intellectuels, agressifs, matérialistes et dominateurs. Reflète aussi les relations avec les divers personnages masculins de sa vie. Ces aspects se rapportent autant aux hommes qu'aux femmes, qui possèdent tous des qualités masculines et féminines.

Côté gauche : correspond au principe féminin, aux aspects intuitifs, affectifs, intérieurs, émotionnels, réceptifs et sentimentaux. Ce côté du corps reflète aussi la relation de l'individu avec les différentes femmes de sa vie. Ceci est valable autant pour les femmes que pour les hommes, car tous les êtres possèdent un aspect féminin et un aspect masculin.

Cou : pont entre l'esprit et le corps, lien permettant le mouvement et la vie, correspond à la conception, à la vie imminente et à la création de la forme, ainsi qu'à la thyroïde et au rythme respiratoire. Les choses qui fournissent vie, air, eau et aliments traversent le cou. C'est aussi là qu'on est susceptible de perdre le contact tant avec la tête qu'avec le tronc, qu'on devient soit

135

abstrait et cérébral, soit matérialiste et superficiel. À travers le cou montent l'expression du cœur, la voix et l'amour, la capacité d'être libre dans cette expression. Un **torticolis** signale l'incapacité de voir toutes les facettes d'une situation, tel un cheval avec des œillères qui ne peut regarder que devant lui. C'est une façon de voir très rigide et limitée, suggérant l'obstination et l'étroitesse d'esprit. Il peut aussi s'agir d'une réaction au stress intense, insufflant l'envie de se renfermer.

Coudes : articulation permettant le libre mouvement de l'expression et de la créativité, l'enlacement, la manifestation gracieuse. Au niveau des coudes, on peut mettre de l'énergie dans ses actions (huile de coude). La raideur, la douleur et les autres traumatismes de cette zone bloquent l'énergie qui descend par les bras. La raison de ce blocage est probablement la peur ou la confusion à propos de l'expression de l'énergie du cœur ou de l'activité du centre d'action. Les coudes représentent une énergie assez agressive, utilisable comme arme – on est écarté d'un coup de coude, on tente de se frayer un chemin en jouant des coudes. Les indications du côté droit du corps sont différentes de celles du côté gauche. *Voir aussi les références au côté du corps affecté.*

Coupures : signalent une douleur mentale intense qui en se frayant un chemin provoque une blessure intérieure. Lorsque cette blessure saigne, il s'agit d'un épanchement émotionnel. La coupure est parfois une mise en garde : on va trop loin ou on se dirige trop vite dans la mauvaise direction. Elle peut aussi signaler un conflit profond – il y a en soi un abîme rempli d'émotions troublantes. *Voir aussi les références au côté et à la partie du corps affectés.*

Crampe : indique une restriction mentale, un blocage de l'énergie ou des modèles de pensée qui exprime l'angoisse et la douleur intérieure. Normalement, l'énergie traverse les muscles sans interférer, mais il y a ici tant de tension que la région affectée est bloquée. La crampe concerne-t-elle la direction et la position (jambes), ou ce qu'on fait et ce qu'on exprime (bras) ? *Voir aussi les références au côté et à la partie du corps affectés.*

Cystite : *voir Vessie, Infection urinaire.*

Démangeaison : quelque chose « gratte » les nerfs. Si elle se déclare à un endroit précis, la démangeaison est liée à la zone concernée. Si elle s'étend au corps entier, l'irritation affecte l'être dans son ensemble. Quoi ou qui irrite à ce point ? Qu'est-ce qui énerve autant ? Autre cas, la démangeaison est une réaction allergique – il faut découvrir à quoi on est allergique, qu'est-ce qui est ressenti si profondément qu'on a envie de l'écarter en le grattant. Il se peut aussi qu'une autre personne projette son irritation sur l'individu. *Voir aussi les références aux parties et au côté du corps affectés, Allergie.*

Dents : la bouche, l'endroit où on absorbe ce qui nourrit, soutient et entretient – aliments solides, liquides, sentiments –, est aussi le portail de la réalité environnante, pas toujours agréable. Quand cette réalité-là est inacceptable, elle risque d'avoir un effet destructeur. Les dents sont constituées de tissu dur, énergie essentielle de l'être. Lorsqu'elles entament le processus de mastication, elles réagissent aux sentiments éprouvés par lui. Elles font partie des éléments permettant de parler, de donner vie à ses émotions et à ses pensées, d'exprimer l'intégralité de son être. Si on éprouve un conflit ou une grande culpabilité à propos de ses propres affirmations, les dents et les gencives le montreront. Elles expriment également l'agressivité, comme lorsqu'on montre les dents dans une pose menaçante. À quoi réagit-on ainsi ?

Dépendance : tentative de trouver la satisfaction en quelque chose d'extérieur, susceptible de remédier à la pénurie intérieure. On peut être dépendant de la nourriture, du tabac, des drogues, de l'alcool, du sexe, etc. Quoi que ce soit, c'est un moyen de gommer le vide, l'impuissance, le manque de sens de la vie. C'est une conséquence de la relation avec soi-même, de la colère et du ressentiment dirigés contre un monde qui n'exauce pas les désirs de l'individu, de l'incapacité de s'aimer vraiment soi-même et d'affronter sans crainte ses défauts et sa solitude. D'une façon ou d'une autre, tous les gens sont accros à la préservation de leur ego. Certains manifestent extérieurement cette dépendance – associée à toutes les peurs et les névroses qui l'accompagnent – en s'accrochant à quelque chose de tangible, tandis que d'autres l'intériorisent et finissent par avoir peur du noir ou de se faire agresser. Sortir d'une dépendance exige force et courage, car ce processus implique s'ouvrir à l'inconnu, se persuader de sa sécurité et s'aimer sans condition. *Voir aussi Anorexie, Foie, Obésité, Estomac.*

Dépression : profonde tristesse intérieure, nostalgie pour une vie différente, conflit entre l'idéal et la réalité, entre qui on voudrait être et qui on est. Un déséquilibre chimique ou hormonal est indubitablement présent, mais sa cause se trouve dans les attitudes et les problèmes émotionnels sous-jacents. À quel point a-t-on été incité à réussir dans son enfance ? A-t-on subi des situations bouleversant totalement la vie, telles que la guerre, en comparaison desquelles une existence ordinaire semble avoir peu de sens ? A-t-on été privé de son objectif et de sa raison de vivre, peut-être parce qu'on a perdu un proche ? La dépression démontre clairement la relation entre l'esprit et le corps, car lorsque l'esprit est déprimé, le corps perd sa vitalité et fonctionne mal. Il est essentiel d'apprendre à se relaxer profondément et à se reconnecter avec l'objectif de la vie.

Dépression nerveuse : incapacité de continuer, effondrement total de la communication et de la capacité de faire face, d'ordinaire en raison d'un grand choc ou d'un traumatisme émotionnel ou mental. Cette dépression signale le besoin de temps pour s'adapter, se remettre et assimiler ce qui se passe. L'effondrement des communications intérieures à ce niveau peut affecter de multiples façons. La relaxation, l'acceptation et l'amour inconditionnel sont essentiels.

Dermatite : inflammation de la peau. Premier élément du corps à entrer en contact avec le monde extérieur, la peau reflète une partie considérable des insécurités et des peurs de l'individu. Une inflammation est une irritation ou une colère réprimée tentant de trouver expression. Cette colère est dirigée autant vers soi-même que vers les autres. La dermatite permet à l'individu de réagir si quelqu'un lui « tape sur les nerfs », l'irritant et le perturbant, ou si l'une de ses propres actions suscite par la suite chez lui de la frustration. Cette affection est aussi une façon d'édifier une barrière entre soi et les autres, pour éviter le contact. *Voir aussi les références au côté et à la partie du corps affectés.*

Diabète : dû à une insuffisance en insuline, qui empêche le corps d'utiliser les glucides du sang, débouche sur l'incapacité de maintenir sa douceur. L'excès de sucre dans le sang provoque un excès de sucre dans l'urine, suscitant un sentiment de tristesse intérieure, du fait que la douceur est éliminée. On risque de mourir ainsi de soif dans une mer de douceur, persuadé de ne pouvoir l'apaiser en buvant. Cette idée fait monter la colère et le ressentiment, le sentiment de ne pas être aimé, alors qu'en réalité il y a là un excès d'amour qu'on ne sait pas gérer ou exprimer. On peut même avoir la sensation de se noyer dans l'amour. Le diabète est directement concerné par l'équilibre de la douceur chez soi-même et dans le monde. Il est associé à la capacité d'aimer les autres, d'offrir sa propre douceur, ainsi qu'à la capacité de s'aimer soi-même et de recevoir l'amour d'autrui.

Diaphragme : grande feuille de muscles qui sépare la partie supérieure et la partie inférieure du corps et participe à la respiration. Toute tension qui apparaît là est due au refus de la respiration profonde, qui exige abandon et relaxation intérieure. Si on s'est accroché pendant des années à la maîtrise de soi et à la peur des conséquences du laisser aller, se détendre n'est pas facile. Le diaphragme correspond au point d'accélération de la période de gestation, le changement de conscience qui fait passer l'énergie de la conscience de soi-même à la conscience d'autrui. Ici, l'énergie intérieure peut se bloquer ou être réprimée avant de se manifester dans le monde extérieur. Si on se retrouve dans une situation ne permettant pas d'exprimer librement ses pensées et ses sentiments, ceux-ci se réfugieront au niveau du diaphragme et la respiration deviendra superficielle. *Voir aussi Respiration.*

Diarrhée : si des troubles des sécrétions digestives et autres affections provoquent une diarrhée, elle a pour origine le désir de s'enfuir, d'éviter une situation donnée. La diarrhée est une façon de ne pas intégrer la réalité, soit par peur (comme le fait un animal qui défèque lorsqu'il est confronté à un ennemi), soit parce que celle-ci est totalement inacceptable. La diarrhée dont souffrent beaucoup de voyageurs dans les pays du Tiers-monde en est un exemple : souvent, la vision de la pauvreté, de la maladie et de la mort est trop accablante pour être assimilée. Les selles molles (pas vraiment la diarrhée) survenant régulièrement signalent un type de personnalité qui refuse d'écouter ; quand on élimine trop rapidement, on n'a pas le temps d'intégrer et d'assimiler quoi que ce soit. On doit ralentir, écouter, entendre ce qui est dit avant de répondre, prendre le temps d'absorber l'essence d'une situation, ainsi que tout ce qui est intégré difficilement.

Diverticulite : inflammation des petites poches (diverticules) situées sur les parois du côlon. Apparaît rarement dans des pays où le régime alimentaire est riche en fibres. Provoque des douleurs considérables. La diverticulite signale que la réalité qu'on absorbe dans le côlon provoque une tension, relâchée grâce à l'apparition d'une anomalie de l'énergie mentale ou de la structure des tissus mous. *Voir aussi Côlon.*

Doigts : partie la plus visible de l'énergie d'action et de l'expression affectueuse. Un dommage aux doigts indique qu'on va trop loin, qu'on tente d'en faire trop et qu'on doit se retirer un peu. Les **doigts arthritiques** signalent l'esprit critique de l'individu à l'égard de ses propres actions, envers les agissements du monde à son encontre, envers les autres, ainsi que le désir de faire quelque chose de différent. Grâce aux doigts, on crée et on exprime, on touche et on aime. Le type de structure endommagée est important : tissu mou (coupure ou foulure), humeur (hémorragie ou boursouflure) ou tissu dur (fracture d'un os ou problèmes avec les ongles). *Voir aussi les références au côté du corps affecté, les états spécifiques, Mains.*

Dos : on place là tout ce qu'on n'a pas envie de prendre en compte. Comme une autruche, on pense que si on ne peut pas voir soi-même une chose, personne d'autre ne la verra ! Le mal de dos signale le désir de se sauver devant une chose, de lui tourner le dos, de se débarrasser d'un fardeau. Autre cas de figure, on s'accroche à l'énergie d'une zone particulière, car la libérer signifie considérer les problèmes qu'elle tenait à l'écart de l'esprit conscient.

Partie supérieure du dos : zone située derrière le cœur, qui exprime l'inverse de l'énergie du muscle cardiaque : colère, ressentiment, résistance à l'expression de l'amour, peur ou refus de l'amour. On peut voir ce processus dans la **bosse de la douairière**, masse de tissu engendrée par ces états mentaux réprimés et frustrés. Cette zone du dos comprend aussi la région des épaules, si bien que son énergie est en rapport avec la confusion et l'incapacité de faire ce qu'on a vraiment envie. Première étape suivant la conception, on trouve ici les objectifs aléatoires, les ambitions contrecarrées, les envies insatisfaites de faire autre chose ou d'être différent. Toute douleur qui s'y déclare est liée au fardeau qu'on porte sans vraiment l'admettre, le chargement dissimulé de sentiments négatifs refoulés. L'**acné** apparue dans cette zone représente la colère ou l'irritation réprimée en train de se frayer un chemin pour se libérer. Souvent, l'acné est causée par la séparation entre la vraie personnalité de l'individu et ses sentiments profonds. En outre, c'est ici qu'on éprouve le ressentiment envers une personne « embêtante », ou l'envie de lui tourner le dos pour l'éloigner de son cœur.

Milieu du dos : cette partie du dos correspond à la période d'accélération du modèle prénatal, autrement dit au passage de l'énergie depuis le monde intérieur vers le monde extérieur. La capacité de s'exprimer librement et de conférer sens à sa vie se trouve là. Si cette énergie est bloquée, l'expression extérieure sera superficielle et dénuée de substance. Comme l'énergie traverse cette partie du corps au fur et à mesure de son mûrissement, une résistance manifestée ici symbolise le refus du vieillissement et même de l'impermanence de la vie humaine. C'est un mouvement qui va de l'intérêt pour soi-même vers la relation avec autrui. Ce mouvement renferme un conflit avec le pouvoir ou l'identité personnelle : soit on se laisse totalement entraîner par son ego, soit on ressent une insécurité telle qu'on est absolument incapable d'étirer son corps.

Bas du dos : c'est une partie du bassin à partir de laquelle l'énergie descend et se manifeste dans le monde, ou monte vers le cœur. On y emmagasine aussi la frustration et le ressentiment liés aux mouvements, à la direction ou au soutien social qu'on n'a pas envie de gérer. Cette zone est associée aux relations, à la sexualité et à l'énergie sexuelle refoulée, ainsi qu'aux deux premiers chakras. En examinant un modèle prénatal, on voit son évolution à mesure que l'énergie descend sur le dos, jusqu'à aboutir à la naissance au niveau des organes génitaux. Le bas du dos représente cette maturité ainsi que les divers aspects du vieillissement. Une douleur dans le bas du dos peut indiquer nombre de conflits : ressentiment envers les autres, peur d'avancer dans la vie personnelle, conflit sexuel, sentiment de n'avoir aucun appui, incapacité de partager, profond conflit avec le vieillissement et le fait de devoir affronter sa mortalité.

Douleur : façon la plus prompte du corps d'annoncer que quelque chose va mal. On fait généralement tout son possible pour l'éviter ou l'éloigner. Une douleur physique désigne invariablement une douleur émotionnelle ou psychologique, une souffrance, un cri intérieur, une ecchymose suggérant qu'on va dans la mauvaise direction ou qu'on agit de la mauvaise façon (autrement dit, on se cogne à beaucoup d'obstacles). La douleur fait prendre conscience de son corps, stoppe les activités et impose le repos, donne du temps pour découvrir où des changements sont nécessaires. En s'accordant à la douleur, en respirant avec elle, un apaisement se produit. Si on s'oppose à la douleur, celle-ci ne fera que s'intensifier. *Voir aussi les références au côté et à la partie du corps affectés.*

Ecchymoses : lorsqu'on se cogne à quelque chose, une ecchymose se forme. Ce « quelque chose » est généralement statique, donc on le percute, pas l'inverse. Si on se heurte en avançant, on va manifestement dans la mauvaise direction, on ne regarde pas où on va, pas plus qu'on n'envisage de changer de trajet pour éviter les objets situés sur son chemin. Une ecchymose représente une douleur ou une angoisse mentale, une émotion négative qu'on n'exprime pas en paroles, un avertissement quant à ce qu'on fait et à la direction prise. Elle peut aussi signaler que cette direction n'est pas celle réellement désirée, et donc que l'avenir est ignoré. La tendance à se faire mal souvent implique une absence totale de résistance face à la vie, une attitude de victime qui pense qu'elle doit tout supporter. Il est très important d'assumer le contrôle de sa vie et de prendre ses propres décisions. *Voir les références au côté et à la partie du corps affectés.*

Eczéma : la peau est le premier élément du corps qui entre en contact avec le monde extérieur. La personne souffrant d'eczéma est pareille à un serpent en train de muer – elle s'affranchit de la strate extérieure des modèles de pensée et des attitudes mentales pour qu'un nouvel être puisse naître. État assez répandu chez les enfants, qui naissent parfois avec de l'eczéma, symbole d'une ancienne personnalité qui doit être libérée. L'eczéma peut suggérer une difficulté et une frustration à l'égard de la capacité d'avancer et de laisser le passé derrière soi. Si cette frustration affecte le comportement, l'individu deviendra irrité et frustré. L'eczéma traduit également un sentiment d'être bloqué ou de subir des interférences dans sa vie, tout en échouant à se faire comprendre, soi-même et ses besoins. C'est une allergie au monde, une façon de dire « évite de t'impliquer ». La réalité incite probablement à se retirer, même si on a en fait envie d'un contact étroit. L'eczéma représente, entre autres, un fort sentiment de gêne à l'égard de soi-même et de l'image qu'on projette – d'où le désir de ne pas affronter la situation, mais juste de faire refluer l'énergie et de s'enfermer en soi. *Voir aussi les références au côté et à la partie du corps affectés, Peau.*

Enflure : tend à impliquer une résistance émotionnelle ou un refoulement de ses sentiments. C'est une accumulation de fluide, une concentration d'émotions retenues, dans l'idée qu'elles sont inappropriées ou effrayantes à exprimer. C'est aussi une façon de se protéger soi-même. Mais de quoi sent-on le besoin de se protéger ? Lorsque l'enflure s'aggrave, il peut s'agir d'un œdème. *Voir aussi les références au côté et à la partie du corps affectés, Œdème.*

Entérite : inflammation de l'intestin grêle, qui retient les substances nutritives et les informations absorbées. L'entérite se déclare quand une émotion, pensée ou sentiment absorbé provoque beaucoup d'irritation et de frustration, s'avérant nuisible, mais à laquelle on s'accroche quand même. La chose absorbée se retourne contre soi et irrite émotionnellement. *Voir aussi Côlon, Intestins.*

Épaules : portent le fardeau de la vie, le poids et la responsabilité d'avoir à créer, à accomplir et à réaliser. Les épaules sont la face interne de l'énergie d'action ; c'est là qu'émerge le conflit concernant les agissements de l'individu. La responsabilité implique la capacité de réagir, pourtant combien de gens réagissent-ils à ce qu'ils veulent faire dans la vie ? Est-on content de ce qu'on fait et de la façon dont on le fait ? Fait-on quelque chose tout en désirant au fond de soi accomplir un autre travail ? Dans ce cas, l'énergie risque de se retrouver bloquée là, car elle n'a aucun moyen de s'exprimer. Idéalement, l'énergie doit monter à partir du cœur vers les épaules, puis descendre par les bras pour se manifester dans le monde. Si elle est entravée, elle causera douleur et raideur. Une **épaule bloquée** est froide, douloureuse, incapable de bouger librement. Enlace-t-on la mauvaise personne ? Ses actions sont-elles teintées d'indifférence, effectuées juste pour être faites et non pas parce qu'on en a vraiment envie ? C'est un état similaire à l'**hypertension**, qui signale qu'on préférerait faire une chose différente de celle qu'on fait. *Voir aussi les références au côté et à la partie du corps affectés.*

Épaule bloquée : *voir Épaules.*

Épilepsie : affection provoquée par la mauvaise communication entre les cellules nerveuses cérébrales, qui rend certains signaux trop forts, au point qu'ils couvrent ceux venant d'autres parties du cerveau. Ce chevauchement déclenche une crise d'épilepsie, caractérisée par une désorientation complète, par une perte de conscience de quelques minutes et parfois par des convulsions violentes. Deux tiers des épileptiques ne présentent aucun symptôme physique. Le dernier tiers montre un rapport causal avec un dommage cérébral, une blessure à la tête ou une infection du tissu cérébral.

L'épilepsie signale une surcharge du circuit nerveux – il y a trop de choses à gérer dans la vie, ce qui pousse à vouloir s'évader. Toutefois, ce sentiment de débordement peut découler d'une interprétation mentale exagérée des événements réels. Cette exagération risque de conduire à l'arrogance, à l'impression de connaître la vie mieux que personne, car comment quelqu'un d'autre pourrait-il comprendre ce qu'est d'avoir des crises ? L'épilepsie sollicite l'attention et l'amour, appel suscité possiblement par de mauvais traitements et rejets anciens. Cet état fait du malade un être à part, statut qui lui gagne ce petit plus d'attention désiré et renforce son sentiment de supériorité. Une mauvaise communication implique une absence d'échanges, ici entre l'individu et son ego, la partie qui est en sécurité, qui est aimée, mais avec laquelle il a perdu le contact. L'épilepsie se déclare dans la tête, confirmant ainsi l'existence d'une tendance à se montrer trop abstrait ou à se plonger trop dans les domaines psychiques en vue d'éviter la gestion de la réalité relative. On a du mal à admettre que le terrain environnant et le monde sont sûrs et affectueux.

Éruption cutanée (exanthème) : se manifeste sur la peau, partie du corps la plus visible. Cette réaction à quelque chose ou à quelqu'un provoque rougeur (chaleur émotionnelle ou mentale) et démangeaison (frustration ou irritation). Peut aussi être causée par la gêne (suscitée par un sentiment de honte ou de culpabilité) ou par une allergie. L'urticaire est liée à la fonction et à la zone du corps où elle se manifeste. *Voir aussi les références au côté et à la partie du corps affectés, Allergie et Peau.*

Équilibre : *voir Oreilles.*

Estomac : là commence véritablement le processus d'assimilation, qui s'applique autant à la réalité, aux événements et aux émotions qu'aux aliments. Si la réalité est indigeste ou écœurante, une indigestion ou une nausée risquent de survenir. Émotionnellement parlant, l'estomac est lié à la nourriture, à l'amour et à la mère. La douleur qui ronge l'estomac est souvent le besoin de nourriture, quelle qu'elle soit. Les troubles gastriques d'estomac apparaissent quand la réaction à la réalité est en conflit avec ce qu'on désire, ou quand elle est négative et acide. *Voir aussi Indigestion, Obésité, Ulcère peptique.*

Fatigue : lassitude, épuisement intérieur dû à l'obligation de faire face et de continuer, dépression, impuissance. Le sentiment d'être insuffisant, incompétent ou de se désintéresser de tout est aussi présent. C'est une perte de direction, un besoin de se reconnecter avec la joie intérieure et l'amour de la vie. *Voir aussi Syndrome chronique de la Fatigue.*

Fesses : partie du corps sur laquelle on s'assoit, où on dissimule les choses qu'on veut cacher aux yeux de tous, où on refoule la tension et l'anxiété. En serrant les muscles fessiers, on peut maintenir un sourire sur son visage et prétendre que tout va bien ! C'est là que se trouve le siège personnel. Dans le sens positif du terme, il implique de trouver sa place dans le monde, sa position dans la vie. Dans le sens négatif, il signifie que l'individu n'est pas assez content de la place qu'il occupe actuellement.

Fibromyalgie : *voir Syndrome de fatigue chronique.*

Fièvres : quelque chose enflamme l'individu, une colère intense ou une forte indignation – la fièvre est le moyen du corps de se libérer de cette brûlure. Certaines émotions « ardentes » font irruption, la vie devient trop « incandescente » pour être maniée. Certaines fièvres brusques chez les enfants se rapportent parfois aux conflits intérieurs et à la fureur inexprimée – comme les enfants n'ont pas la possibilité de comprendre intellectuellement leurs émotions, ils les expriment à travers leur corps. C'est aussi pour eux une façon de faire une pause, de recevoir plus d'amour et d'attention et de s'adapter à une réalité qui change rapidement.

Fibromes : tumeurs bénignes apparaissant d'ordinaire sur l'utérus. Bien qu'ils ne soient pas nuisibles, les fibromes peuvent empêcher la grossesse. Toute grosseur de ce genre indique une accumulation d'attitudes et de modèles mentaux qui ont été refoulés si longtemps qu'ils se sont solidifiés. Leur présence dans l'utérus est invariablement liée à la féminité, à la sexualité et particulièrement à la maternité. Il peut y avoir là culpabilité, honte, confusion intérieure, blessures anciennes, mauvais traitements passés, le tout non exprimé. *Voir aussi Cystite et Tumeurs.*

Foie : traite l'excès de graisses, de protéines et de sucres, participe à leur extraction du sang et à leur élimination. Le foie est le siège de la colère, qui y est emmagasinée, car maintenir la pureté du sang signifie en extraire la négativité. Cet organe est étroitement lié au comportement de dépendance, particulièrement à la colère refoulée dont il est la manifestation. Les troubles hépatiques suscitent souvent une dépression, tenue parfois pour une colère envers soi-même. Un foie paresseux affecte le plan spirituel et le plan intérieur de conscience, faisant perdre de vue à l'individu son objectif et sa direction. Porteur de vie, le foie peut aussi renfermer la peur de vivre. *Voir aussi Dépendance.*

Foulures : le froissement d'un muscle, d'ordinaire au niveau de la cheville ou du poignet, signale une tension mentale devenue intolérable. On est allé aussi loin que possible dans un état d'esprit particulier et on doit se rendre à l'évidence : il est nuisible. Les poignets et les chevilles sont des articulations traversées par l'énergie juste avant de se manifester dans le monde (dans les mains ou les pieds). Est-on sur le point de faire quelque chose dont il serait préférable de s'abstenir ? Gère-t-on une situation d'une façon suscitant colère ou tension en soi-même ? Va-t-on dans une direction qu'on fera mieux d'éviter ? Est-on sur un terrain instable et mentalement perturbant ? *Voir aussi les références au côté et à la partie du corps affectés.*

Frigidité : incapacité de ressentir le plaisir sexuel, impliquant un profond traumatisme ou conflit intérieur. La personne concernée craint de perdre quelque chose en se donnant ainsi, alors qu'en fait elle a peur de faire face à ses troubles refoulés. Cette peur représente une conviction de longue date quant à son indignité, laideur, honte, culpabilité. La frigidité s'installe souvent après un abus sexuel subi dans l'enfance, suite à un conditionnement parental prônant que le sexe est mauvais ou découle de la conviction que sexualité et amour sont incompatibles. L'abus sexuel peut être si profondément enfoui dans l'inconscient qu'il n'en subsiste plus que le désir de se retirer face à la sexualité ou de la refuser, sans comprendre consciemment les raisons sousjacentes. La crainte de la perte suscite le besoin de contrôler la situation. Une relation extrêmement affectueuse offre généralement un cadre favorable pour la résolution de ces peurs.

Furoncles : représentent une éruption d'émotions, telles que la colère, la fureur, l'irritation et la frustration. *Voir aussi Abcès et Acné.*

Gangrène : intervient d'ordinaire suite à un diabète, une circulation faible, un durcissement des artères, des affections où la quantité de sang allant vers une certaine partie du corps est diminuée. La circulation du sang est liée à l'expression de l'amour ou à son refoulement. La gangrène peut conduire à l'amputation du membre atteint – le refoulement ou le refus de l'amour est si enraciné qu'il bloque totalement la progression. Le retrait est souvent dû à la peur de l'avenir ou à une absence totale d'amour de soi, qui prive du sentiment de sécurité nécessaire pour aller de l'avant. À son tour, cette absence est induite par la culpabilité, le chagrin ou la honte invétérés. Il faut que le sang se remette à circuler, que l'amour se manifeste de nouveau dans l'expression, le mouvement et la vie de l'individu. *Voir aussi Circulation et Diabète.*

Gastrite : inflammation de l'estomac, où débute le processus de digestion, où on traite ce qu'on a ingéré sous forme d'aliments, liquides, pensées, émotions et réalités. C'est là que se manifeste la faim, que ce soit pour les aliments ou pour la nourriture émotionnelle et la réalisation. Une inflammation implique une irritation ; au niveau de l'estomac, il s'agit d'une chose ingérée, car une fois qu'elle est là on n'a pas d'autre choix que de la traiter. Cette chose perturbe gravement l'estomac et incite celui-ci à l'éliminer. L'ensemble du système d'assimilation et d'intégration de la réalité est perturbé, il génère frustration et irritation.

Gastro-entérite : inflammation de l'estomac et des intestins. L'irritant est encore plus puissant que dans le cas de la gastrite, car il affecte non seulement le point d'entrée, mais aussi le point de sortie – les événements énervent au point de ne pas pouvoir être assimilés. On ne peut que les laisser aller, toujours « ardents ». *Voir aussi Gastrite.*

Genoux : articulations qui permettent de s'agenouiller, se soumettant ainsi à une hiérarchie naturelle, à ce qui est au-dessus de soi, au mouvement et à la direction prenant place. Les genoux sont entre autres des amortisseurs, permettant de marcher avec grâce et fluidité. Si le terrain devient trop difficile, les genoux risquent d'être endommagés. Ces articulations sont liées à la flexibilité de l'individu, tout en l'aidant à maintenir sa posture. Lorsque les genoux se dérobent, c'est le signe d'un conflit avec l'autorité, d'une peur concernant la progression réalisée, des difficultés à tenir fermement sa position (lors d'une situation dangereuse, les genoux tremblent ou sont faibles). Quand les genoux sont endommagés, la marche devient rigide et douloureuse, reproduisant l'arrogance, l'entêtement ou la résistance. Une accumulation de fluide dans les genoux représente une opposition émotionnelle au cours naturel des événements, ou une opposition émotionnelle au mouvement. Une inflammation ou une douleur des tissus mous symbolise un conflit mental, une irritation, un entêtement égocentrique, qui empêche de s'abandonner ou de renoncer. Le dommage des os (tissus durs) incarne un intense conflit intérieur et implique une renonciation à un niveau bien plus subtil, la renonciation à son ego ou à son égoïsme, ainsi que l'abandon au mouvement et à la réalité dont on fait l'expérience. Le genou affecté, droit ou gauche, donne des informations complémentaires. *Voir les références au côté du corps affecté.*

Glaucome : affection entraînant un blocage du canal lacrymal, qui empêche l'écoulement des fluides. Ceux-ci s'accumulent, appuyant sur la rétine et causant une détérioration de la vue. Le glaucome est plus fréquent chez les personnes de plus de 60 ans. À mesure qu'on vieillit, les perspectives deviennent moins agréables. Le dos commence à faire mal, on se fatigue rapidement, on a besoin de faire une sieste l'après-midi. On se voit devenir plus lent, alors qu'on vibrait d'énergie. Émotionnellement parlant, cette image perturbe et est difficile à accepter. Ceci étant, on n'a pas envie de voir la vieillesse. Accumulation de fluide (émotion) qui provoque des troubles visuels, en commençant par un ternissement de la vue et une incapacité de voir à distance, le glaucome exprime la montée émotionnelle et le désir de ne distinguer que le présent, à l'exclusion de l'avenir. *Voir aussi les références au côté du corps affecté, Cécité et Yeux.*

Goitre : dû à l'hyperactivité de la thyroïde, qui provoque une accélération de la plupart des processus corporels et mentaux. La thyroïde est responsable, entre autres, de la respiration (comme lors de l'hibernation) ; dans le modèle pré-natal, elle est aussi liée à la conception, à la venue à l'existence et à la formation du corps. Autrement dit, la thyroïde est étroitement associée au désir de vivre, de s'engager envers la vie. Si cet engagement est faible, le message que la thyroïde reçoit sera confus et incertain : doit-elle continuer à maintenir la vie ?

L'**hyperthyroïdie**, état trop actif de la thyroïde (comme en cas de goitre), donne l'impression qu'en accélérant les processus corporels on entretient la capacité d'être ici-bas. C'est une réaction qui reflète une personnalité stressée ou égocentrique, de même qu'un sentiment que la vie est étouffante. La relaxation profonde est essentielle. L'**hypothyroïdie**, état où la thyroïde fonctionne au ralenti durant une longue période, engendre une personnalité impuissante et défaitiste, qui n'a pas grande envie de s'engager à quoi que ce soit. *Voir aussi Cou.*

Gorge : passage obligé de la réalité, du souffle, de la nourriture et de l'air qu'on absorbe. C'est là qu'on libère à travers la voix les sentiments provenant du cœur. Passerelle à double sens, la gorge est le raccourci entre la tête et le tronc. Le fait d'absorber certaines substances assure la survie du corps, bien que tout ne soit pas bénéfique. Si on doit avaler une réalité dont on n'a pas envie, la gorge s'enflammera et deviendra douloureuse dans la tentative de l'écarter ou de l'ignorer. Le même phénomène se produit lorsqu'on refoule sa colère ou sa fureur, qui reste piégée dans la gorge. Si on ne formule pas ce qu'on a réellement envie de dire, si un conflit est présent dans l'expression, la gorge ressentira le refoulement. L'**infection streptococcique de la gorge** est l'une des formes les plus fréquentes de refoulement énergétique. Les sentiments sont-ils refoulés ? La réalité environnante cause-t-elle tellement de frustration et de conflits qu'on n'a plus envie d'avaler ? La gorge représente en outre la conception de la vie, si bien que ses problèmes spécifiques traduisent un conflit intense avec l'acceptation de sa propre existence.

Goutte : provoquée par l'accumulation d'acide urique (normalement éliminé dans l'urine) qui forme des cristaux dans les articulations. L'inflammation des tissus cause de fortes douleurs articulaires, le plus souvent au niveau du gros orteil, des mains, des genoux et des coudes. Cette concentration d'acide urique signale une rétention des émotions nuisibles normalement éliminées. Ces émotions se cristallisent, figeant l'individu dans des attitudes et des modèles de pensée négatifs, rendant le mouvement douloureux et maladroit. La circulation sanguine amoindrie dans les zones respectives ralentit la dissolution des cristaux. En d'autres termes, il n'y a pas assez d'amour pour équilibrer et atténuer le sentiment d'avoir mal, d'être en colère, d'être blessé. La goutte se manifeste donc surtout dans les membres, où l'énergie se transforme en expression, et dans les articulations correspondantes, gages d'un mouvement libre et fluide. *Voir aussi les références à l'articulation et au côté du corps affectés, Articulations.*

Grippe : affection due à un virus, provoquant frissons, fièvre, maux de tête, douleurs musculaires, éternuements, etc. Ce virus se répand extrêmement vite et d'une manière que n'expliquent pas les seuls contacts humains, fait manifeste lors des épidémies de grippe d'Alaska, dans des zones où le contact avec un vecteur humain est quasi nul. Et si le coupable n'était pas le virus, mais l'état d'esprit de l'individu, persuadé de sa faiblesse et de son impuissance, de son destin de victime d'une force extérieure? On a noté que les infirmières ou les personnes persuadées qu'elles ne tomberont pas malades, sont rarement affectées par ce mal. La grippe semble prévaloir en automne et au printemps, époques de grands bouleversements, lorsque l'organisme se prépare à se fermer sur soi ou à s'ouvrir au monde et a besoin de temps pour se libérer des toxines, des émotions et des sentiments, pour se préparer à ce qui viendra. La grippe affecte l'ensemble du corps, indiquant ainsi que l'être dans son intégralité a besoin de purification et de repos.

Grossesse : période heureuse et enrichissante, la grossesse peut aussi être teintée d'inquiétudes, de doutes, de peurs cachées, surtout lorsqu'il s'agit de la première. D'habitude, les femmes dissimulent une grande partie de ces peurs et incertitudes, car la société prône que le bonheur d'attendre un enfant est immense. Mais ces sentiments occultés s'expriment quand même, que ce soit par la constipation (peur de laisser aller, tentative de garder les choses telles quelles), la sciatique (crainte d'avancer dans un nouveau territoire et de suivre la nouvelle direction de la vie), les brûlures d'estomac (difficulté d'assimiler la réalité de ce qui se passe), etc. *Voir aussi les références aux affections spécifiques.*

Hanches : *voir Bassin.*

Hémorragie : écoulement sanguin incontrôlable, souvent associé à un traumatisme ou à un trouble émotionnel, à l'éclatement des sentiments devenus intérieurement incontrôlables. *Voir aussi les références aux parties et au côté du corps affectés.*

Hémorroïdes : veines variqueuses dilatées dans l'anus et autour de celui-ci, qui représentent l'effort pour se débarrasser de quelque chose – on tente de toutes ses forces de l'écarter tout en le retenant en même temps. Ce conflit engendre un déséquilibre. Comme il s'agit de veines, c'est un problème émotionnel, un conflit entre l'envie de libérer l'émotion et le désir de la garder en soi. Ce processus se manifeste souvent chez les enfants émotionnellement maltraités par leurs parents – ils ont envie de rejeter ceux-ci, mais en même temps les aiment et désirent leur présence. *Voir aussi Veines variqueuses.*

Hépatite : infection du foie causée par un virus, qui affecte le corps entier, se manifestant comme faiblesse, jaunisse, perte d'appétit, fièvre, gêne abdominale. Le foie purifie le sang, maintenant l'équilibre de l'état émotionnel (du sang). Par ailleurs, le foie emmagasine la colère excessive et les émotions nuisibles, particulièrement celles liées aux relations. Une infection est une irritation provoquant une faiblesse interne. Une infection hépatique signale la présence d'un important volume de sentiments négatifs engendrant faiblesse et impuissance, probablement en raison d'une relation difficile ou suscitant culpabilité, colère et conflit des priorités. *Voir aussi Foie.*

Hernie : tumeur molle formée par un organe sortant de la cavité qui le contient normalement (par un orifice naturel ou accidentel). La hernie apparaît d'habitude en raison de la pression de l'organe sous un muscle, à un moment où celui-ci est faible ou peu utilisé. Elle survient le plus souvent sur la paroi abdominale, signalant par là un besoin de s'exprimer. Le contrôle de la colère et d'autres attitudes mentales du même genre a atteint le point d'implosion. La paroi abdominale protège les organes internes et les maintient à leur place, si bien qu'une hernie en ce lieu peut être provoquée par le désir de garder son monde tel, en refoulant la colère et les autres sentiments intenses. Un sentiment de culpabilité face à ces sentiments est présent, poussant à des excès. *Voir aussi les références aux parties et au côté du corps affectés.*

Hernie discale : un disque intervertébral est une structure cartilagineuse située entre les surfaces articulaires de deux corps vertébraux. En cas de hernie discale, la pression des vertèbres amoindrit l'effet amortisseur des fibres cartilagineuses et suscite une douleur dans les nerfs environnants. Cet état concerne les trois structures cellulaires : les émotions (relâchement anormal de fluide), l'énergie mentale (douleur dans les nerfs), l'énergie essentielle (pression des vertèbres). Cet amalgame indique un grave conflit qui affecte tous les aspects de l'être et qui se manifeste sous pression. Voilà le mot clé : une pression exercée sur soi-même pour réaliser quelque chose de plus ou être davantage, une pression venue de l'extérieur poussant à croire qu'on doit tenter de viser un objectif. Il est important de se référer à la partie de la colonne vertébrale affectée pour mieux comprendre ce qui se passe. *Voir Colonne vertébrale.*

Herpès : le virus de l'herpès s'installe dans le corps pour la vie. Après des années de sommeil, il peut se manifester brusquement sous forme de plaies affectant la bouche, les lèvres et/ou les organes génitaux (à l'occasion, d'autres parties du corps). Les plaies signalent une douleur émotionnelle et mentale, une éruption de la douleur intérieure. Ces manifestations semblent étroitement liées au stress et aux situations conflictuelles, particulièrement quand on fait quelque chose à contre-cœur ou en contradiction avec ses sentiments. L'herpès peut être suscité par le chagrin, l'absence d'amour de soi ou le désir de garder les autres à distance, une sorte de panneau « accès interdit » – les lèvres et les organes génitaux, les régions où il apparaît, sont des zones importantes de communication. L'image globale inclura les questions de culpabilité, de honte, de compromis et de sacrifice de soi. *Voir aussi les références aux parties et au côté du corps affectés.*

Hygroma : inflammation ou gonflement des bourses séreuses qui atténuent la friction dans les articulations, permettant un mouvement fluide. Quand elles sont endommagées, l'expression devient rigide et inflexible. L'inflammation signale une irritation et une frustration intenses, et rend le mouvement douloureux. *Voir les références au côté et à la partie du corps affectés, Articulations.*

Hyperactivité : assez fréquente chez des enfants, toujours en mouvement et surexcités. C'est leur façon d'ignorer ce qui les entoure, en se concentrant sur ce qu'ils font au point d'ignorer la réalité immédiate, qui n'est peut-être pas réconfortante ou gentille. C'est leur moyen de se rebeller contre les circonstances et les sentiments, probablement pas exprimés de vive voix (comme la peur ou les inhibitions parentales). Cet état est aussi provoqué par l'excès de sucreries et d'aliments sans valeur nutritive, symbolisant souvent la tentative des parents d'apaiser l'enfant, de « l'acheter », de remplacer l'amour et l'acceptation qui lui manquent – on lui donne du chocolat, alors qu'il a besoin de se blottir dans leurs bras.

Hypermétropie ou **presbytie** : l'incapacité de voir clairement les objets proches, tout en distinguant sans problème les objets distants. Caractérise le visionnaire qui voit loin mais a du mal à gérer la réalité quotidienne, la personnalité extravertie bien plus intéressée par les autres, par les relations et les événements extérieurs que par l'introspection et le développement personnel. Son apparition peut être favorisée par un traumatisme ou un choc qui ont eu pour résultat la conviction que le présent n'est ni sûr ni tendre. En regardant vers l'avenir on peut ignorer ce qui se passe ou ce qui s'est passé à portée de main. *Voir aussi Yeux.*

Hypertension : tension émotionnelle excessive, souvent causée par une pression artérielle élevée ou un effort nerveux. Une grande peur, l'absence de confiance, le sentiment d'être constamment en danger et de devoir être sur ses gardes, peut-être en raison d'expériences traumatisantes anciennes peuvent ainsi provoquer l'hypertension. La respiration profonde et une relaxation totale sont essentielles.

Hyperthyroïdie : *voir Goitre.*

Hypoglycémie : à l'inverse du diabète, cette affection est caractérisée par un taux de sucre sanguin bas, qui prive les cellules et les muscles du glucose énergisant. Chez les diabétiques, cet état apparaît après un excès d'insuline ou d'exercice. Une forme plus légère se manifeste chez les personnes qui ne mangent pas régulièrement. Si on donne trop aux autres, on n'a plus rien pour soi, ce qui provoque la chute du taux de sucre dans le sang. Il faut commencer par s'aimer soi-même, s'honorer et se donner des choses, et s'occuper des autres seulement ensuite. Cet état se déclare aussi suite à un effort excessif ou à une tension extrême, qui épuise le sucre sanguin plus vite que celui-ci n'est remplacé. *Voir aussi Diabète.*

Impuissance : l'absence de désir sexuel chez l'homme peut être associée à la peur de s'abandonner à une femme (parfois en raison d'abus durant l'enfance). L'impuissance débouche sur un sentiment d'être castré, affaibli, tant au travail qu'à la maison. Celui-ci est suscité souvent en réaction au stress et à la pression au travail, qui ne trouvent nul répit à la maison. L'impuissance peut être due à la culpabilité, à la confusion et à la peur de la perte, mais également un moyen de domination en refusant la sexualité à un partenaire trop exigeant ou abusif. Il faut beaucoup de patience et d'amour pour soigner cet état, ainsi qu'une profonde relaxation et acceptation intérieure.

Incontinence : incapacité à contrôler l'émission d'urine ou de selles. Tend à apparaître à la vieillesse, de par l'affaiblissement des muscles contrôleurs respectifs, processus lié à une diminution du contrôle émotionnel et mental. En vieillissant, les sentiments, les peurs, les inquiétudes et les anxiétés se modifient, ils deviennent plus difficiles à gérer, le contrôle de sa vie semble plus flou. L'incontinence reflète cette perte de contrôle, visible chez toute personne qui « mouille sa culotte » face à une situation incontrôlable (même le rire!). Le réconfort, l'acceptation et l'amour sont essentiels pour soigner cet état.

Incontinence nocturne : cette élimination incontrôlable et inconsciente des émotions négatives (urine) est également une façon d'attirer l'attention et l'affection, car sa cause sous-jacente peut être le sentiment d'être rejeté ou méprisable, l'impression d'insécurité ou la peur de l'avenir. L'urine représente les émotions négatives normalement éliminées parce qu'inutiles ou indésirables. Les mictions nocturnes incontrôlables signalent un conflit à un niveau profond et inconscient. Blâmer un enfant (ou un adulte) pour son incontinence nocturne, comme s'il le faisait volontairement, ne fera que générer encore plus de conflit et de douleur. Aimer et accepter en toutes circonstances sera bien plus utile, et en outre permettra aux peurs et aux insécurités de s'exprimer. *Voir aussi Vessie.*

Indigestion : quoi ou qui est indigeste ? L'estomac accepte les aliments, la réalité, les pensées, les sentiments et les événements extérieurs en vue de les traiter, de les assimiler et de les intégrer dans l'organisme. Si quelque chose provoque une indigestion, la réalité qu'on gère et qu'on accepte provoque d'une façon ou d'une autre perturbation et dysharmonie intérieures. Cette réalité n'est pas compatible avec sa propre réalité. *Voir aussi Estomac.*

Infection : lorsque le système immunitaire n'est pas assez fort pour combattre un envahisseur, on se retrouve contaminé. Il est important de se souvenir que l'air renferme des milliards de virus et de bactéries, bien qu'on n'y succombe pas que de temps à autre et que tous les gens n'attrapent pas les mêmes maladies. Pourquoi ? Au moment de l'infection, le système immunitaire est apparemment plus faible que la normale, peut-être en raison d'une perturbation ou d'un traumatisme émotionnel, d'une crise familiale ou professionnelle, d'un excès de stress qui exige du temps pour évaluer les changements. Une infection signale qu'on se laisse influencer par les forces extérieures et leurs conséquences, et qu'on a donc besoin de fortifier ses pouvoirs protecteurs et de réaffirmer sa position. Une infection implique aussi la présence d'une irritation ou d'un trouble, qui a affaibli assez l'individu pour le rendre vulnérable. Qu'est-ce qui irrite et affecté si profondément ? *Voir aussi les références aux infections spécifiques.*

Infections urinaires : inflammation de la vessie ou du trajet urinaire (**cystite**), caractérisée par une douleur à la miction et un besoin fréquent d'uriner, donnant d'infimes résultats. Le trajet urinaire permet la libération des sentiments négatifs, maintenant ainsi l'équilibre de l'organisme. Une inflammation implique une accumulation de colère, ressentiment, irritation et autres sentiments « brûlants ». Elle indique la présence d'un excès d'émotions négatives, tellement important que le système urinaire s'avère incapable de le gérer normalement. Bien qu'on ait envie d'uriner, la quantité éliminée est très faible. Ce système est situé dans la zone pelvienne, région où on avance vers les nouveaux aspects du soi, ainsi que vers les relations. L'inflammation peut aussi être due à une expression refoulée des sentiments négatifs à propos des relations (on a constaté qu'environ 80 % des cystites se déclarent au moment de la rupture d'une relation), ainsi qu'aux peurs et aux conflits concernant le fait d'avancer par soi-même et de devenir indépendant, détaché de la relation. *Voir aussi Vessie.*

Inflammation : expression corporelle d'une irritation, d'une colère à propos de quelque chose. S'enflammer signifie provoquer une réaction forte, rougir, devenir brûlant, furieux. Qu'est-ce qui affecte l'individu ainsi ? Quel aspect de la réalité le fait rougir et entrer en colère ? *Voir aussi les références à la partie du corps affectée et les inflammations spécifiques.*

Insensibilité : la perte de sensibilité dans une quelconque partie du corps reflète un recul par rapport aux sentiments ou à l'énergie. Ce retrait devient parfois l'expression d'un aspect de soi inacceptable, donc rejeté, particulièrement dans l'enfance, éventuellement parce que cette facette de la personnalité a été tellement blessée qu'on ne désire plus sentir sa présence. Il est important de découvrir quelle partie du corps (et ses fonctions correspondantes) est affectée, car la zone d'insensibilité précisera ce qui se passe : côté droit ou gauche du corps, partie supérieure ou inférieure, membres. Pourquoi isole-t-on cette zone ainsi ? *Voir aussi les références au côté et à la partie du corps affectés.*

Insomnie : l'incapacité de dormir suggère une grande peur de laisser aller et de s'abandonner. Lorsqu'on dort, on est vulnérable ; l'insomnie signale la présence de tension, de peur, d'anxiété et de paranoïa chroniques. Autrement dit, l'ego et la survie sont menacés d'une quelconque façon – compréhensible, si on a subi un traumatisme, un viol ou un vol. L'insomnie durable signale une profonde méfiance. Le thymus est étroitement lié au sommeil, de même qu'à l'énergie du cœur. L'insomnie est donc en rapport avec la capacité de s'aimer soi-même, de faire confiance à l'amour et par là à la vie.

Intestins : centre d'absorption et d'intégration, tant pour les aliments et la nourriture que pour les pensées, les sentiments et la réalité. C'est là qu'on élimine ce dont on n'a plus besoin et qu'on assimile ce qui est acceptable. Tout ce qui provoque tristesse, confusion, peur, colère, honte ou autres sentiments conflictuels et pensées du même genre sera relâché ici et suscitera des troubles intestinaux. *Voir aussi les références aux troubles spécifiques.*

Jambes : ces membres font avancer, confèrent direction et but, ainsi que stabilité, solidité et ancrage. On se tient sur ses jambes, autrement dit on adopte une attitude, on assume une position ou on choisit un point de départ, soit vers une situation, soit pour s'éloigner de celle-ci. Les jambes reflètent tous les sentiments qu'on peut avoir à propos du mouvement et de sa direction. Par exemple, si on se contusionne sans cesse les jambes, la direction suivie suscite un considérable conflit mental, car on « se cogne constamment à un mur » et on se blesse. Peut-être qu'en changeant de direction les « murs » disparaîtront. Les jambes sont l'extension extérieure du centre de mouvement situé au niveau du bassin, dirigeant le mouvement depuis les niveaux intérieurs vers la manifestation. Chaque partie de la jambe a sa propre relation corps/esprit. *Voir aussi la référence au côté du corps affecté.*

Jaunisse : provoquée d'ordinaire par une maladie hépatique, une réaction aux médicaments ou par le blocage des conduits biliaires en raison d'un excès de bilirubine, produit secondaire de la décomposition des globules rouges usés qui a lieu dans le foie. Le flux sanguin se charge de trop de bile. La jaunisse se manifeste par un jaunissement de la peau et du blanc des yeux. Comme ce processus concerne l'épuration du système sanguin, il est lié à une purification des émotions. Par exemple, il pourrait s'agir de l'élimination des sentiments handicapants – une chose à laquelle on s'accroche, bien qu'elle ne soit pas bénéfique – ou d'un apport excessif de bile dans le courant sanguin, donc d'un apport d'émotions pénibles. L'effet de ces sentiments suscite un jaunissement ou un pourrissement. *Voir aussi Hépatite et Foie.*

Kystes et tumeurs : un kyste est un assemblage solidifié d'attitudes ou de modèles mentaux, accumulés inconsciemment au cours d'un certain laps de temps. Le kyste peut représenter un ensemble de modèles de pensée ou d'attitudes mentales qu'on édifie à certaines époques de sa vie, peut-être pour se protéger de quelque chose ou pour éviter d'affronter un problème personnel. Ces attitudes commencent alors à fusionner, à se figer et à entraver la progression, car bien qu'on s'en accroche encore, elles sont déjà obsolètes et inutiles. *Voir aussi les références au côté et à la partie du corps affectés.*

Larmes : en s'écoulant, elles libèrent des émotions telles qu'amour, douleur, peur, joie, blessure et compassion. Les conduits lacrymaux obstrués indiquent un blocage de cette expression libre, peut-être en raison d'un conditionnement social : seuls « les bébés » pleurent. Il est important de permettre à la libre expression de monter depuis le tréfonds de l'être, pour que les sentiments refoulés ne s'accumulent pas et suscitent des problèmes physiques. Pleurer est une façon de laisser aller cet amoncellement, de permettre à l'énergie émotionnelle (les larmes) de guérir. Lorsqu'on n'arrive pas à pleurer, il est bien plus difficile de découvrir ses sentiments refoulés, de les libérer et par là les guérir et les résoudre.

Laryngite : affection causée par le blocage des cordes vocales suite à l'inflammation du larynx. On devient aphone. La laryngite est d'ordinaire la conséquence d'une grande peur (par exemple, le trac), de la conviction que s'exprimer est inacceptable ou inapproprié (par exemple, l'enfant qui doit être « vu mais pas entendu ») et du confinement en soi de tous les sentiments inexprimés, surtout la colère. Plus tard, quand on essaye de les exprimer, une résistance plus considérable risque de s'y opposer. La laryngite se déclare souvent en présence d'un sentiment de honte ou de culpabilité à propos de ce qui a déjà été dit, qui met fin à la possibilité de continuer son discours, ou d'une peur que quelqu'un entende ce qu'on a à dire. Le larynx est enflammé – autrement dit, il renferme une grande quantité d'énergie émotionnelle, connectée à la voix et à l'expression. Le problème concerne l'affirmation de la créativité, sa libération dans la voix et la capacité de vocaliser ses sentiments.

Leucémie : cancer du sang. La leucémie se manifeste souvent après la perte d'un proche, car elle peut être étroitement liée à l'expression de l'amour intérieur, à la relation entre le cœur, le thymus et les lymphocytes T. La mort d'un être cher suscite une intense frustration et une accumulation d'émotions. Il s'agit en particulier du refoulement des attitudes perturbées et conflictuelles envers l'amour, car le sang est un fluide porteur d'amour et de vie, véhiculant la subsistance et la capacité d'aimer autrui. Si l'amour de la vie ou le désir de vivre est détérioré d'une quelconque façon, l'attitude envers l'amour risque de devenir méfiante, dédaigneuse, détachée et indécise. On a envie de s'isoler de tout sentiment. *Voir aussi Sang et Cancer.*

Lupus : maladie auto-immune, où les anticorps se tournent contre le corps et se mettent à le détruire. C'est le signe d'une grande culpabilité émotionnelle, peut-être provoquée par une ancienne honte ou un mauvais traitement subi autrefois : une haine de soi qui est si accablante qu'on est incapable de se pardonner ou de s'accepter totalement.

Luxation : déplacement d'un os hors de l'articulation. C'est une perte de « position », de direction et de mouvement depuis les profondeurs de l'être, une perte de sa place dans le monde. La luxation empêche d'avancer avec grâce et facilité. L'os est l'essence de l'être, son énergie la plus intense, si bien que la luxation indique un fort sentiment de déséquilibre et un objectif vague. *Voir aussi les références au côté et à la partie du corps affectés, Os et Articulations.*

Lymphe : les glandes lymphatiques font partie du système immunitaire, elles participent à la purification du sang, le gardant sain et fort. Elles « nettoient » aussi les déchets corporels (par exemple, les cellules mortes du sang) en vue de leur élimination. Leur relation avec le sang implique un lien étroit avec le maintien d'un état émotionnel stable, impliquant une épuration constante des émotions. Les glandes enflées ou les nodules lymphatiques bloqués impliquent un blocage émotionnel ou une négation des émotions, qui prive de protection et rend vulnérable aux toxines envahissantes ou aux effets des sentiments nuisibles. *Voir aussi la référence à la partie du corps affectée.*

Mâchoire : arc osseux essentiel à l'alimentation – pour entamer le processus de digestion et d'assimilation de ce qu'on absorbe, nourriture ou réalité. En serrant la mâchoire, on y emmagasine l'énergie liée à l'entêtement et la colère, énergie à double sens : elle affecte ce qu'on ingurgite et aussi ce qui doit être laissé aller.

Mains : les mains permettent de s'exprimer dans le monde, elles sont la manifestation de la capacité de gérer sa réalité. Les mains témoignent de la façon dont on traite le monde, de la manière dont on est traité par celui-ci, du degré de compréhension de la réalité, de la façon dont on exprime son amour ainsi que sa haine (sous la forme du poing). Les mains peuvent exprimer toute émotion présente, traduire en action tout désir et tout acte qu'on a envie d'accomplir.

Les **mains froides** indiquent un retrait de l'énergie émotionnelle – soit face à l'expression de l'amour ou de l'intérêt, soit par rapport à son activité et à la gestion de sa vie. Les **mains chaudes et moites** signalent une surabondance d'émotions, telles que la peur et l'anxiété, concernant ce qu'on fait, peut-être une peur de sembler incompétent et incapable de « répondre » aux exigences du monde (on a, par exemple, les mains moites avant un entretien important). Ce peut aussi être la marque d'un désir de frapper quelqu'un, sans pour autant passer aux actes. Les **crampes** et la **douleur** sont connectées à la capacité mentale de saisir la réalité et de la gérer. Les crampes sont susceptibles d'indiquer la peur ou les doutes à propos de l'expression créative.

L'arthrite affecte souvent les mains, car peu de gens font ce qu'ils ont vraiment envie de faire ou expriment effectivement leurs sentiments et désirs. L'arthrite incite à reculer face à la capacité de s'exprimer ou de bien saisir ses affaires. La rigidité et la raideur qui se développent sont également liées à la façon dont on gère le monde, à l'absence de spontanéité ou de liberté, à une insécurité quant à ses actions. Ces sentiments sont remplacés par le doute et la critique, qui entravent le mouvement naturel des articulations. *Voir aussi les références au côté du corps affecté.*

Maladies coronariennes : *voir Cœur.*

Maladies enfantines : il est préférable que tous les enfants les attrapent, car c'est la façon du corps d'édifier sa force et sa résistance. Elles signalent aussi le besoin de l'enfant de jouir d'une pause, d'un plus d'amour et d'attention, souvent lors d'une période difficile à l'école ou d'un conflit parental qui fait naître un sentiment d'insécurité chez lui.

Maladies vénériennes : signalent la nécessité de surveiller de près ce qu'on fait de son énergie sexuelle. Une maladie vénérienne atteste d'un malaise quant à l'énergie de cette zone – une confusion ou une distorsion. L'énergie sexuelle est extrêmement puissante et importante ; prise à la légère ou mal utilisée, elle a tendance à se retourner contre celui qui s'en sert, à lui donner l'occasion de voir que ce qu'il fait n'est pas en harmonie avec son équilibre naturel.

Maux de tête : « cri silencieux de l'esprit surchargé », une diversité de causes peut provoquer cet état, dont :

1. Le stress et la tension suscités par l'anxiété, par l'excès d'efforts, par la tentative excessive de l'esprit d'achever quelque chose ou son obsession avec l'idée de progresser.

2. La suppression des pensées et des sentiments tenus pour inacceptables, inappropriés ou impossibles à exprimer de vive voix et qui sont enfermés en soi, sans pouvoir aller nulle part. Le mal de tête est le reflet des émotions négatives (inquiétude, colère) provoquant une dilatation des vaisseaux sanguins.

3. Le sentiment de doute de soi, d'échec ou d'aversion de soi pousse à critiquer ou à mettre en question ce qu'on ne veut pas entendre. On se sent piégé dans sa tête, et on n'aime pas ce qu'on y trouve.

4. Les affections associées à d'autres parties du corps, comme une infection ou la constipation, ou un sentiment de séparation entre corps et esprit.

Membres froids : *voir Circulation.*

Méningite : infection du fluide cérébral provoquée par une bactérie ou un virus, conduisant à l'inflammation de la membrane recouvrant le cerveau ou la moelle épinière. L'infection implique une faiblesse du système immunitaire et une incapacité de se protéger. La méningite signale que cette faiblesse est située dans la zone entourant le cerveau, si bien qu'il peut s'agir d'une très forte incitation à exceller dans le domaine intellectuel. Comme le cerveau est aussi le centre dirigeant du corps entier, cela implique une faiblesse intérieure, qui attaque l'individu à sa source même. *Voir aussi Système immunitaire et Infection.*

Ménopause : on y parle souvent comme de la fin de la féminité, et donc comme d'une perte de direction et d'accomplissement. Époque très émotionnelle (d'où sa relation directe avec le sang), concernant particulièrement les sentiments liés au fait d'être encore désirable et désirée. Beaucoup de femmes risquent de souffrir d'une grave dépression à cette époque, tout comme les hommes lors de l'**andropause**. Un grand besoin d'entrer en contact avec la femme intérieure, pas celle qui n'est qu'un corps fertile, mais celle qui va au-delà de ses capacités procréatrices, de découvrir un objectif plus intéressant à sa présence ici-bas, autrement dit de se trouver une direction spirituelle. La ménopause peut être une période extraordinaire de redécouverte de la liberté, de l'individualité, du changement et du défi, de même qu'une renaissance.

Migraine : généralement provoquée par le faible apport d'oxygène au cerveau. L'énergie porteuse de vie se retire du centre de contrôle, de sorte qu'on n'est plus obligé de gérer les commandes et qu'on peut ignorer la réalité et ses exigences. La migraine est souvent causée par une frustration à propos des projets non réalisés, une surcharge d'informations impossibles à intégrer, débouchant sur une fureur réprimée. Le sentiment que quelque chose doit être accompli est aussi présent, ainsi que la peur ou la résistance liée à la capacité de satisfaire cette demande. Un objectif doit être atteint et cette idée suscite de la douleur. On doit analyser en premier lieu la raison de ce désir d'éviter les exigences de la vie. Est-il dû à une personnalité introvertie ? Y a-t-il un fort sentiment d'incompétence, renforcé par l'absence d'amour inconditionnel ? Est-il dû au fait de ne pas se sentir à la hauteur des demandes ? La migraine est aussi un moyen de faire une pause, d'obtenir plus d'amour et d'attention. C'est particulièrement valable chez les enfants en manque d'amour ou chez qui on remplace l'attention par des sucreries (le sucre peut être un déclencheur physique de la migraine). *Voir aussi Tête, Mal de tête.*

Muscles : correspondent à l'énergie mentale. Les muscles permettent de bouger, confèrent vie, force et puissance à l'énergie essentielle intérieure (os). Ils représentent l'identité personnelle, le fait de devenir ce qu'on désire. Les muscles se développent en fonction des attitudes et des expériences de l'individu. Les troubles du système musculaire sont directement liés aux problèmes mentaux, aux modèles et aux comportements exprimés par la partie du corps affectée. *Voir aussi les références au côté et à la partie du corps affectés.*

Myopie : capacité de voir de près, alors que les objets distants sont peu clairs, en raison de la crispation et de la contraction des muscles oculaires. En d'autres mots, on peut gérer très facilement la réalité immédiate et la vie quotidienne, mais on a du mal à visualiser l'avenir, à voir les possibilités futures et à surmonter la peur de ce qui viendra. On peut aussi avoir des difficultés à se projeter vers l'extérieur, car une tendance à être introverti et timide est présente. Cet état contracté est initialement induit par des expériences effrayantes (par exemple, le regard d'un parent courroucé) qui incitent à refouler littéralement sa vision. Le traumatisme reste figé dans les muscles oculaires, affectant la capacité de voir clair au loin. *Voir aussi Yeux.*

Naissance : la transition la plus traumatisante existante, celle qui influence la capacité de gérer les moments de transition et de changement à l'avenir.

Nausée : le désir d'éliminer sur le champ une chose faisant partie de la réalité absorbée. Autrement dit, on gère une réalité générant un grand bouleversement, tristesse et douleur, qu'on ne veut pas avoir près de soi. De même, cette situation risque de se produire si on regrette l'une de ses actions – c'est donc un désir d'annuler le passé. Lors de la **grossesse**, les nausées sont liées à l'acceptation de la réalité de l'enfant à naître et des diverses émotions et conflits suscités par cet état. *Voir aussi Indigestion et Estomac.*

Nerfs : le système nerveux comprend le cerveau et les voies de communication traversant le corps d'un bout à l'autre, recevant constamment des informations des sens, des sentiments et des pensées et transmettant en permanence des signaux à leur intention. La colonne vertébrale abrite tous les nerfs périphériques qui relaient l'information. Le système nerveux central contrôle toutes les activités conscientes. Les activités involontaires (pulsations cardiaques, respiration, etc.) sont contrôlées par le système nerveux autonome. La méditation ou la relaxation profonde permettent d'acquérir une maîtrise consciente de ce système.

Le système nerveux couvrant une vaste gamme d'activités et de fonctions, son effondrement ou sa dégradation affecte le corps d'innombrables façons. En essence, c'est une rupture de la communication entre une partie et une autre du corps, que ce soit entre le cerveau et un membre, ou entre un sentiment et une expression. *Voir aussi la référence à la partie du corps affectée.*

Nervosité : hypersensibilité aux autres, indiquant une absence de contact avec son être intérieur. C'est en fait un état très égocentrique, qui voit tout subjectivement – dans la mesure où les situations ont un quelconque rapport avec soi. De ce point de vue, on vit dans la peur de l'attaque et de l'abus, incapable de se détendre et de laisser aller les attitudes égoïstes. On est en présence d'une absence de confiance et de foi. La relaxation profonde est essentielle.

Névralgie : douleur provenant d'un nerf endommagé, parfois très intense, qui progresse le long de la voie neurale. Un nerf endommagé signale une interruption de la communication, qui suscite en soi une détresse considérable. L'énergie ne circule pas, elle est bloquée et perturbée, causant une grande souffrance intérieure. Il est important de déterminer l'emplacement de la mauvaise communication. *Voir aussi les références au côté et à la partie du corps affectés, Nerfs.*

Nez : portail vers l'esprit supérieur. C'est le principal endroit permettant la respiration, l'inspiration de l'air et de la réalité. Cependant, on n'a pas toujours envie d'absorber la vie, surtout quand celle-ci se montre quelque peu accablante ou difficile à gérer. Le nez risque alors de se boucher, ce qui en rétrécit les passages, limitant le volume d'air susceptible de pénétrer dans le corps. On trouve aussi ici le sens de l'odorat, de même que la participation de l'individu à la fragrance de la vie ! *Voir aussi Respiration, Refroidissements.*

Obésité : on considère souvent cette affection comme le prix à payer pour la réussite – si on est couronné de succès, cela veut dire qu'on peut manger n'importe quoi et qu'on n'a pas le temps de prendre de l'exercice ! La nourriture est un excellent relaxant, émotionnellement satisfaisant, car pour l'esprit elle équivaut à l'amour et à la mère. Toutefois, lorsqu'elle est utilisée pour remplacer l'un ou l'autre, pour combler le vide émotionnel ou pour compenser le succès qui isolé affectivement, l'obésité risque de s'installer. Cet état place une couche de graisse entre soi et le monde, comme un fossé séparant l'individu de la peur d'être vu, d'être vulnérable et donc blessé, tout en l'empêchant par ailleurs de s'exprimer librement. L'obésité se déclare souvent après un considérable choc émotionnel ou une perte, car le vide ressenti devient trop difficile à supporter. C'est le sentiment de n'avoir pas d'objectif. La tentative de combler ce manque ne fera que générer encore plus de vide. L'excès de chair signale qu'on s'accroche aux attitudes mentales et aux modèles de pensée rigides, bien que celles-ci génèrent inconfort ou même gêne. Chez les enfants, l'obésité reflète leur difficulté à reconnaître ou à exprimer leurs sentiments de sécurité et d'acceptation. Par exemple, l'obésité peut s'installer lors d'un divorce ou du décès de l'un des parents. *Voir aussi Dépendance, Anorexie, Estomac.*

Œdème : gonflement dû à la rétention d'eau, l'œdème provoque une bouffissure. Il est localisé le plus souvent dans les chevilles et les pieds. Les fluides correspondent aux émotions, si bien que l'œdème indique une retenue, une répression ou une négation des sentiments et des besoins personnels. L'énergie émotionnelle est conservée et accumulée. La fonction de la partie du corps affectée apporte d'autres informations sur la situation. Lorsque l'œdème affecte l'ensemble du corps, il indique une attitude émotionnelle très refoulée, probablement parce que l'exprimer est inapproprié et on préfère donc l'ignorer ou le nier. Par exemple, un grand désir d'aller dans une direction donnée, de laisser sa vie refléter les différents aspects du soi peut exister, cependant on est émotionnellement piégé dans son activité ou incapable de se défendre tout seul et de se libérer émotionnellement. L'œdème prône le besoin d'admettre ces émotions refoulées et de les exprimer. *Voir aussi les références au côté et à la partie du corps affectés.*

Oignon : inflammation de l'articulation des orteils, en particulier du gros orteil. S'agissant d'un os, c'est l'indication d'un conflit au niveau le plus profond de l'être. Cette faiblesse osseuse est mise en lumière par le port de chaussures inappropriées, bien qu'un pied sain puisse porter presque n'importe quoi sans en souffrir. Cette région du pied correspond aux quelques semaines suivant la conception et signale la fragilité de l'engagement à être effectivement ici-bas. L'oignon se développe généralement lorsqu'une relation avec un partenaire, un parent ou un conjoint très dominateur se noue. Celui-ci prendra toutes les décisions, libérant l'individu de la responsabilité de décider pour lui-même. Il entrera ainsi dans un état agréablement passif, où son absence d'engagement à être là est facilitée et exempte de responsabilité.

Ongles : tissu scléreux (corné), ils représentent l'essence de l'être et son énergie spirituelle se manifestant dans le monde aux points les plus saillants du corps. Les ongles sont souvent affectés quand l'activité ou la direction subissent des changements ou des perturbations dont on n'a pas envie et qu'on a du mal à gérer. En outre, les ongles sont des griffes, symboles de l'agressivité.

Oreilles : les problèmes dans cette zone sont liés à l'audition. La surdité peut se déclarer lorsqu'on ne peut pas gérer ou accepter ce qu'on entend, si bien qu'on retire l'énergie de ce sens. Les **infections auriculaires** se produisent quand ce qu'on entend irrite, perturbe émotionnellement, génère des conflits et une dysharmonie – infectant littéralement l'ouïe. Chez l'enfant, ces infections expriment en général un conflit concernant l'environnement familial, des peurs et des désaccords à l'école. Indirectement, les oreilles sont associées à l'équilibre de l'entité corps/esprit lorsque celle-ci se déplace. Cet équilibre le maintient vertical et concentré, capable d'être centré et dirigé. Lorsqu'on perd son centrage, on perd son équilibre. Ce phénomène peut survenir aussi lorsqu'on est en désaccord avec ce qu'on entend ! *Voir aussi Surdité.*

Organes génitaux : cette zone est le siège de l'énergie sexuelle, des gonades et du chakra racine. Les problèmes apparus ici sont étroitement liés à l'abus sexuel, à la méfiance et à la peur, que ce soit la peur d'une autre personne ou de ses propres sentiments et de son propre potentiel. Une énorme quantité d'énergie est présente dans cette région, car la sexualité est très puissante et facilement mal utilisée. Cette activité débouche parfois sur la culpabilité, la honte, les maladies vénériennes, la frigidité ou l'impuissance. Il est important que l'amour soit présent dans les expériences sexuelles, pour que la sexualité devienne une expression des qualités tendres et affectueuses. *Voir aussi les références aux troubles spécifiques.*

Orteils : partie du corps qui avance en premier dans la vie. En tant que tels, les orteils représentent la tête (selon la réflexologie). Les orteils recroquevillés indiquent le retrait face à la progression, un recul devant l'idée d'entrer dans la vie, ainsi que la tentative de s'accrocher à la vie, peut-être à cause d'une insécurité chronique. Les orteils tournés vers le haut signalent la tentative de s'échapper de la vie matérielle, un élan vers les domaines plus abstraits, éloignés de ceux terre-à-terre. Les orteils se chevauchant montrent une grande confusion quant à la direction suivie, au sentiment de clarté intérieure et de liberté.

Os : symbolisent l'énergie essentielle de l'individu, l'énergie cristalline qui correspond aussi à l'énergie spirituelle supérieure. Manifestation du désir de l'individu d'être là, les os sont le cadre sous-jacent sur lequel est édifié l'ensemble de l'être. Au plus profond des os, dans le cœur même de la moelle, naissent les cellules immunitaires conférant la capacité de se protéger soi-même. Une **fracture** signale un conflit affectant l'essence de l'être. Elle suggère qu'on ne peut pas continuer dans l'état actuel, qui entrave le mouvement instantanément ; un changement fondamental est nécessaire. *Voir aussi les références à la partie du corps fracturée.* La **décalcification** (comme pour l'**ostéoporose**) implique la disparition de l'intention ou du but, la perte à son niveau le plus essentiel de l'intérêt et de la raison d'être ici-bas. La perte de ce qui confère force aux os représente un retrait de l'énergie, car la raison de vivre a été minée. Cela se produit souvent à des époques de grand changement. *Voir aussi les références au côté et à la partie du corps affectés.*

Ostéomyélite : infection des os et de la moelle osseuse, affectant d'ordinaire un seul os, au niveau de l'articulation. Les os représentent l'énergie essentielle la plus subtile et correspondent à l'énergie spirituelle. Les articulations confèrent mouvement et expression à cette énergie. Une infection implique une irritation suscitant une faiblesse, une diminution de la résistance normale, ce qui rend la zone concernée vulnérable. Le problème est difficile à atteindre consciemment, car les os sont à l'intérieur du corps, enfouis sous la chair. Cette infection remet en question l'énergie vitale et le but de la vie. Si l'ostéomyélite est due à un dommage précédent, les causes initiales de celui-ci n'ont pas encore été traitées. *Voir aussi les références au côté et à la partie du corps affectés, Os, Infections.*

Ovaires : symboles de la féminité, du fait d'être femme et contente de l'être. Les troubles ovariens dénotent un conflit avec cet aspect, avec l'expression de la féminité, avec la maternité ou même avec le fait d'être une femme. Veut-on vraiment avoir des enfants ? Rejette-t-on les enfants qu'on a ? Est-on en paix avec le fait d'être une femme ? Préférerait-on être un homme ? Son aspect féminin a-t-il été réprimé ou maltraité ? Est-on rejetée par l'époux ou l'amant ? Est-on capable de se développer ? Suit-on la direction choisie par ses propres soins ?

Les ovaires marquent le début et la création de la vie. Ils sont situés au niveau du bassin, la zone où on peut faire venir à l'existence de nouveaux aspects de soi, où on peut se retrouver. De ce point de vue, les troubles ovariens représentent le conflit intérieur à propos de la création et de la découverte de sa voie. Un **kyste ovarien** est une poche remplie de fluide qui se forme sur un ovaire ou près de celui-ci. Généralement bénin, il signale une accumulation d'énergie émotionnelle, de sentiments conflictuels liés à l'énergie ovarienne.

Pancréas : règle le taux d'insuline, permettant de stabiliser le taux de sucre dans le sang, protégeant ainsi contre le développement d'un diabète ou d'une hypoglycémie. Le pancréas est associé à la capacité d'exprimer et d'intégrer l'amour d'un bout à l'autre de son être, ainsi qu'à l'aptitude de gérer son contraire (par exemple la colère) sans provoquer de douleur.

Paralysie : atteste généralement d'un retrait de l'énergie, si complet que le mouvement s'arrête réellement. Peut être due à une peur intense de ce qui se passe ou de ce qui va se passer, à une peur de l'avenir, à un traumatisme profond qui incite à se retirer de la vie pour éviter sa répétition, à une grande aversion de soi et méfiance, au point où la seule sécurité contre une action erronée est une inaction totale. La région du corps affectée est importante. *Voir aussi les références au côté et à la partie du corps affectés.*

Paralysie cérébrale : cette affection entraîne une paralysie spasmodique musculaire partielle ou totale causée par une anomalie cérébrale, souvent congénitale. Les muscles deviennent hyperactifs et provoquent un mouvement désorganisé et spasmodique. Cet état suscite une grande incompréhension quant à la raison de sa présence sur terre. Il peut s'agir là d'un modèle karmique amené avec soi. Seuls l'amour inconditionnel et le réconfort permanent de celui-ci allègent le traumatisme et la paralysie mentale.

Parkinson, maladie de : détérioration des centres nerveux dans le cerveau, particulièrement de la zone contrôlant le mouvement, caractérisé par un tremblement (généralement des mains et de la tête) aboutissant à la diminution de la capacité de bouger. L'interruption de la communication intérieure est telle que la peur d'avancer avec détermination et énergie détériore peu à peu le fonctionnement nerveux. Les tremblements reflètent la peur, que ce soit la peur du passé ou celle de l'avenir – une peur de bouger, due probablement à d'anciens traumatismes ou mauvais traitements et à l'idée des implications du mouvement. *Voir aussi Nerfs.*

Peau : organe le plus étendu du corps, la peau est composée de millions de cellules imperméables superposées, qui se réparent automatiquement. Les problèmes dermiques concernent invariablement l'énergie mentale : le regard que les autres portent sur soi, l'image qu'on a de soi-même, l'expression de ses incertitudes et inquiétudes. On rougit d'embarras ou de colère, car la peau est le miroir des sentiments. Si on est peu sensible, presque rien ne passe la barrière épaisse de la peau, alors que si sa sensibilité est « à fleur de peau », on devient très vulnérable et on a du mal à se cacher derrière la mince barrière de sa peau. La desquamation indique un abandon des modèles de pensée obsolètes, tel que le serpent en train de muer qui se débarrasse de sa vieille peau. La **peau sèche** implique un retrait émotionnel de la zone affectée, car il n'y a pas assez de fluide pour maintenir la peau vivante. Les **éruptions** cutanées sont liées d'habitude aux sentiments à son propre égard, à un conflit avec l'identité personnelle et à la relation avec les autres. *Voir aussi les références au côté et à la partie du corps affectés, Acné, Dermatose, Eczéma, Visage et Urticaire.*

Pellicules : écailles sèches, blanches, de la couche cornée de la peau, apparaissant d'habitude sur le cuir chevelu. La peau qui se desquame indique une accumulation excessive d'énergie mentale tentant de se libérer – motifs mentaux périmés et attitudes devenues inutiles. Le cuir chevelu est le centre abstrait, de même que le centre mental et logique. La présence des pellicules tend à impliquer qu'il y a des modèles de pensée et des attitudes dont on n'a pas besoin, dont on peut se débarrasser, car ils sont déjà obsolètes. Ils engendrent une couche d'énergie morte autour du centre abstrait.

Phlébite : inflammation d'une veine, causée d'ordinaire par une infection ou une blessure. Le sang est susceptible de former des caillots dans les veines affectées. Le sang correspond à l'énergie émotionnelle, affective et les veines sont les voies qu'emprunte cette énergie pour faire des allers et des retours dans le monde. Une inflammation dans cette région signale que l'énergie est brûlante, peut-être en colère ou irritée – que quelque chose infecte l'individu, affectant ainsi ses moyens d'expression. Cette infection ou irritation provoque une intense douleur émotionnelle. *Voir aussi les références au côté et à la partie du corps affectés.*

Pied d'athlète : infection fongique extrêmement contagieuse due à l'humidité, affectant la peau entre les orteils. Les démangeaisons, les douleurs et la desquamation de la peau signalent une irritation mentale, quelque chose qui stresse au point de saper et de générer une douleur intérieure. Comme il s'agit de la région du mouvement le plus avancé, car le reste du corps suit les orteils, cette irritation a un rapport avec les inquiétudes personnelles concernant la direction et le mouvement de la vie, en fait l'avenir.

Pieds : permettent de s'ancrer et d'aller dans la direction choisie, de se sentir en sécurité dans la relation avec le monde. Ils sont la manifestation la plus extérieure du centre de mouvement, la partie du corps qui s'avance en premier et le plus loin. On se tient sur ses pieds, on s'appuie sur eux pour la stabilité et la direction. À ce niveau, les problèmes signalent un conflit concernant la direction et le mouvement présents, ainsi qu'une absence de sécurité ou de stabilité. Les pieds représentent l'ensemble du corps (comme le montre la réflexologie), de même que l'être non physique (comme le montre la Technique métamorphique). Les troubles des pieds sont dont associés à l'être dans son intégralité. Les **pieds plats** indiquent un effondrement du discernement, une vulnérabilité qui ne voit pas de différence entre ce qui est privé et ce qui est public. Il se peut que ce soit aussi une tentative d'être ancré, de se trouver un but, bien que cela rende encore plus vulnérable qu'avant. Le contraire sont les **voûtes plantaires hautes**, où la séparation entre le privé et le public est clairement marquée, au point même d'être exagérée, signalent le reclus ou le génie, souvent distant et abstrait. *Voir aussi les références au côté du corps affecté et aux affections des pieds.*

Pneumonie : inflammation des poumons, causée d'habitude par une infection bactérienne ou virale, caractérisée par la toux, la fièvre, l'essoufflement, les sueurs, etc. Les poumons permettent de respirer ; sans eux, on meurt. Les poumons sont les outils d'une vie indépendante : on respire seul. Toutefois, par moments la respiration est plus désagréable – lorsque la vie est devenue quelque peu accablante ou en présence d'un conflit intérieur se rapportant au choix de vivre sa vie pour soi ou d'entrer dans une relation très étroite ou dominatrice. Dans ces cas, la capacité respiratoire risque de s'amoindrir, on se sent étouffé.

Une inflammation signale que cette zone est devenue chaude et coléreuse, irritée ou frustrée. Le désir et la capacité de respirer ont été gravement affectés par les émotions, par la peur de se retrouver seul ou d'être débordé, par la colère envers la vie ou envers la solitude, par l'irritation envers soi-même. *Voir aussi Respiration, Poumons.*

Poignet : confère un mouvement gracieux et fluide à l'énergie d'action. Présente ici, l'**arthrite** indique une attitude critique envers ce qu'on fait ou envers les agissements des autres à son propre égard, ainsi qu'un désir de prendre du recul par rapport à tout cela. Une **fracture** ou une **foulure** du poignet signale un conflit concernant l'expression, soit l'expression vers l'extérieur de l'amour du cœur, soit l'expression des énergies créatives et d'action. Il peut aussi s'agir d'un recul de l'énergie face à ce qu'on fait et à la façon dont on est manipulé. Les problèmes du poignet sont parfois une expression d'impuissance – on se sent incapable de faire quoi que ce soit. De même, la **douleur** représente une énergie réprimée concernant une chose qu'il faut faire, mais qui est refoulée et ignorée. *Voir aussi les références au côté et à la partie du corps affectés, Bras.*

Poitrine : partie du corps connectée au sens de l'identité personnelle. On trouve ici le cœur et les poumons, organes qui permettent une vie indépendante. Lorsqu'on parle de soi-même, on désigne sa poitrine, « moi ». On fait « bonne contenance » devant le monde, tout en dissimulant au tréfonds de soi ses sentiments et ses vulnérabilités. *Voir les autres références aux affections spécifiques de la poitrine.*

Polyarthrite chronique évolutive : le système immunitaire commence à s'attaquer au corps même, d'abord au collagène, le tissu conjonctif des articulations, comme s'il s'agissait d'un envahisseur. Cet état s'aggrave en cas d'excès de stress ou de tension. Cette maladie atteste la présence d'une profonde aversion de soi, due peut-être à la honte ou à la culpabilité, d'un sentiment de n'avoir aucune valeur, de l'autocritique, ainsi que d'une colère, d'une amertume et d'une raideur présentes depuis longtemps. On s'attaque à soi-même, aboutissant à la limitation du mouvement et de l'expression libre, qui deviennent douloureux. Les articulations permettent l'expression fluide et gracieuse, si bien que leur gonflement et leur endolorissement reflètent une réelle difficulté à montrer cette fluidité dans ce qu'on fait et dans la direction suivie. La personnalité de ce type fait preuve d'un comportement mal assuré et inhibé, d'esprit de sacrifice et d'une incapacité à exprimer des émotions fortes. Cette pénurie de l'expression se manifeste physiquement en tant qu'absence de mobilité, dirigée contre soi-même et se faisant connaître dans la critique intérieure et l'amertume. *Voir aussi les références au côté et à la partie du corps affectés, Arthrite et Articulations.*

Poumons : organes où on absorbe la vie. Ils sont le symbole de l'existence indépendante, car le premier souffle est le signe qu'on est vivant et le dernier la marque de la mort. Les poumons sont situés au centre de la poitrine, la zone de l'identité personnelle et du « moi ». Les troubles dans cette région concernent principalement les sentiments à son propre égard plutôt qu'à l'égard des autres ou des relations. Ils représentent la capacité de respirer à fond et la capacité d'aspirer la vie. Si la respiration est superficielle et faible, la vie risque de manquer de sincérité et de courage. *Voir aussi Respiration.*

Presbytie : *voir Yeux et Hypermétropie.*

Pression sanguine : l'hypertension endommage et rétrécit les artères, appauvrissant la circulation du sang d'un bout à l'autre du corps. C'est le principal facteur déclenchant des apoplexies et des infarctus. L'hypertension indique un bouillonnement, une montée des émotions, peut-être colère ou blessure, associés à l'amour. Les émotions inexprimées s'accumulent et engendrent le besoin d'être exprimées avant de devenir trop frénétiques ou de bloquer les voies d'expression (les artères). L'hypertension est également due à la nervosité et à l'anxiété débouchant sur la panique, à la peur que l'amour n'est pas fiable. L'hypotension signale un retrait de l'énergie. Comme on ne peut pas faire face soi-même, aux exigences de la vie, on est débordé et on se refuse donc à y participer pleinement.

Prolapsus : descente d'un organe, généralement la prostate, le vagin ou la vessie. Indique un laisser aller, un abandon, un effondrement, un manque de contrôle, car l'énergie n'est plus assez forte pour maintenir l'élasticité – les muscles cèdent. En outre, le prolapsus atteste la présence d'un effondrement mental, d'un renoncement mental, d'une impuissance intérieure, attitude qui tend à être très répandue ces dernières années. *Voyez aussi la référence à la partie du corps affectée* et ses rapports avec ce sentiment d'impuissance, de dépression, de perte d'énergie ou de contrôle sur sa vie.

Prostate : petite glande de l'appareil génital masculin, située en dessous de la vessie. Associée au sentiment de puissance et de capacité sexuelles, elle présente souvent des troubles chez les hommes âgés. Combien d'hommes atteignent la soixantaine en se sentant à l'aise à propos de leur sexualité et en étant satisfaits ? La plupart des hommes se sentent frustrés, impuissants, déroutés, cherchent des partenaires plus jeunes ou renoncent totalement à cet aspect de la vie. L'expression sexuelle reflète les sentiments éprouvés. Les gens plus âgés se sentent souvent inutiles, inefficaces et incapables d'être des hommes à part entière, comme si le but de leur existence s'est déjà estompé. Une prostate hypertrophiée appuie sur la vessie, montrant le plus de difficulté à éliminer effectivement ces sentiments d'inutilité qui s'accumulent en soi, car l'urine fait sortir du corps la négativité et les émotions destructrices. *Voir aussi Prolapsus.*

Psoriasis : la surproduction de cellules dermiques provoque une accumulation de cellules mortes, accompagnée d'un épaississement de la peau et de l'apparition de zones rouges. Cet état est déclenché d'ordinaire par le stress, la mauvaise santé ou un manque de résistance. C'est un problème mental, une accumulation d'attitudes et de modèles mentaux déjà traités, mais pas encore éliminés. *Voir aussi les références au côté du corps affecté, Peau.*

Raideur : causée par une accumulation d'acide lactique, la raideur musculaire implique une accumulation d'énergie mentale bloquée ou rigide. La raideur est une manifestation des modèles de pensée obstinés et rigides, une incapacité ou un refus de s'abandonner, une opposition au mouvement. Bien que la raideur apparaisse souvent après un travail difficile, elle ne fait que mettre en lumière une faiblesse déjà présente dans les muscles. L'énergie doit circuler sans heurts dans les muscles, éliminant tout acide lactique subsistant là ; dans le cas contraire, il faut analyser les attitudes mentales correspondant à la partie du corps affectée. Par exemple, un **cou raide** cause trop de douleur empêchant de se tourner facilement, ce qui implique un champ visuel réduit, l'incapacité de prendre en considération des façons de penser différentes, d'admettre les idées des autres ou même de leur obéir. Les **articulations raides** indiquent une opposition plus profonde, comme si l'os lui-même se raidissait – c'est une opposition à l'avancée au niveau fondamental. Les articulations permettent de bouger avec grâce et fluidité, si bien qu'on doit s'interroger sur ce qui s'oppose à un tel mouvement. *Voir aussi les références au côté et à la partie du corps affectés.*

Rate : liée au thymus et à l'hypothalamus, la rate participe à la production et à la maintenance des cellules immunitaires due sang. Elle est aussi associée au pancréas pour la production de l'insuline. Autrement dit, ce petit organe est essentiel à l'équilibre sanguin et à la protection personnelle. Pour ce faire, la rate doit gérer les émotions négatives du sang, telles que la colère, susceptibles d'affaiblir cette région si elles deviennent accablantes.

Raynaud, maladie de : état caractérisé par une circulation restreinte vers les mains, les oreilles, le nez et les pieds, qui deviennent pâles, parfois bleus ou violets. Cette maladie représente le retrait de l'énergie émotionnelle (le sang) des extrémités ou des parties du corps qui entrent en premier en contact avec le monde. Ce retrait peut être dû à une peur de s'exprimer (crainte que ce soit inacceptable), à une peur du rejet (en raison de traumatismes précédents ou d'une profonde blessure émotionnelle), à un changement d'avis (la fin d'un amour et donc du développement émotionnel vers l'extérieur). Les émotions, particulièrement l'énergie d'amour, sont refoulées, générant un sentiment d'abandon et de perte dans les membres. Par conséquent, l'individu ne participe pas pleinement à la vie – il doit y rentrer et y retrouver une place. *Voir aussi les références au côté et à la partie du corps affectés, Sang et Circulation.*

Refroidissement : quand attrape-t-on un refroidissement et qui l'attrape ? Question importante, car si un germe ou un virus affecte l'organisme c'est parce qu'au moment respectif le système immunitaire n'est pas assez fort pour le détruire. On « attrape froid » souvent lorsqu'on a besoin d'une pause, quand des problèmes émotionnels difficiles doivent être résolus ou quand la relation entre l'esprit et le corps manque d'harmonie. Un refroidissement rappelle une affliction : mêmes yeux larmoyants et nez qui coule, même reniflement et sentiment de désespoir, même besoin d'être aimé tout en préférant rester seul. Y a-t-il une chose sur laquelle on aurait envie de pleurer sans vouloir l'admettre ? Comme le refroidissement affecte tant la poitrine (corps) que la tête (esprit), il survient souvent quand on confère trop d'énergie à l'un et ignore l'autre.

Reins : permettent l'élimination des déchets à travers l'urine, épurant ainsi le corps des émotions négatives. Les troubles rénaux sont par conséquent liés à une conservation consciente des modèles émotionnels obsolètes ou des émotions négatives. Les reins sont par ailleurs le siège de la peur, symbolisée par la sécrétion d'adrénaline lors des situations de lutte ou de fuite. Normalement, les reins libèrent cette peur dans l'urine et maintiennent ainsi l'équilibre. Lorsque les reins sont affaiblis ou endommagés, la peur inexprimée ou inacceptée s'accumule. Les **calculs rénaux** représentent en général des larmes, des peurs ou des chagrins refoulés, qui prennent forme et se solidifient, ou des problèmes anciens qui auraient dû être réglés mais qui ont pris forme de par le fait d'avoir été réprimés. Leur élimination signale la progression vers un nouvel état d'être.

Respiration : l'air confère la vie, l'absence de souffle signifie la mort. Le mécanisme de la respiration est par conséquent le symbole de la vie indépendante. Les troubles dans ce domaine sont invariablement liés au désir de vivre et à l'envie de se sentir bien dans la vie. La capacité de respirer à fond signale la force de s'attaquer à la vie, d'être sans crainte et en paix avec elle, de ne pas avoir peur de soi-même. Une **respiration profonde** reflète la capacité d'animer ses émotions et de leur conférer force. Une **respiration superficielle** implique une peur ou une résistance face à la vie, se manifestant souvent à des époques de désarroi ou de panique. La personne dont la respiration est superficielle est plus à même d'être émotionnellement refoulée, de vivre d'une manière futile et dépourvue de sens. La respiration suit un rythme naturel, comme celui des saisons, des marées, des phases de la lune, de la naissance et de la mort. La respiration représente aussi le rythme de la contraction et de la dilatation, du donner et du recevoir. Les difficultés respiratoires signalent une réticence à donner, à partager, à s'impliquer, ou une peur d'accepter, d'absorber, de fusionner. C'est un attachement étroit à soi-même et un refus de s'abandonner à l'ensemble. *Voir aussi Poumons.*

Rhume des foins : *voir Allergies.*

Sang : le cœur est le centre de l'amour, si bien que le sang qui circule d'un bout à l'autre du corps est l'expression de l'amour. C'est le liquide porteur de vie qui parcourt l'ensemble de l'être, véhiculant les émotions et les sentiments. Toute maladie du sang ou des vaisseaux sanguins est directement associée aux sentiments ou aux conflits concernant l'amour, à la capacité ou à l'incapacité d'exprimer ces sentiments, au désir de les cacher, à la surcharge ou à l'épanchement émotionnels. Par exemple, une mauvaise circulation qui laisse les extrémités froides indique un retrait du sang, donc de l'expression de l'amour dans des zones qui rencontrent d'autres gens, comme les mains ou les pieds. *Voir aussi les références aux affections spécifiques du sang.*

Sciatique : douleur nerveuse qui commence au bas du dos (à cause d'un disque intervertébral déplacé ou d'un nerf pincé) et descend sur la partie postérieure de la cuisse. Puisque les nerfs sont le moyen de communication entre l'ensemble des cellules et des parties du corps, on est ici en présence d'une douleur intense suscitée lors de cet échange connecté à l'expression de l'énergie de mouvement dans le monde (les jambes). Autrement dit, la direction suivie suscite une forte douleur dans le dos, donc une douleur qu'on ne veut pas admettre – on préfère la cacher et ne pas communiquer avec elle ou gérer ce qu'elle tente de transmettre. La sciatique apparaît souvent durant une grossesse, mettant en lumière la déroute et la douleur induites par la direction de la vie, car la grossesse, bien qu'expérience joyeuse, peut dissimuler beaucoup d'appréhensions, de doutes et de peurs. *Voir aussi les références au côté et à la partie du corps affectés, Dos, Jambes et Nerfs.*

Sclérose : inflammation anormale et/ou durcissement du tissu conjonctif du corps, élément essentiel de toutes les structures corporelles. Cet état semble être une maladie auto-immune, où le système immunitaire commence à attaquer les cellules du corps, endommageant le tissu conjonctif. Par conséquent, on s'attaque soi-même à un niveau essentiel, car si la sclérose s'étend aux organes principaux elle provoquera des dommages irréversibles. Une inflammation implique une énergie chauffée à blanc, coléreuse, où la fureur réprimée fait surface. Dans cet état émotionnel, la sclérose affecte les vaisseaux sanguins. Le tissu durci symbolise en fait le durcissement de ce qui crée une unité à partir des éléments séparés. C'est comme si on ne voyait que des parties distinctes du soi et non pas l'image globale – comme si on se cassait en morceaux – l'attitude devient plus intransigeante à l'encontre de ce qu'on est en tant qu'ensemble. La sclérose peut affecter n'importe quelle partie du corps. En présence d'un immense besoin de reconnaître, d'accepter et d'exprimer ce qui se passe vraiment en soi, cet état affecte le corps dans son intégralité. Apprendre à s'aimer soi-même n'est pas facile, mais c'est essentiel. Lorsqu'on se tourne ainsi contre soi-même, c'est le signe d'une considérable aversion de soi, d'une culpabilité, d'une honte et d'un chagrin intérieur qui ronge l'individu. *Voir aussi les références au côté et à la partie du corps affectés.*

Sclérose en plaques : maladie auto-immune où le système immunitaire attaque l'enveloppe des fibres nerveuses cérébrales. Ceci affecte le passage de l'information entre le cerveau et les membres via le système nerveux central. Cette maladie apparaît et disparaît au rythme des symptômes qui s'atténuent ou s'estompent après deux à trois mois (lorsque le nerf se répare lui-même) ou se développe progressivement au cours des cycles de lente dégénération. Comme le système immunitaire traite le corps en ennemi, on doit se demander comment a-t-on fait pour devenir son propre ennemi. Pourquoi n'écoute-t-on pas ses propres besoins et pourquoi ne suit-on pas ses objectifs ? La sclérose en plaques, affectant généralement les jambes et parfois aussi les bras, ralentit et détériore le mouvement, souvent par une grande fatigue. Ce processus implique une perte d'objectif ou un sentiment d'être débordé. La capacité de s'exprimer est restreinte, impliquant un retrait intérieur ou un recul face à ses propres sentiments. Le stress peut être un facteur important de déclenchement d'épisodes où on est incapable de se tenir sur ses jambes. En outre, on peut être submergé par les responsabilités de la vie et vouloir les éviter.

Scoliose : *voir Colonne vertébrale.*

Seins : ils sont l'expression la plus visible de la féminité. Grâce à ses seins, la femme est capable de nourrir les autres et d'en prendre soin, de donner une impression de douceur et d'intimité. Cependant, un considérable conflit social existe concernant les seins, le fait d'être une femme, d'être un sex-symbol, de ne pas être prise au sérieux, de ne pas être capable d'exprimer effectivement sa féminité, ses sentiments d'insuffisance, de honte, de peur, de gêne et de valeur personnelle. Les seins sont vénérés, mais en même temps la femme est rabaissée. On attend des femmes qu'elles aient des enfants, tout en assumant leur vie professionnelle. Si une femme ne veut pas avoir d'enfants, quelque chose ne tourne pas rond chez elle. Voilà seulement quelques-uns des conflits qu'une femme doit affronter aujourd'hui, sans parler de ses propres attentes : être femme et mère. Les seins sont parfois rejetés comme étant le symbole de tous ces conflits ; ils sont proches du cœur, étroitement liés aux sentiments d'amour, d'identité et de valeur personnelle.

Le **cancer du sein** signale en général des attitudes mentales et des modèles de pensée souvent enracinés depuis l'enfance à propos de ce que signifie être une femme, socialement parlant, par opposition aux sentiments individuels et aux conflits suscités par cet état, de même que la liberté d'exprimer ces sentiments. Le cancer du sein est associé aux sentiments de valeur personnelle, d'acceptation et à l'incapacité à exprimer la nature féminine tendre et affectueuse inhérente chez tous les êtres humains. L'augmentation des cas de cancer du sein peut être attribuée à l'intensification de la pollution.

Le **sein gauche** représente des questions concernant les sentiments liés au fait d'être acceptée en tant que femme, d'être mère, ainsi qu'à ce qu'on ressent soi-même à propos du fait d'être une femme. Le **sein droit** concerne davantage le fait d'être une femme socialement parlant. Il est associé à ce qu'on attend d'une femme et à ces parties en tant que formes extérieurement visibles du corps. Il peut aussi avoir un rapport avec la honte et l'aversion de soi. *Voir aussi Cancer, Poitrine et Cœur.*

SIDA : dans cet état, le système immunitaire est déficient en lymphocytes T, et donc incapable de protéger contre des infections telles que la pneumonie et le cancer. Le SIDA est causé par un virus transmis via les sécrétions sexuelles ou le sang. Il est en rapport étroit avec le thymus (qui produit les lymphocytes T), à son tour connecté à l'énergie du cœur. Les fluides corporels (le véhicule de la contamination virale) correspondent à l'énergie émotionnelle – le sang au cœur ou à l'amour, la semence aux énergies nourricières et créatives. Cette affection signale donc le déséquilibre du système émotionnel et son incapacité à s'exprimer librement, ce qui le rend faible et vulnérable à l'invasion. Les études montrent que la personnalité SIDA semble avoir tendance à supprimer les émotions négatives (colère, peur) et à pratiquer le déni (déni des sentiments et des actions, déni de la réalité du monde dont on fait directement l'expérience). Cette suppression et cette négation sont susceptibles de provoquer une énorme douleur émotionnelle, ainsi qu'un considérable blocage émotionnel ; elles réfutent aussi la capacité de s'aimer et de s'accepter soi-même tel quel. Les effets du SIDA rendent incapable de se protéger soi-même. La force intérieure, normalement fortifiée par l'amour, l'acceptation et le désir de vivre, est sapée et affaiblie. De plus, une confusion peut être présente quant à la sexualité et au pouvoir de l'énergie sexuelle. L'expérience sexuelle est l'un des événements les plus ennoblissants émotionnellement et les plus inspirants spirituellement, car l'énergie sexuelle jaillit du siège du chakra racine, la source de l'élan spirituel de l'être humain. Néanmoins, si elle est mal utilisée, si on s'en sert uniquement pour l'autosatisfaction et la complaisance, cette énergie risque de se retourner contre elle-même. Comme elle ne dispose pas d'une expression parfaite, elle peut se transformer en malaise. Notez que la terre est déséquilibrée, à l'image de l'individu. Ce déséquilibre affaiblit tant le système immunitaire humain que celui planétaire, engendrant une vulnérabilité au stress et à la maladie. Il se peut bien que le SIDA soit justement le symptôme d'une telle maladie, qui affecte le monde dans son intégralité. Cette maladie devient un problème global, exigeant prise de conscience, sensibilité et compassion.

Sinusite : inflammation de la membrane muqueuse des sinus, provoquant blocage, sécrétion verdâtre et douleur. Les sinus, passages de l'air situés dans la tête, sont associés aux processus de pensée les plus abstraits, à la prise de conscience et à la communication. Une inflammation suggère la présence d'une colère ou d'une irritation émotionnelle. La sécrétion (fluide) est aussi émotionnelle, une libération des émotions négatives ou un sentiment d'être affectivement excédé. Une sinusite peut donc signaler un grave conflit ou une libération de la négativité dans la zone d'activité abstraite, de la réflexion, et dans la communication. *Voir aussi Inflammation.*

Souffrance : ressenti dans les muscles, ce genre de douleur indique un malaise mental, une nostalgie, un désir de quelque chose, qui n'est pas exaucé. Au lieu de traverser les muscles et être exprimée, l'énergie y est bloquée – elle signale une envie d'activité et de mouvement, de changement et d'accomplissement. Une douleur dans les os est un désir ardent qui affecte l'individu sur les plans les plus profonds, une souffrance de l'essence même de son être. Une douleur intense et une grande envie sont exprimées. *Voir aussi les références au côté respectif du corps, à la partie et aux structures tissulaires affectées.*

Stérilité : veut-on vraiment avoir des enfants ou y a-t-il des peurs cachées, trop difficiles à gérer ? Une peur de la procréation peut aussi être associée à une peur de la responsabilité, à des inquiétudes financières ou à des traumatismes anciens du temps de sa propre enfance. Beaucoup de choses sont en jeu lorsqu'on découvre qu'on ne peut pas avoir d'enfant, éléments qu'il faut considérer soigneusement.

Stress : peut être soit positif, stimulant et créatif, soit dangereux par ses effets sur le corps. Le facteur stressant est en fait moins important que la réaction qu'il déclenche : la façon dont on réagit aux situations, aux événements, aux sentiments et aux difficultés provoque le résultat qui stresse le corps. Au lieu de blâmer les situations extérieures, il est préférable d'effectuer une introspection et de s'interroger sur ses propres réactions, motifs et attitudes. La relaxation profonde est essentielle.

Surdité : refus de la réalité environnante, la surdité s'installe souvent suite au désir de ne pas entendre ce qui se dit. Elle peut être aussi le résultat d'un traumatisme vocalisé. La surdité est associée aux choix conscients ou inconscients, c'est un moyen d'ériger une barrière entre soi et le monde. Elle affirme « laissez-moi tranquille, ne me dérangez pas ». C'est une façon d'être sur la défensive ainsi qu'un moyen d'éviter ses propres sentiments de douleur et de colère. *Voir aussi les références au côté et à la partie du corps affectés.*

Surrénales : la principale fonction de ces glandes est la sécrétion d'adrénaline, hormone qui règle les pulsations du cœur et la pression sanguine en réaction aux situations perçues comme extrêmement dangereuses. Les situations considérées comme telles et les situations réellement dangereuses peuvent ne pas être identiques. Pourtant, le corps réagira au stress et à la tension en les tenant pour menaçants, même si on ne les tient pas pour appartenir à cette catégorie. Le corps traite le stress avec sérieux. Les glandes surrénales sont situées au sommet des reins, qui selon la médecine chinoise traditionnelle sont le siège de la peur. Elles neutralisent ainsi les effets de la peur durant des situations stressantes. L'adrénaline est sécrétée lorsque le corps est excité, car le stress peut être en égale mesure stimulant et créatif ou destructeur. L'épuisement ou les problèmes associés apparaissent suite à une accumulation du stress et une récurrence trop proche du syndrome « lutte ou fuite ». Un mode de vie plus calme, plus simple et moins égocentrique favorisera le rétablissement de l'équilibre.

Syndrome de la fatigue chronique (fibromyalgie) : se déclare d'ordinaire après une attaque virale. Peut durer des années. Parmi les symptômes, on trouve fatigue musculaire, épuisement mental, maux de tête, faiblesse émotionnelle. Il y a là une perte de direction ou d'objectif, de désir de vivre, comme si le vent avait déserté les voiles. Ce syndrome signale une grande peur de la vie, d'assumer les responsabilités et de gérer les exigences de celle-ci. La maladie devient une enclave où se retirer de l'action et de la confrontation. Elle semble se développer quand la pression de réussir s'accroît, ce qui suscite la peur d'échouer et de perdre le contrôle.

Système immunitaire : système d'autoprotection du corps, essentiel pour combattre les bactéries, les virus et les autres problèmes potentiels. Sans un système immunitaire en parfait état de fonctionnement, on risque de mourir très rapidement. Le système immunitaire réagit aux états émotionnels – les études montrent que le chagrin intense peut diminuer spectaculairement la force immunitaire. Les cellules immunitaires sont fabriquées dans la moelle osseuse, puis celles destinées à devenir des lymphocytes T vont vers le thymus, glande située près du cœur, où elles arrivent à la maturité. Cette proximité et ce lien étroit avec le cœur ne sont pas accidentels. En approfondissant la relation corps/esprit, on voit comment le système immunitaire réagit aux sentiments et modèles de pensée positifs et négatifs, particulièrement ceux provenant du cœur. Le cerveau est lui aussi étroitement lié au système immunitaire. Certains états d'esprit ont de puissants effets sur la biochimie du cerveau, affectant par là le fonctionnement du système immunitaire.

Tendance aux accidents : cette situation est induite par une relation conflictuelle avec la réalité, une incapacité à être totalement présent et conscient du monde tel qu'il est, car en fait on préférerait être ailleurs. On n'est plus ancré par rapport à ce qui se passe autour de soi, peut-être parce que cette réalité-là est inacceptable ou qu'il est difficile d'établir un rapport avec elle. On a besoin de s'ancrer davantage et de trouver un sentiment intérieur de sécurité et de foi.

Tendons : tissu conjonctif qui joint les muscles aux os. Dans ce cas, l'énergie mentale se connecte à l'énergie spirituelle essentielle pour permettre le mouvement complet et l'expression plénière. Le lien corps/esprit est très visible ici, si on réfléchit à quel point les tendons peuvent incarner les tendances rigides! Si l'énergie mentale est rigide, on se montre d'habitude inflexible, si bien que les parties molles se raidissent. Avec l'âge, on risque de devenir encore plus rigide. Une douleur dans les tendons signale un conflit intense entre ce qu'on pense devoir faire et où on pense devoir aller, et les suggestions de la voix intérieure. L'énergie mentale/tendon va d'un côté, alors que l'essence/os désire aller ailleurs. *Voir aussi les références au côté et à la partie du corps affectés.*

Tension prémenstruelle : tension mentale et émotionnelle apparue avant ou pendant la menstruation, généralement en raison d'un déséquilibre hormonal. L'utilisation de plus en plus fréquente des traitements hormonaux fait qu'on la rencontre assez souvent. La période menstruelle rappelle aux femmes qu'elles vivent dans un monde largement dominé par les hommes. La tension prémenstruelle met sur le tapis des problèmes concernant la féminité et la relation avec celle-ci. Lorsqu'on est une femme qui a ses règles, il est souvent très difficile d'occuper un poste important, de participer à un rendez-vous d'affaires; les deux ne s'accordent pas facilement. Les femmes sont assez perturbées émotionnellement et mentalement lors de la menstruation, réagissant parfois avec gêne et ressentiment. Est-on contrariée d'être une femme? Préférerait-on ne pas travailler? Quels sont les sentiments profonds à l'égard de ces aspects de la féminité?

Testicules : glandes sexuelles masculines, elles sont naturellement sujettes à toutes les peurs, inquiétudes et doutes à propos de la virilité, de la sexualité, des préférences sexuelles, de la puissance sexuelle et de l'impuissance. Dans une situation difficile, on peut se montrer lâche (« sans couilles »). Est-on dominé, perd-on son pouvoir? Perd-on sa masculinité? Les difficultés dans cette zone signalent qu'il faut se plonger profondément en soi pour trouver les sentiments occultés concernant sa virilité.

Tête : centre de la perception, de la pensée, de l'abstraction, de l'expérience. Ici sont installés les pouvoirs mentaux, le système de contrôle de l'ensemble du corps, ainsi que les aspects plus abstraits et spirituels de l'être. Tout problème de la tête est invariablement lié à la relation ou à son absence, à l'abstrait, à la séparation volontaire du corps ou au conflit entre expérience et expression. *Voir aussi les références aux troubles spécifiques de la tête.*

Thrombose (caillots sanguins) : c'est littéralement un blocage de l'expression et de la circulation de l'amour. Elle peut survenir à un moment où on se sent négligé, abandonné ou inacceptable, lorsque l'amour semble avoir été écarté ou l'expression entravée, car il s'agit autant d'un empêchement de s'aimer soi-même que d'un blocage de la capacité d'aimer les autres ou de recevoir leur amour. En outre, l'amour se fige, ce qui implique une absence de mouvement – phénomène apparaissant souvent dans les jambes, symbole de l'avancée. Ce processus peut impliquer une tentative de s'accrocher à l'amour de peur qu'il disparaisse, ou une peur de s'éloigner soi-même de l'amour (chez les personnes âgées confrontées à l'imminence de la mort, il s'agit là d'une expression de la peur d'avancer). *Voir aussi les références au côté et à la partie du corps affectés.*

Toux : provoquée par l'irritation de la gorge ou des poumons. D'ordinaire, la toux indique qu'on essaye de se débarrasser de quelque chose, soit qu'on tente de « déballer ce qu'on a sur le cœur », soit qu'on laisse aller la tension dans la gorge. L'irritation est associée à des attitudes frustrantes et irritantes. Lorsqu'il y a expectoration, il y a aussi libération émotionnelle. Une toux persistante signale qu'on n'admet pas ou qu'on ne laisse pas aller l'irritant, qui peut très bien être un aspect de soi-même qu'on n'aime pas. C'est aussi l'affirmation que la vie est étouffante, qu'on n'est pas à l'aise avec la réalité. Une toux peut apparaître quand ce qu'on accepte incite à recommencer sa quête. *Voir aussi Bronchite, Poumons et Gorge.*

Transpiration : si elle est excessive, c'est d'ordinaire le signe de la libération d'une peur et d'émotions similaires, liées à la partie du corps concernée.

Troubles intestinaux : ces problèmes sont liés à la capacité de renoncer et de laisser aller, de se sentir assez sûr de soi pour être spontané. Ces troubles reflètent le besoin de tenir bon et de contrôler ce qui se passe. *Voir Anus, Constipation, Diarrhée et Hémorragie.*

Troubles menstruels : *voir Syndrome prémenstruel.*

Tumeur cérébrale : très dangereuse, car il n'y a pas d'espace dans le crâne où elle puisse se développer, sauf en empiétant sur le cerveau. Une tumeur implique une masse figée d'énergie mentale (partie molle), la tête étant la zone de la relation avec l'abstrait ainsi que le point focal de la perception de la réalité (à travers les sens). Une tumeur peut donc signaler un profond conflit mental à propos de sa participation intégrale au monde, de la gestion souple de la réalité. C'est une déclaration de retrait, de déroute concernant la participation. Des attitudes et des modèles de pensée figés, qui ne mènent nulle part, sont aussi présents, concernant l'abstrait, les plans supérieurs de l'être. *Voir aussi Kystes.*

Tumeurs : grosseurs apparaissant en différentes zones du corps, bénignes, sauf si elles se développent dans le cerveau. Une tumeur représente les attitudes et les modèles de pensée ignorés pendant longtemps, ou qui ne sont plus appropriés, si bien qu'ils commencent à se solidifier en une masse figée. *Voir aussi les références au côté et à la partie du corps affectés.*

Ulcérations de la bouche : parfois provoquées par un herpès, elles apparaissent d'ordinaire après une période de stress intense, de traumatisme ou de maladie. La bouche est le portail du corps, par lequel entrent les aliments, l'eau, l'air et la réalité. C'est là qu'on affronte en premier ce qui arrive et c'est là que débute le processus de dissociation et d'assimilation. Les ulcérations montrent que la réalité qu'on absorbe provoque une réaction de détresse et d'irritation. La bouche étant par ailleurs le lieu où on s'exprime, un conflit ici concerne le sentiment de pouvoir dire ce qu'on a envie. *Voir aussi Herpes, Bouche.*

Ulcère : plaie ouverte apparaissant soit sur la peau, soit sur les membranes tapissant les organes, comme c'est le cas pour les **ulcères peptiques**. Un ulcère implique tant les énergies mentales (parties molles) qu'émotionnelles (fluides) et signale une irritation croissante. Quelque chose ronge l'individu, le rendant de mauvaise humeur, les nerfs à vif, agité. Il se peut que ce soit une réaction perturbante et durable au stress, alors qu'en lui-même le stress n'est ni positif ni négatif. *Voir aussi les références au côté et à la partie du corps affectés, Ulcère peptique.*

Ulcère peptique : ulcère du trajet digestif, d'ordinaire suscité par le stress, bien que la réaction de l'individu au stress (colère, agressivité, peur, nervosité) joue un rôle plus important que le facteur stressant. L'ulcère est une zone à vif du trajet digestif, très douloureuse et perturbante. Autrement dit, l'irritation ou la frustration à l'égard de ce qui se passe dans la vie provoque l'apparition d'une surface à vif à l'endroit même où on absorbe la réalité et où on commence à l'assimiler et à l'intégrer dans l'organisme. Il se peut aussi que la réalité qu'il faut gérer provoque une grande irritation et une considérable douleur. *Voir aussi Intestins, Estomac et Ulcère.*

Urticaire : plaques rouges qui démangent intensément, apparues sur diverses régions du corps. L'urticaire est déclenchée par une réaction allergique (à quoi est-on vraiment allergique ?) à un aliment ou une substance, et est aggravée par la tension et le stress. La démangeaison est le résultat d'un sentiment d'impuissance face à des situations frustrantes et irritantes. On tente d'achever quelque chose sans y parvenir, ce qui accroît la frustration et pousse à vouloir que les choses soient différentes. Ou quelque chose énerve profondément. *Voir aussi les références aux parties et au côté du corps affectés, Allergies et Démangeaison.*

Utérus : la matrice, la partie du corps symbolisant la féminité et la capacité à procréer, le saint des saints intérieur, chaleureux et solide, apte à abriter une nouvelle vie. Les problèmes qui apparaissent ici reflètent les incertitudes éprouvées par rapport à ces aspects-là. Comment se sent-on à propos du fait d'être une femme ? À propos du fait d'avoir ou non des enfants ? Y a-t-il là de la honte ou de la culpabilité, un sentiment de trahison ? A-t-on été fidèle à l'image instillée par sa propre mère ? Se montre-t-on attirante pour le mari ou l'amoureux ? Trouve-t-on sa féminité trop accablante et difficile à gérer ? Est-on agressive et dominatrice ? Voilà quelques questions qu'il faut se poser en cas de problèmes utérins. S'empêcherait-on d'avancer ? Car cette zone se trouve au niveau du bassin, où on fait apparaître de nouveaux aspects de soi et à partir d'où on avance dans son développement. *Voir aussi Cancer.*

Vaginite : infection du vagin, similaire à la **candidose**, caractérisée par un écoulement abondant, nauséabond. L'état normal du vagin maintient un équilibre par rapport à tout virus et bactérie envahissants. Qu'est-ce qui change, affaiblissant le vagin et permettant à un virus de s'y installer? L'ensemble des sentiments concernant la sexualité émerge dans le vagin : culpabilité, incertitudes, peurs, honte, mauvais souvenirs, conflits, déroute. Une infection de cette nature tend à se montrer à un moment où l'une ou plusieurs de ces émotions sont présentes, peut-être stimulés à travers une relation sexuelle. La proximité sexuelle peut déclencher de nombreux sentiments associés aux souvenirs ou à la peur. La candidose est une façon de dire « gardez vos distances », car on a besoin de temps pour assimiler ce qui se passe. L'écoulement nauséabond symbolise l'élimination des émotions négatives, des peurs et des colères accumulées enfouies dans les tissus mêmes du vagin.

Veines variqueuses : veines élargies, d'ordinaire dans les jambes. Le sang représente la circulation de l'amour, dont les veines sont le véhicule. Le sang retourne au cœur par les veines ; ayant distribué l'amour, il revient maintenant chargé de l'amour reçu ! Les varices reflètent un profond conflit émotionnel lié à la capacité de s'aimer et de s'entretenir soi-même, ainsi qu'à la capacité de recevoir l'amour de soi-même et de la part des autres. Ce conflit se rapporte à la fonction et à la zone corporelles affectées. Les jambes étant le lieu de prédilection des varices, la direction suivie ou le terrain sur lequel on se tient égarent et bloquent le mouvement émotionnel. Apparaissant souvent pendant la **grossesse**, les varices indiquent les peurs associées au fait d'avoir un enfant, de partager l'amour avec une personne dépendante de soi, de perdre son individualité et de devenir brusquement mère, ou même de devenir peu attachante ou de perdre complètement la capacité d'aimer. Ces sentiments sont étroitement liés aux jambes, qui portent la personne dans la direction choisie, vers la naissance, direction qui incarne la peur qu'on souhaite éviter. *Voir aussi les références au côté et à la partie du corps affectés, Sang.*

Verrues : infection virale de la peau, provoquée par une surproduction cellulaire, engendrant une excroissance recouverte d'une couche cornée épaisse, généralement indolore, sauf si elle se trouve sur la plante des pieds. Cette grosseur représente l'excès des modèles mentaux réunis, qui semble ici associé à l'aversion de soi et à la conviction d'être laid et peu attachant. Cette conviction affaiblit l'organisme, permettant aux virus de s'y installer. Si on est persuadé d'être laid, son corps deviendra laid, se faisant le miroir de cette attitude. Si on fait quelque chose qu'on n'aime pas ou dont on a honte, si on ne se sent pas digne des actions entreprises, des verrues sont susceptibles d'apparaître sur les mains. Lorsque la situation est résolue, elles vont probablement disparaître. *Voir aussi les références au côté et à la partie du corps affectés.*

Vertige : s'exprime dans la perte du centrage, de la stabilité et de l'ancrage. La réalité est devenue accablante, elle fait perdre le sens de l'équilibre et de l'harmonie. *Voir aussi Oreilles.*

Vésicule biliaire : la bile produite par le foie se dirige vers l'intestin grêle en passant par la vésicule biliaire. La bile, amère, représente cette amertume qu'on trouve en soi, le ressentiment, la colère et la frustration qu'on éprouve, spécialement envers une autre personne. Les calculs biliaires symbolisent cette attitude désagréable à l'égard des autres qui, au fil du temps, se solidifie. Une attitude plus douce, plus accommodante, sera utile à la situation.

Vessie : toutes les émotions négatives et indésirables sont relâchées dans l'urine, si bien qu'indirectement la vessie empêche d'être submergé par sa propre négativité ! Les infections urinaires sont invariablement liées à cette énergie négative : irritation, frustration, blessure, colère, qui ne sont pas exprimées ou libérées normalement. Qu'est-ce qui est retenu et doit être relâché ? Comme il s'agit de la zone de la relation, ce genre d'infection survient d'ordinaire durant la lune de miel, lors d'une période de conflit ou lors d'une séparation. La lune de miel met en évidence de nombreux problèmes qu'on n'est pas toujours préparé à gérer – la colère ou le ressentiment envers le partenaire risquent d'éclater, comme si celui-ci était à blâmer pour ce qui fait surface en soi. Immuablement, la rupture d'une relation signifie que d'innombrables émotions à l'égard de l'ex-partenaire ne sont pas exprimées, mais conservées en soi. (C'est aussi valable en ce qui concerne les enfants par rapport au conflit entre les parents). Ces émotions s'accumulent, irritant et enflammant la vessie. La vessie, habituée à s'emplir et à se vider, symbolise par ailleurs la capacité de l'individu à s'adapter aux situations. C'est particulièrement visible dans des situations difficiles à accepter ou auxquelles on a du mal à s'adapter – par exemple, le changement d'une relation. *Voir aussi Infections urinaires.*

Visage : l'endroit où on affronte et rencontre le monde, où on expose son moi. C'est là qu'on fait bonne figure, qu'on fait face aux problèmes de la vie, qu'on perd la face ou qu'on la cache. C'est là qu'on est jugé, accepté ou rejeté, c'est là aussi qu'on exprime ses peurs et ses craintes ou qu'on arbore un masque pour dissimuler ses sentiments.

Yeux : « fenêtres de l'âme », les yeux expriment toutes les émotions et tous les sentiments éprouvés, en plus de voir le monde extérieur. Leur fonctionnement reflète la façon dont on voit la vie et sa relation personnelle avec celle-ci, que ce soit une concentration sur la réalité immédiate, ignorant l'avenir et ne se projetant pas extérieurement – nature introvertie (**myopie**) – ou une ignorance de l'aspect personnel et du présent en faveur des rêves concernant l'avenir – nature extravertie, sociable (**presbytie**). Si un seul œil est affecté, il est important de prendre en compte les questions liées au côté spécifique du corps.

La fatigue oculaire signale qu'on s'efforce trop de trouver des réponses à l'extérieur au lieu de regarder en soi. Plus on élargit la quête extérieure, plus on s'éloigne de sa propre essence. Une **vision trouble** certifie que sa version de la réalité ne cadre pas avec ce qui existe autour de soi, donc on est en présence d'une difficulté de se concentrer, de se montrer clair et d'accepter ce qu'on voit. Souvent, on n'a pas vraiment envie d'accepter ce qu'on voit. La **cécité** est la variante extrême de cet état – suite à un choc, un traumatisme ou une peur intérieure on retire l'énergie des organes de vision, afin de ne pas avoir à gérer la réalité observée. Toutefois, l'obscurité dans laquelle la personne aveugle vit, semble être bien compensée par le monde pittoresque de l'âme.

L'**astigmatisme** semble fortement lié à l'influence parentale. La peur ou les mauvais traitements subis durant l'enfance incitent l'énergie à créer une réalité différente, autre que celle qui se déroule devant les yeux. Si affronter la fureur, la colère ou la peur est une partie normale de la vie, les **yeux grands et globuleux** se développent souvent dans l'enfance. Les yeux prennent une expression effrayée, bien que l'enfant puisse ne plus noter la peur, car les muscles entourant les yeux sont dans un état constant de choc. Les **yeux qui démangent** signalent qu'une chose observée irrite et qu'on a envie de l'écarter de sa vue. *Voir aussi les références au côté du corps affecté et aux affections oculaires.*

Zona : maladie généralement due au virus de la varicelle, qui se manifeste chez les adultes sous forme d'une urticaire vésicante le long d'une voie nerveuse. Les nerfs sont les moyens de communication intérieure – les voies nerveuses deviennent là très douloureuses, attestant d'une interruption de l'échange dans la zone affectée. L'urticaire vésicante résultante implique une intense réaction émotionnelle à quelque chose ou à quelqu'un. Chez les adultes, le zona peut représenter un appel à l'attention, pour être nourri et soigné comme un enfant, ou une réaction à une situation présente et à un stress excessif. *Voir aussi les références au côté et à la partie du corps affectés, Nerfs.*

CHAPITRE 7

ENGAGER LA GUÉRISON

> Laisser aller sa souffrance est le travail le plus difficile.
> C'est aussi le plus fécond. Guérir, c'est se rencontrer soi-même
> d'une façon inédite – dans la nouveauté de chaque moment où
> tout est possible et rien n'est confiné à l'ancien.
> STEPHEN LEVINE, *Healing into Life and Death*

À mesure qu'on apprend le langage de l'entité corps/esprit, on reconnaît les modèles du corps, ce qu'ils tentent de transmettre et la façon dont ils se manifestent dans la vie de l'individu. Ce faisant, il devient manifeste que quelque chose de plus subtil se passe lorsque des incidents, des maladies ou des accidents se répètent sans cesse. Cette compréhension n'est pas très difficile une fois qu'on a déchiffré le langage et les symboles utilisés. Toutefois, la compréhension seule ne suffit pas toujours pour changer les modèles, profondément enracinés dans l'inconscient. Pour que de véritables changements prennent place, l'intégration doit aussi être présente.

L'intégration intervient de bien des façons, à travers la méditation, la visualisation, la prière, le travail corporel ou l'expérience d'une grave maladie. La compréhension du langage de l'entité corps/esprit ouvre la porte permettant d'entamer le travail à ce niveau plus profond, d'admettre, d'accepter et d'aimer celui qu'on est, tel qu'il est, avec tout ce qu'on découvrira enfoui en lui. En acceptant ces découvertes, on met en route le processus de guérison.

Le processus de guérison

Un processus de guérison se développe lorsqu'on reconnaît le rôle qu'on joue quant à son propre bien-être, quand on admet ce qu'on doit faire pour se libérer des limitations, quand on intègre les changements qui se produisent suite à cette acceptation, donc à mesure qu'on prend conscience de tous les aspects de son être et qu'on se met à les aimer.

Ce processus ne nie pas le rôle très important de la médecine, mais tente de mettre en œuvre les procédés médicaux ou les techniques douces de son choix, pour que la guérison puisse être totale. En de nombreuses occasions, les médicaments ou les interventions chirurgicales sont nécessaires pour sauver une vie et alléger la souffrance. Délivré de la souffrance, on dispose de l'énergie nécessaire pour se concentrer davantage sur soi-même. Néanmoins, **éliminer les symptômes n'est pas une solution**. Guérir signifie devenir entier, réunir ce qui a été séparé, atteindre l'intégrité du corps, de l'esprit, des émotions et de l'âme† ; remédier signifie éliminer ou écarter un problème sans prendre en considération l'ensemble, s'intéressant uniquement aux parties affectées. Si on change l'aspect visible en traitant les symptômes, sans effectuer de changements aux niveaux profonds, on sera de nouveau sujet aux mêmes symptômes ou à d'autres similaires. La possibilité existe aussi qu'on ne soit pas capable d'éliminer tous les symptômes – par exemple, lors d'une maladie en phase terminale – mais cela ne doit pas exclure ou nier la guérison intérieure susceptible de se produire.

La guérison et l'intégrité ont la même racine : guérir, c'est devenir entier. Qu'est-ce qui manque donc pour qu'on soit complet ? Réaliser ce qui manque et intégrer l'équilibre résultant font émerger une nouvelle liberté, la liberté de mouvement dans des états d'être inédits. Ce processus ne dépend pas toujours de la guérison physique, mais exige de devenir entier intérieurement.

L'intervention médicale génère cependant un certain degré de dépendance, ce qui est un inconvénient. On tend à se méfier de l'idée qu'on peut se guérir soi-même, on s'inquiète si on ne dispose pas d'assez de médicaments, on pense que tant qu'on suit un traitement on va mieux. La plupart des médecins admettront toutefois que ce ne sont ni eux ni le traitement qui agissent réellement. Ils ne font que fournir l'environnement favorable pour qu'une guérison puisse se produire. En dernière analyse, **le pouvoir d'aller bien, de guérir, se trouve en chaque individu**. On doit vouloir aller mieux, être préparé à traiter les différents problèmes de sa vie et à modifier ses modèles comportementaux. Ce n'est qu'alors qu'on pourra œuvrer de concert avec les formes de thérapie médicale ou complémentaire de son choix.

Faire face à la maladie et à la douleur

La première fois qu'on tombe malade, on a peur, on se sent impuissant, on est choqué, en colère, plein de ressentiment et de tristesse – selon la gravité de la maladie. Le corps humain est fragile et vulnérable à la maladie ou à la douleur – à un moment ou un autre, la mort est une certitude. Pourtant, on n'est jamais préparé à faire face à ces questions, on n'a jamais appris à gérer les émotions et les sentiments concernés. La plupart des gens vivent dans un état de déni, s'indignant ou même s'offensant quand une maladie, un accident ou un décès interviennent chez leurs proches ou chez eux. Si on tombe malade, lorsqu'on est confronté à sa propre souffrance et à sa propre mortalité, on n'a aucun moyen de faire face à cette intensité des sentiments. À ce moment-là, il est important d'avoir une personne à qui parler, parent, ami, ecclésiastique, médecin, conseiller social – quelqu'un qui comprend ce que veut dire être malade et contempler l'idée de sa propre mort.

On affronte la peur de l'impermanence, la peur qui monte lorsque son existence centrée sur l'ego est menacée. On a peur de l'avenir, car on sait qu'il promet maladie, douleur et, à un moment donné, la mort. **Plutôt que faire face à ces questions et les accepter, on préfère s'accrocher au passé**, car même si celui-ci a été malheureux et traumatisant, on s'en est sorti intact, donc il est sans danger. En se cramponnant au passé et en le gardant vivant en soi, on évite de vivre dans le présent, qui implique l'existence d'un avenir – qu'on préfère ignorer, car il menace la vie. Mais dans ce cas le passé se met à croupir en soi – par exemple, la culpabilité qu'on aurait dû laisser aller au moins vingt ans auparavant finit par se manifester sur le plan physique. Toutefois, si on laisse aller à présent cette culpabilité, que gardera-t-on ? Un vide, l'avenir, l'inconnu. S'accrocher à la culpabilité a conféré une raison d'être ici-bas, d'être aussi malheureux ou mal à l'aise qu'on l'est. On doit affronter son propre vide, sa peur de perdre ce qu'on pense avoir, sa peur de rester sans rien, et s'ouvrir pour devenir tout ce qu'on peut être lorsqu'on est libre.

Le pouvoir de l'amour

L'amour délivre de la peur. Autrement dit, **l'amour et la peur ne peuvent pas coexister**. Alors que l'amour est expansif et englobe tout, la peur contracte et exclut. Il est impossible d'éprouver en même temps de l'amour et de la peur. Si on ressent une peur de la solitude, du rejet, de la perte ou du vide, la seule façon de la surmonter est de faire preuve de plus d'amour, principalement à son propre égard. Lorsqu'on arrive à s'aimer réellement soi-même, on peut aimer sans restriction les autres et les autres peuvent se comporter pareillement à notre propre égard. On n'a pas besoin d'une maladie ou de quelque chose de similaire pour faciliter l'acceptation de cet amour-là.

Il y a quelques années, j'avais pris l'avion de nuit de Philadelphie à Dallas. Comme il y avait peu de passagers, chacun s'est installé sur une rangée, pour lire ou dormir. Pas loin de sa destination, l'avion a été pris de façon inattendue dans les remous d'une tornade et a été secoué comme une plume. Les bagages dégringolaient de partout. Réveillée en sursaut lorsque les masques à oxygène sont tombés et certaine de ne pas survivre, je me suis mentalement préparée à mourir. Je me sentais sereine – si mon heure était venue, j'étais prête. Puis une idée m'a brusquement traversé l'esprit : si je mourais, je ne pouvais plus dire à ceux qui m'étaient chers que je les aimais. Ce moment accablant m'a laissée en état de choc de par le pouvoir de cette pensée. Presque au même moment, je me suis rendu compte que j'étais sur le point de vomir, puis l'avion a réussi à sortir de ces montagnes russes et s'est dirigé vers un aéroport au sud de Dallas.

Je n'ai eu une chance de digérer les événements que quatre jours après, lorsque je suis rentrée chez moi. Les quelques semaines suivantes, j'ai parlé aux gens que j'aimais et je leur ai écrit. J'ai fini par réaliser que reconnaître mon amour pour eux ne suffisait pas. Je devais d'abord trouver mon amour pour moi-même. J'avais fait une expérience extrême : en étant confrontée à la mort, j'ai été confrontée à l'amour. Cette épreuve m'avait montré la profondeur et le pouvoir de l'amour, si forts qu'ils m'avaient empêchée de m'apprêter à mourir. Pourtant, en même temps que j'ai assimilé l'idée qu'en dernière analyse l'amour est tout, qu'il est l'énergie sous-jacente de toute vie, j'ai découvert qu'au tréfonds de moi je ne lui faisais pas confiance. Les expériences anciennes, la douleur et le rejet que j'avais connus dans mon enfance s'étaient accumulés en moi, engendrant une grande méfiance envers l'amour auquel je m'ouvrais maintenant. Et voilà, je ressentais la magnificence et le pouvoir débordant de l'amour, sans pourtant me fier à lui !

J'ai découvert que pour m'aimer moi-même, je devais me frayer un chemin douloureux, rempli de souvenirs et d'émotions tristes, qui faisaient mal. Il m'a fallu du temps pour guérir mes blessures, pour faire disparaître la méfiance. J'ai été aidée par ma vision du pouvoir et de la profondeur de l'amour. Je me souviens qu'un jour où je méditais tranquillement j'ai vu défiler devant moi ma vie entière, depuis ses commencements, avec ses difficultés, douleurs et traumatismes. J'ai vu que l'amour avait toujours été là, m'aidant et me soutenant, même lors des périodes les plus malheureuses. J'ai enfin pu lui faire confiance.

Admettre ses sentiments

S'aimer soi-même, c'est d'abord se pardonner à soi-même. D'habitude, on pense qu'on doit pardonner aux autres, car ce sont assurément eux qui ont provoqué cette douleur si effrayante. Pourtant, au fond de soi on se sait entièrement responsable de tout ce qui est arrivé : sa propre honte et culpabilité sont là, si on y regarde d'assez près. On peut traduire ce sentiment en l'appelant besoin de vengeance, ressentiment ou colère, mais en fin de compte c'est envers soi-même qu'on l'éprouve. Nul ne peut mettre en colère ou blesser l'individu – c'est sa propre réaction qui constitue la colère ou la blessure. Cette réaction est inhérente à son être. On peut alors se demander à quel point la maladie est une autopunition.

Est-on prêt à laisser aller le besoin de vengeance pour que la maladie s'en aille aussi ?

Est-on prêt à se pardonner soi-même, afin de pouvoir pardonner aux autres ?

Est-on prêt à s'aimer soi-même tel quel, culpabilité comprise ?

À mesure qu'on développe sa prise de conscience, devenant ainsi capable d'admettre ses peurs, ses colères ou ses émotions refoulées, on doit trouver une façon de faire monter ces sentiments à la surface, pour s'en débarrasser. De cette admission doivent découler la libération et la résolution. Toutefois, il n'est pas toujours nécessaire de préciser à la personne contre laquelle on se sent encore en colère après toutes ces années que les choses n'ont pas changé ; d'ailleurs, il n'est même pas nécessaire de laisser aller la colère. On peut résoudre activement celle-ci en soi, la transformant en un pouvoir plus constructif et positif. La colère est simplement de l'énergie, qu'on peut utiliser à son gré.

J'ai vu cela chez John, que les ressentiments à l'égard de son père étouffaient. Comme son père était mort depuis quelques années, il était impossible à John de laisser libre cours à ses sentiments. Lorsque John s'est mis à admettre ses sentiments et à reconnaître leur pouvoir et leur intensité, il a pu assimiler leur énergie et l'utiliser pour pardonner, à son père et à lui-même. Personne passive et refoulée, souvent sujette à des refroidissements et des problèmes pulmonaires, voûté par le poids de son père, John a fini par devenir plus fort et plus énergique, même plus élancé physiquement.

Renoncer aux bénéfices de la maladie

Pour entamer le processus de guérison, **on doit décider si on veut vraiment aller mieux**, car la question n'est pas toujours simple. Beaucoup de gens préfèrent prendre un cachet que faire face à leur propre colère, ou subir une opération chirurgicale que changer leur comportement. Confronté aux bienfaits potentiels d'un remède particulier, on préfère souvent reculer ou même refuser le traitement. On doit vouloir aller mieux plus que désirer rester dans les modèles connus de maladie. **La maladie a parfois des raisons cachées, qui génèrent en fait un bénéfice**, et donc empêchent par là la guérison. Souvent, on prête bien plus d'attention à l'individu et on l'aime davantage quand il est malade. On peut aussi se persuader que la maladie fait de soi une personne « réelle ». Le handicap est probablement devenu un compagnon et l'idée de s'en débarrasser laisse une impression de vide. La maladie est devenue une sécurité, derrière laquelle cacher ses peurs, une façon d'inciter quelqu'un à se sentir coupable pour ses agissements, une façon de se punir soi-même ou un moyen d'éviter sa propre culpabilité. Il se peut aussi qu'on ait réellement envie d'abandonner. Par exemple, la forte douleur physique peut refléter une douleur mentale considérable – lorsque cette douleur physique est atténuée par des médicaments, les gens succombent parfois à la dépression, ou même se suicident.

Pour trouver ces raisons cachées, il faut savoir si on arrive à s'imaginer de nouveau en bonne santé et analyser le sentiment que cet état-là inspire. On doit tenter cette expérience avec sérénité, en étant détendu, en se plongeant profondément en soi, en étant très sincère quant à ses découvertes. J'ai travaillé avec une personne atteinte de sclérose en plaques qui affirmait sans cesse qu'elle voulait remarcher. Lorsque je lui ai demandé de s'imaginer en train de marcher de nouveau, elle n'y est pas parvenue. Elle ne pouvait pas s'imaginer sans son fauteuil roulant. Au tréfonds d'elle, sa dépendance des autres, lui permettait de recevoir leur amour, était plus forte que sa capacité de s'aimer. On doit se montrer honnête.

Veut-on se sentir bien, être libre, n'avoir rien dont se plaindre ?

N'avoir aucune raison particulière pour que les gens s'intéressent à soi ?

Peut-on vraiment se voir délivré de toute difficulté ?

Dans le cas contraire, que gagne-t-on à être malade ?
Comment se sentirait-on si quelqu'un trouvait un remède ?

Beaucoup de gens se souviennent des périodes de maladie comme des époques heureuses, pendant lesquelles ils ont reçu beaucoup d'amour. Est-on préparé à s'en passer ? Les principales questions concernant la santé ou la maladie se rapportent donc à l'amour de soi, au sentiment d'être aimé pour ce qu'on est, sans avoir à être « spécial », au contact avec soi-même, qui doit être suffisant pour inciter à vivre pour soi et non pas pour quelqu'un d'autre ou pour ce qu'on reçoit des autres.

La maladie a par ailleurs certains effets secondaires positifs : une pause pour ce qui regarde les responsabilités et les exigences, permettant l'instauration d'une grande sérénité. On peut faire des choses normalement impossibles (par exemple, prendre des vacances). Encore plus important, surtout si on est confronté à la mort, la maladie permet d'exprimer plus facilement ses sentiments les plus profonds, comme l'amour et la tendresse. Il est tout aussi important d'admettre ces conséquences positives et les exprimer qu'il est de traiter celles négatives et de les laisser aller.

Entretenir l'espoir

Pour passer de la maladie à la santé et à la guérison, il faut beaucoup de courage, de fermeté d'âme et d'honnêteté. Il faut aussi de l'espoir, autrement dit **il faut être actif plutôt que passif dans le processus de guérison**. En Occident, on a plutôt tendance à reculer et à laisser Dieu ou un médecin décider à sa place. Toutefois, l'espoir signifie coopérer avec Dieu ou le médecin, vouloir s'aider soi-même. Se laisser emporter par le désespoir signifie abandonner, devenir dépressif et impuissant, état où on assume toute douleur, où on devient victime des circonstances. C'est une perte de foi et une perte de sens. On se persuade que rien n'aide, donc on arrête de faire quoi que ce soit d'utile et, bien entendu, finalement rien n'est salutaire.

L'espoir implique, d'autre part, l'envie d'un avenir heureux, la conviction que les choses changeront ; c'est une foi ardente. Aucune amélioration ne se montrera avant que cette détermination soit là : **la guérison est possible**. Les médecins savent que les patients susceptibles de guérir le plus rapidement sont ceux sûrs d'eux, décidés, si négatif que soit leur pronostic, et non pas les individus passifs et impuissants. L'espoir confère de l'énergie, un esprit combatif. L'espoir implique aussi que tant qu'il y a de la vie, un changement est toujours possible. Les cellules du corps meurent sans cesse, mais cette mort comporte un grand espoir, car elles renaissent aussi constamment. L'occasion de transformation est présente en permanence. Si on est profondément convaincu de guérir, ce message arrivera jusqu'à la structure cellulaire même.

Traiter avec le négatif

Toutefois, le chemin de la découverte de l'espoir et de l'amour n'est pas facile. Les problèmes personnels qu'il faut gérer sont présents parce qu'on a été incapable de leur faire face ou de les admettre sur un plan conscient. Refoulée, l'énergie tente de trouver des moyens d'expression à travers le corps, pour signaler qu'il est déséquilibré. On est là, tentant d'aller mieux, mais on est aussi obligé de débrouiller ce qui est enfoui dans l'inconscient ! En même temps pourtant, si la volonté est là, c'est une extraordinaire occasion de faire un « nettoyage de printemps » et de découvrir un nouveau sens à la vie. Quel que soit son type, la maladie signale la présence d'une énergie limitée ou traumatisée, alors que la santé exige un état énergétique libre et serein. Si on a participé, même sans le savoir, au développement de la maladie, on peut aussi participer à sa guérison. **Découvrir le comment et le pourquoi du traumatisme énergétique** signifie découvrir un aspect plus subtil de soi-même. Sun Bear l'explique ainsi dans *Healers on Healing* :

> Les blocages les plus habituels sont les attitudes négatives que beaucoup de gens montrent constamment. Ces blocages doivent être surmontés pour que la guérison prenne place... Afin de guérir complètement, la personne doit laisser aller la haine, l'envie, la jalousie et les autres attitudes et sentiments destructeurs. Bien que ce genre de facteurs naissent dans l'esprit, ils se manifestent rapidement

dans le corps, sous la forme d'une épaule raide, d'un foie paresseux, d'un cancer ou d'autres affections. Je pense que toute guérison véritable s'attaque d'une façon ou d'une autre au problème du déblocage de la négativité.

Pour dépasser les blocages, les attitudes et les modèles négatifs qu'on a créés, on doit tout d'abord admettre leur présence. Ce faisant, on découvre souvent une « boîte de Pandore » pleine d'incidents en rapport avec ces blocages, de douleurs, de peurs, de ressentiments durables, de chagrin et de colère inexprimés, de grandes insécurités et déroute, ainsi que des parties du développement personnel qui ont été négligées à l'époque de ces événements. Il y a aussi des questions comme la honte (« Tu devrais avoir honte de toi! », expression entendue trop souvent dans l'enfance), l'abandon, la trahison (que les enfants ressentent lors d'un divorce ou du décès de l'un des parents) ou le refoulement (« Ne t'inquiète pas, chéri », alors qu'on s'inquiète et qu'on a besoin d'exprimer ses sentiments, mais le faire signifie engendrer un malentendu ou de la violence). Tout cela reste au tréfonds de l'individu, influençant ses actions et son comportement, ses attitudes et ses réactions et l'affectant lentement sur le plan physique.

En apprenant à s'aimer soi-même, on doit accepter et même intégrer tous ces aspects de soi qui sont indistincts, effrayants et puissants. Rappelez-vous à quel point vous étiez effrayé à l'idée d'entrer dans une pièce obscure, persuadé qu'il y avait des monstres se terrant dans les coins. Lorsque la lumière s'allumait, vous réalisiez que c'était votre vieil ours en peluche posé sur une chaise. C'est pareil pour les monstres menaçants de l'inconscient. On pense qu'ils sont bien pires que dans la réalité, parce qu'ils se cachent dans le noir. Lorsqu'on les fait apparaître dans la lumière, on découvre qu'ils ne sont pas si mauvais que cela, pas si difficiles à traiter, qu'on peut en fait les aimer et les pardonner assez facilement. Ce n'est pas toujours nécessaire de revenir à l'enfance pour distinguer l'origine des modèles comportementaux, car même si c'est là qu'ils ont débuté, on s'en souvient rarement. **En fait, on doit remonter seulement les quelques mois précédents**, tout au plus une année ou deux, pour trouver des exemples de comportement refoulé, coléreux, effrayé ou se posant en juge. Si on se penche sur l'une de ces attitudes en la sondant davantage pour trouver sa source, on remontera jusqu'à des sujets plus occultés.

La confiance plutôt que le miracle technique

La technique de guérison ou la thérapie choisie importe-t-elle vraiment ?

N'est-ce pas plutôt la foi dans la technique, la foi dans le praticien et la foi en soi-même qui sont importantes ?

Ne doit-on pas tenter de trouver la technique la plus appropriée pour soi, une technique à laquelle on puisse faire confiance ?

On entend toujours des histoires miraculeuses sur un remède ou un autre, car d'innombrables méthodes existent. Pourtant, chacune semble efficace seulement chez certaines personnes. Une personne souffrant d'un cancer m'a affirmé que si elle suivait tous les conseils que les gens lui prodiguaient elle se contenterait de manger une carotte par jour – et même les carottes rencontreraient la désapprobation de certains ! Il est important d'apprendre à établir une distinction, car beaucoup de gens sont disposés à aider, à rendre service ou à proposer des méthodes « infaillibles » de guérison. Certaines de ces techniques aideront en allégeant la douleur ou la tension, ou en permettant de se plonger plus profondément en soi, mais aucune ne peut tout faire.

C'est le corps qui réalise la guérison, pas la thérapie. Si on écoute attentivement tous les récits de guérison, on constate que le corps peut se servir de n'importe quelle méthode ou technique, tant qu'on y croit. Personne ne peut sourire à sa place, personne ne peut respirer à sa place, et similairement, personne ne peut guérir l'individu, sauf lui-même. La capacité de guérir est une faculté innée à usage personnel, pas une chose qu'on peut obtenir de l'extérieur. Les cellules se régénèrent lorsqu'on se coupe, le système immunitaire détruit les envahisseurs, le cœur se remet après avoir éprouvé un profond chagrin. Les opérations chirurgicales, les médicaments, le massage, l'acupuncture, la phytothérapie, les cristaux, etc., ne guérissent pas, mais créent un environnement propice pour entrer en contact avec sa propre énergie de guérison. Les diverses techniques facilitent la disparition des barrières qui entravent la capacité de se guérir soi-même et stimulent le désir de guérir, mais elles ne sont en aucune façon la guérison même. **Cette guérison vient de l'intérieur.** *The Healer's Hand Book* le précise :

> Il y a de nombreux sentiers pour escalader une montagne. Tous conduisent là, mais aucun n'est unique. Chaque personne doit trouver son propre chemin. Il y a des poteaux indicateurs désignant la bonne direction, mais on doit grimper soi-même sur les rochers, se frayer un chemin à travers la jungle, traverser les abîmes. Étudier les diverses cartes permet de connaître le terrain parcouru. On sera ainsi averti de certains des écueils qui restent à venir, on aura l'avantage lorsqu'on rencontrera des difficultés et on sera guidé vers le bon chemin quand on se perdra. Comprendre la montagne et ce qu'on fait d'elle, lire les indications laissées par ses précurseurs et apprendre à identifier les signes le long du chemin, rendent le voyage serein.

Un bon thérapeute sait qu'il n'effectue pas la guérison, que c'est l'énergie propre à chaque individu qui va vers le bien-être, en fonction de la motivation de celui-ci. Si on constate qu'on cherche des réponses ou des remèdes chez les autres gens ou dans les techniques, on doit réfléchir à sa direction. Pour citer une fois de plus *The Healer's Hand Book* :

> Personne ne peut le faire pour nous, nous sommes les seuls à pouvoir gérer nos désirs égoïstes, notre confusion ou notre impuissance. Il y a une tendance à penser qu'une quelconque grande expérience extérieure nous changera d'une façon ou d'une autre, transformera notre conscience – on passera des années en quête de cette expérience suprême. Mais la montagne qu'il faut escalader est en soi.

Prendre en charge sa guérison

Une technique est pareille aux mots écrits sur une page. Les mots ne sont pas la notion même, tout comme la technique n'est pas la guérison. On doit découvrir ce qui convient pour soi, et s'y fier. Sur la route de la plénitude, on peut observer, entre autres, les lignes de conduite proposées par le Dr Suzanne Kabasa :

défi, détermination et contrôle.

Avec la première, on tient les difficultés et les stress pour des défis et des occasions, au lieu de se laisser submerger par eux. C'est le développement de l'espoir par opposition à l'impuissance et à la passivité. Le défi est accompagné par la détermination, la décision de réussir quelles que soient les difficultés, le sentiment que la vie a un sens et un but. C'est l'intention et la volonté d'avancer, associées à la véritable vision. Avoir le contrôle signifie ne pas devenir la victime des maladies ou des problèmes, mais s'avérer maître de la situation, capable de faire des choix et de prendre des décisions, et ainsi d'assumer la responsabilité de son propre bien-être.

Pour que le processus de guérison agisse, **le sentiment qu'on peut avoir le contrôle, qu'on n'est pas uniquement une victime des circonstances, est vital**. Le corps est malade, et c'est à soi de trouver la voie vers sa guérison. La façon de faire les choses diffère de personne à personne. Soit on continue normalement et on laisse Dieu s'occuper de la guérison, on se détend et on médite, on suit un régime particulier, soit on prend une poignée de cachets tous les jours. C'est l'impression qu'on en a qui est importante, pas celle des médecins ou des amis bien intentionnés, qui naturellement préféreraient qu'on suive la voie qui leur semble la meilleure. Si on ne fait pas confiance à ses médecins ou à ses thérapeutes, si on ne croit pas au traitement prescrit, on doit avoir le courage de le dire. Il est très utile de sentir que celui qui traite l'individu l'aime aussi, et peut donc le respecter et agir selon ses désirs.

Au Chapitre 1 on a vu que l'être qu'on est maintenant est le résultat de tout ce dont on a fait l'expérience par le passé et des réactions suscitées par ces faits. C'est la loi de la cause et de l'effet, le karma. Le karma n'est néanmoins pas un état immuable : il est constamment en mouvement et en train de changer, selon la façon dont on se gère soi-même et ses actions.

On a en permanence le choix de modifier librement son attitude, de ne plus réagir aux situations de la même manière impénitente mais de trouver des réactions nouvelles et plus constructives. De même, les résultats de ses actions pourront changer ainsi. Par exemple, si on est d'ordinaire braillard et pleurnicheur, son monde sera en permanence un endroit débordant de défauts, conçu spécialement pour rendre la vie misérable. Résultat, on est malheureux, les gens s'écartent, le corps devient raide et souffre d'arthrite ou même d'ulcère. Toutefois, si on ose analyser la raison de sa négativité, les peurs et les insécurités sous-jacentes et si on a le courage de commencer à les traiter constructivement, on appréciera facilement les choses simples, le chant d'un oiseau ou la gentillesse de la caissière du supermarché. Lentement, la vie deviendra plus douce et les douleurs physiques s'atténueront. C'est un choix personnel. L'avenir naît de ses pensées et de ses attitudes présentes, qu'on peut changer à tout moment, si profondément enracinées soient-elles. **La compréhension et l'approche de la vie, les attitudes envers soi-même et envers les autres déterminent, à un large degré, l'état de bien-être ou de mal-être**.

Développer une bonne relation avec soi

Cela ne signifie pas qu'on doit se blâmer soi-même pour n'avoir pas été conscient des attitudes occultées ou ressentir une grande culpabilité. C'est très important, car on s'épuise facilement lorsqu'on se sent coupable, bien qu'il soit évident qu'on ne désire pas consciemment être malade. Les modèles se trouvent au niveau inconscient, accumulés au cours d'une longue période de temps, suite à des expériences de vie. Accepter cette réalité signifie voir à la place de la culpabilité une occasion de changer. En admettant ce qu'on a fait pendant très longtemps, on peut se concentrer sur ce qui est nécessaire pour avancer. **Le premier pas est le développement de la prise de conscience, puis la création d'une attitude plus positive, tendre et compatissante envers soi-même**. On doit ensuite faire attention à ce qui se passe à tout moment de la journée, pour ne plus refouler ou nier ses sentiments. Une grande détermination et intention sont nécessaires, ainsi que la volonté de guérir et de gérer tout ce qu'impliquera la guérison.

Le cancer a été tenu pour le plus grand des présents, qui change la vie et permet de découvrir son potentiel plénier. Bernie Siegel appelle la douleur et la souffrance « la remise à zéro de Dieu », car la maladie est parfois la seule chose qui permet de comprendre qui on est et qui induit un changement profond. Jusqu'à l'apparition d'une maladie, on n'a pas de vraie motivation pour effectuer une introspection. Mais la dégradation est nécessaire pour une nouvelle croissance ; la désintégration est nécessaire pour que l'intégration prenne place. La maladie pousse à s'interroger sur le sens des choses, sur la raison de sa propre présence ici-bas, sur le but de la vie, sur le fait de se contenter de tomber malade et de mourir. On passe tout son temps à gagner de l'argent ou à élever des enfants, alors qu'on n'emporte rien lorsqu'on disparaît ! On passe peu de temps à découvrir qui on est, à se lier d'amitié avec soi-même ou avec son monde, ou on n'y consacre pas un seul instant. On n'a nulle idée de ce qui se passe juste sous les apparences de son être.

Développer une relation curative implique prendre le temps de développer une relation avec soi-même, une relation honnête, ouverte, de pardon, d'acceptation, d'amour et de libération. Autrement dit, apprendre la relaxation intérieure consciente, prier ou méditer, peut-être suivre une psychothérapie ou recourir à une assistance sociopsychologique, changer les habitudes alimentaires pour être conscient de ce que son corps absorbe. On peut aussi adhérer à un groupe de soutien. On peut abandonner les amis et s'en faire d'autres, changer les bases des anciennes relations pour qu'elles soient meilleures. De cette façon, on réévalue ses attitudes et modèles. Toutes ces actions, ou certaines d'entre elles, se manifestent lorsqu'on passe de la quête extérieure de réponses à la quête intérieure.

Guérir ainsi signifie accepter sa propre mort, sa propre impermanence, le fait que toutes les choses sont éphémères, que rien à quoi on s'accroche ne restera stable, qu'on ne peut s'appuyer que sur soi-même. Et on sera là seulement tant qu'on sera vivant ! Cette acceptation est très positive, elle transformera la vie, car elle met les choses dans leur véritable perspective, ce qui permet de trier ses priorités. Est-il vraiment important que ses cheveux sont tombés suite à la chimiothérapie ? N'est-il pas plus important qu'on soit capable de partager son amour avec les autres gens ? La qualité de la vie, l'intensité, le sens et l'amour qui la remplissent, ne sont-ils pas plus importants que la durée de cette vie ? N'est-il pas plus important de faire la paix avec soi-même, avec ses proches, avec sa propre mort, que de s'inquiéter de ce que les autres gens pensent à son propos ? La guérison se produit seulement lorsqu'on a abouti ce genre de paix, et c'est uniquement alors qu'on peut aider quelqu'un d'autre à trouver la paix. Plutôt que de penser qu'on est mortel et abandonner, on peut admettre que, bien entendu, on mourra comme tout le monde, mais en attendant on est très vivant.

En même temps qu'on affirme cela, il est important de comprendre que chacun change et avance à son propre rythme. Ce n'est pas un processus susceptible d'être accéléré, et on peut ne pas être prêt à s'attaquer à de tels sujets. La peur du changement est énorme : c'est la peur d'abandonner tout ce qui est connu pour se lancer dans l'inconnu. On doit se montrer extrêmement patient avec soi-même.

Le temps de guérir

Si on est confronté à une maladie grave, un laps de temps assez long s'écoulera avant qu'on soit prêt à en considérer les conséquences. Si on traite des problèmes plus simples, la motivation ne sera pas assez grande pour pousser à se plonger profondément en soi, elle se contentera de résoudre la situation en cours. Lorsqu'on est prêt et quand la motivation est de la partie, on avancera et on reculera, maintes fois. On aura besoin de plus de patience, de plus d'amour, de plus d'acceptation. Lentement, le corps tiendra compte des efforts faits et reflétera la puissance croissante, la détermination et le courage de l'individu. Celui-ci avancera de concert avec son expression libre et réagira à ses analyses intérieures. **Mais il faut du temps**.

En entamant le voyage vers la liberté à partir d'un traumatisme, on est pareil à un poussin tentant de sortir de sa coquille. Pour ce poussin, la coquille est une armure d'acier dont il doit se libérer. On a naturellement envie d'aider le poussin en brisant sa coquille. Mais si on le fait, le poussin mourra. Pour vivre, il a besoin de la force qu'il gagne en se libérant lui-même de sa coquille, et doit donc y arriver tout seul. On est comme un poussin. La colère, la culpabilité, la peur, l'insécurité, la honte, tous les monstres cachés forment une coquille qui empêche de faire l'expérience de la véritable liberté. Se libérer n'est pas facile, et c'est à soi de le faire. Pourtant, si on a le courage de le faire, la force et la compréhension acquises seront la véritable guérison.

« La guérison est une réaction totale, organique, synergique, qui doit émerger de soi si on veut qu'un rétablissement et une croissance prennent place. La guérison est créative, elle met en évidence des modèles et des connexions qui n'existaient pas auparavant », dit Emmet Miller dans *Healers on Healing*. Autrement dit, **la guérison touche tous les aspects de la vie, elle fait bien plus qu'apporter le remède à une maladie. C'est l'admission que la maladie même n'est que le moyen du corps de gérer ses énergies déséquilibrées ou traumatisées.** La guérison est la résolution de ces déséquilibres. une découverte du véritable but de la vie. On entend souvent des histoires de rétablissements quasi miraculeux, mais si on les examine attentivement, ils ne sont pas si extraordinaires que ça. Une rémission est une re-découverte de son but, et la guérison que cette découverte apporte est plus importante que toute maladie dont on peut souffrir. Guérir sur ce plan ne signifie pas nécessairement devenir brusquement capable de quitter son fauteuil roulant et marcher de nouveau, mais qu'on est guéri intérieurement et qu'on accepte l'idée que si on est destiné à être dans ce fauteuil roulant, c'est parfait.

Stephen Levine affirme dans *Healing into Life and Death* :

La guérison, comme la grâce, peut se montrer quelque peu déroutante lors de ses premières étapes. C'est une désagrégation de l'ancien pour révéler le toujours nouveau. La guérison, comme la grâce, nous conduit toujours vers notre véritable nature. Effectivement, la guérison n'est pas un endroit où on va, mais une découverte de l'endroit où on est déjà – une participation au processus se déroulant moment après moment. Quand tout a échoué, beaucoup de gens prient pour un miracle. On souhaite que la grâce descende sur soi. Mais la grâce vient de l'intérieur. La Grâce se montre quand le travail de guérison est en cours.

La guérison n'aboutit pas nécessairement à une vie longue et saine, ni même à la disparition de certains symptômes, pas plus qu'elle n'offre aucune des critères normalement associées aux traitements. Elle réunit l'intention et les pensées, les sentiments, l'âme et le corps, de sorte qu'émerge une compréhension globale de ce qui est nécessaire. De cette façon, on se libère des limitations gênantes et on peut vivre une vie plus complète et consciente. **En dernière analyse, il n'y a pas de limitations en dehors de celles qu'on s'impose soi-même.**

CHAPITRE 8

LE CHEMIN DE VIE

Notre distance du Ciel est proportionnelle
à la mesure de notre amour de nous-mêmes.
EMANUEL SWEDENBORG

Lorsqu'on étudie ses modèles comportementaux et les événements récurrents de sa vie, on constate que rien n'est dû au hasard. Même si en apparence les événements n'ont aucune signification particulière, en creusant un peu on découvre que l'ensemble des diverses situations de la vie a un thème sous-jacent, un moment précis et un but. Comme on l'a dit au Chapitre 2, la nature ne fait jamais rien au hasard : un ordre et un but suivis sont constamment présents dans le monde naturel. Quand on se sépare de la nature, quand on s'absorbe trop dans le monde du matérialisme de la réalisation, on oublie qu'on fait partie intégrante du courant de la vie. On perd le contact avec la nature, ainsi qu'avec le rythme et le but naturels mêmes. En se reconnectant avec ce rythme, on constate que chaque chose a sa propre place, que tout se passe exactement comme il se doit.

Tout a un sens et un but

Même si on ne comprend pas parfaitement pourquoi les choses arrivent, ou pourquoi elles se déroulent d'une certaine façon, on peut toujours accéder à une compréhension allant au-delà de la situation immédiate pour prendre en compte l'image globale, la vision plus objective de la vie dans son ensemble. De ce point de vue, **on attire vers soi tout ce dont on doit faire l'expérience à un moment donné**, que ce soit une fracture, la fin d'une relation, un accident, la perte d'un emploi. Si on peut dépasser l'implication subjective et considérer l'ensemble objectif, on verra que ce qui arrive est une image de ce qu'on met en évidence par rapport à soi-même au moment respectif, et une expérience qui doit être faite pour que d'autres choses se manifestent.

Apparemment, on attire le négatif pour comprendre et d'intégrer le positif, car l'un ne vient pas sans l'autre. **Toute situation négative, quelle qu'elle soit, possède un aspect positif inhérent**. À mesure qu'on intègre le positif, le négatif devient superflu. Si on établissait une liste de toutes les qualités d'un esprit illuminé, d'un esprit qui a atteint le niveau supérieur d'évolution en termes de conscience, on pourrait y accoler une liste des attributs d'un esprit rétrograde : en fait, tous les aspects contraires. De cette façon, on réalise que tout événement négatif survenu a aussi un aspect positif, éclairé, qui est la véritable cause de l'attrait du négatif. Si on est capable d'intégrer l'aspect positif inhérent dans le négatif, on peut rayer ce dernier de la liste, car il a été achevé.

En réalisant que la vie à un but sous-jacent, que rien n'est arbitraire, on se rend compte que toutes les épreuves subies sont destinées à l'atteinte de cet objectif. Bien que les êtres humains semblent avoir atteint un niveau d'évolution physique extrêmement élevé et varié, qui n'a pas nécessairement besoin de s'améliorer à outrance, l'évolution de la conscience a encore un long chemin à parcourir. Bien que ce soit parfois difficile à croire, **chacun est capable de changer profondément et radicalement**, ce qui conduit aux états supérieurs de sagesse, de compassion, d'intuition et d'amour sans condition.

Ce processus est dû à l'intelligence présente dans chaque cellule de l'être. Tous les gens font partie intégrante du monde créatif et naturel. Il y a là une connaissance, liée à l'intelligence de la conscience pure. Grâce à son intelligence, l'être humain a le pouvoir de changer, d'aller au-delà de ce qu'il pense être, vers ce dont il n'a jamais fait l'expérience auparavant. Tout autour de soi, on peut voir la nature s'épanouir, depuis le minuscule gland se métamorphosant en un chêne immense, depuis la petite racine se frayant un chemin vers la lumière à travers 15 cm de béton. **La vie vise constamment à son propre épanouissement.** Les êtres humains sont les seuls qui reculent de leur propre initiative devant cet épanouissement, car leur essence même est déjà affranchie.

Aller au-delà de ce que l'on pense être

Lorsqu'on choisit la voie de la guérison, particulièrement lorsqu'on utilise des méthodes comme la relaxation et la méditation, on s'ouvre à sa propre intelligence, créant l'espace permettant l'élimination des blocages et des modèles. **Le but le plus élevé de l'individu n'est-il pas d'aller au-delà de ce qu'il pense être ?** De faire évoluer sa conscience jusqu'aux états supérieurs d'illumination ? De redécouvrir un sentiment d'unité avec l'infini ? En se souvenant de son mouvement de l'infini vers le fini lors de la conception, l'individu n'a-t-il pas pour objectif de redécouvrir l'infini compris dans le fini, et en fin de compte veiller à ce qu'il n'y ait pas de différence entre les deux ?

Si c'est le cas, on peut supposer que tout ce qui arrive à l'individu fait partie de ce voyage de découverte du divin en soi. Par exemple, la dépression et l'impuissance largement répandues plongent leurs racines dans le sentiment de n'avoir pas de but hormis la naissance et la mort. Ce sentiment d'absence d'objectif peut s'avérer extrêmement destructeur, au point d'aboutir même au suicide. Pourtant, il peut aussi être une inspiration incitant à continuer. Reshad Feild le dit dans son livre *Here to Heal* :

> Le chemin qui conduit à la Vérité est abrupt et, parfois, escarpé. Il faut effectivement une grande patience et persévérance pour continuer quand toutes les chances semblent contraires, quand il n'y a plus rien à quoi s'accrocher sauf ce cri intérieur, cette question brûlante quant au pourquoi de l'existence.

Étant donné que l'externe est un reflet de l'interne et que l'interne est affecté par l'externe, les événements survenant dans la vie sont en rapport avec l'état d'être intérieur et aussi les moyens mêmes à utiliser. Tous les facteurs réunis à la conception et intégrés en soi durant la gestation, ainsi que les difficultés et les obstacles rencontrés dans la vie, sont les pierres du gué qui permet de franchir le fleuve, de l'ignorance à la sagesse. Le choix de la façon dont on les gère est personnel. On peut être bloqué sur la première pierre, perdre son équilibre et tomber, être accablé par la distance à parcourir et renoncer à faire la moindre tentative de traversée ou on peut avoir le courage de persévérer malgré tout. La présence ici-bas a un but, mais on a le choix de l'accepter ou non – le libre arbitre. Chaque obstacle a une beauté cachée : on peut aboutir à une plus grande compréhension et liberté. En découvrant cette beauté, **on découvre qu'il n'y a jamais eu en fait d'obstacle**. Pour citer une fois de plus *Here to Heal* :

> La véritable guérison est l'abandon de l'illusion qu'on est distinct de la Réalité – compréhension qui nous a échappé. Guérir signifie « devenir complet », ne former qu'un avec le Créateur, comme au commencement. C'est ce que veulent dire les paroles de la Bible « être guéris de nos péchés », car un péché n'est en fait qu'un *manque*, un manque de connaissance, un état de sommeil et d'oubli. Quel dommage si on traversait ainsi la vie !

Cet état d'assoupissement et d'oubli est dû à l'ignorance de la séparation – la conviction que chacun est indépendant des autres. D'habitude, l'énergie de l'individu est consommée par la préservation de son ego, par le maintien, l'entretien et la protection de son existence individuelle. On réagit au chaos et à la douleur comme s'ils venaient de l'extérieur, comme s'ils s'imposaient à soi. On se sent menacé par certaines situations et on blâme sans cesse les autres pour tout ce dont on fait l'expérience. Les seuls moyens de traiter cette vision du monde sont de s'échapper, de l'ignorer ou de s'y opposer. La peur naît lorsque cette existence est menacée d'une façon ou d'une autre.

Quand on peut se libérer de la peur, même si ce n'est que pour un moment, on éprouve un sentiment d'extraordinaire liberté. Car la peur est une fausse impression se donnant des airs de réalité, c'est l'illusion que ce « moi » qu'on passe tant de temps à défendre et à protéger est véritablement là. Laisser aller la peur permet de voir qu'il y a une relation entre le sujet et l'objet, entre soi et l'autre, **que rien n'existe indépendamment, que ce sont ses propres projections renvoyées à l'esprit qui provoquent tant de souffrance et non pas quelque chose d'extérieur.**

Tout est bon

La douleur et la souffrance ne sont pas identiques. L'existence de la douleur et du plaisir est inhérente à la vie ; la façon dont elles affectent l'individu est basée sur la réaction de celui-ci. **La souffrance est une réaction à la douleur, pas la douleur elle-même.** Une réaction est la répétition d'un comportement qui maintient l'individu dans un modèle mental restreint. Réagir, c'est se montrer créatif, agir avec un esprit ouvert, créer sans cesse de nouvelles possibilités.

En comprenant ce fait, on devient serein et libre, car les besoins égocentriques et l'instinct de conservation sont moins dominateurs. **Lorsqu'on laisse aller la peur, on peut aimer et donner sans rien perdre.** Grâce à ce genre d'amour, on se libère de la douleur et de la souffrance. L'amour inconditionnel est un amour sans limites, sans frontières. Il est constant, et ne dépend pas de la satisfaction de besoins spécifiques.

Affranchi de la peur, on peut aimer ainsi. En comprenant la nature de l'amour inconditionnel, on constate qu'on ne porte plus de jugements et définit des limites : tout est comme il doit l'être. Une chenille est belle, de par sa texture, ses couleurs, sa forme, ses poils, ses pattes. Elle est exquise, parfaite telle qu'elle est. Peut-on dire qu'elle est encore plus parfaite lorsqu'elle se transforme en papillon ? Quand elle atteint un niveau plus élevé d'évolution ?

S'il est impossible de mesurer la perfection, il est impossible aussi d'évaluer l'imperfection. On ne peut pas dire qu'une personne est plus malade qu'une autre. Si on le fait, c'est simplement une image de la compréhension relative. Ce qui arrive doit être accepté et chéri, pas combattu. L'amour inconditionnel ne distingue pas entre une expérience douloureuse et une autre, ou entre une expression du bonheur et une autre.

Cette reconnaissance et cette intégration des divers aspects de son être sont nécessaires pour laisser aller la peur. Tout comme le lotus pousse dans le limon, l'âme éveillée grandit à partir de ce qui est encore en sommeil. En tant que tel, le limon est formé par tous les monstres refoulés et inacceptés de l'inconscient, la douleur, la colère, la frustration, la honte, la culpabilité et l'abandon qu'on porte avec soi. En fait, le lotus ne peut pas vivre sans le limon dans lequel il plante fermement ses racines. Autrement dit, **les attributs négatifs sont nécessaires pour grandir et devenir libre, car ils sont les moyens mêmes du développement personnel**. Accepter et apprécier son limon permet de commencer à pousser et à s'épanouir. Qu'on ne se leurre pas : le limon est collant, épais, lourd – difficile de s'en débarrasser ou de se frayer un chemin à travers lui !

Les limitations qu'on s'impose à soi-même sont par conséquent les idées qu'on ne peut pas traverser ce limon, que la situation est bien trop accablante et qu'il est impossible de trouver un moyen de se débrouiller. On peut essayer d'ignorer le limon et de se concentrer uniquement sur la plante, mais celle-ci sera pâle et sans éclat – elle se fanera et mourra rapidement. Pour être forte, elle a besoin de la nourriture apportée par le limon. Si on accepte la réalité du limon, si on l'accueille de tout cœur, on peut commencer à éliminer les limitations. Le désir de s'en débarrasser devient alors une priorité, afin que la santé physique soit maintenue, de même que la santé psychologique et la santé émotionnelle.

Commencer par être disponible

Les limitations ou les blocages se manifestent en tant qu'insatisfaction, tristesse, douleur, maladie. En admettant le processus qui va de la pensée ou du sentiment vers la forme, on peut apprendre comment libérer l'énergie avant que celle-ci devienne physique, avant qu'elle se manifeste en tant que maladie. En réagissant aux modèles intérieurs et en assumant leur entière responsabilité, on découvre un nouveau niveau de guérison intérieure. Être responsable signifie réagir, si bien qu'à mesure qu'on apprend à réagir à soi-même le but intérieur se révèle.

Pour faciliter le contact avec le guérisseur intérieur, on doit être calme, trouver l'espace en soi où être serein, pour pouvoir évaluer ce qui se passe dans sa vie – découvrir s'il y a des questions refoulées, niées ou éventuellement inacceptées, qui commencent à affecter physiquement le corps. Lorsqu'on tombe malade, on dispose de plus de temps pour se plonger en soi afin de communiquer, de décider qu'est-ce qui s'y passe, de voir ce qu'il faut faire pour guérir. On peut réunir les diverses facettes du soi et aboutir à la complétude grâce à des méthodes comme la relaxation intérieure consciente, la visualisation dirigée, la méditation dirigée. Comme le dit *The Healer's Hand Book* :

> La plupart des gens pensent que la relaxation consiste à s'installer dans un fauteuil, les pieds sur la table et laisser le monde vivre, sans y interférer pendant au moins quelques minutes. Le corps sera probablement plus à l'aise ainsi, mais il n'est pas aussi simple de permettre à l'esprit de se détendre. Normalement, un jacassement constant s'y déroule, remplissant chaque espace disponible. Il est impossible de l'arrêter, car cette tentative est encore une action de l'esprit. On doit écarter l'énergie de l'esprit et abandonner la tentative. En se relaxant, on se relâche et on trouve un nouveau chemin.

La relaxation profonde est utilisée maintenant dans de nombreux hôpitaux pour fortifier le système immunitaire, diminuer l'hypertension, relâcher la tension des muscles, permettre le développement d'un niveau plus profond de prise de conscience de soi. Les battements du cœur ralentissent à mesure que la paix intérieure s'installe, tout comme la production des hormones du stress. En même temps, la clarté mentale est accrue, on profite d'une prise de conscience et d'un apaisement des tensions émotionnelles, des anxiétés, de l'irritation et de la dépression. Si on est intérieurement calme et paisible, l'insécurité et le doute de soi reculent. On a vu au Chapitre 1 que le stress peut amoindrir la résistance à la maladie, tout comme l'accumulation d'attitudes et de modèles de pensée négatifs. On constate maintenant que durant la relaxation et la méditation la résistance à la maladie s'accroît. De nombreuses études ont montré que les yogis ou les gens qui pratiquent régulièrement la méditation arrivent à inhiber jusqu'à 80 % le développement de maladies cardio-vasculaires et nerveuses dans leur corps.

Lorsqu'on est vraiment relaxé, la guérison se produit naturellement, car on laisse aller la peur qui entretenait l'état de tension. Une grande partie du contenu de la boîte de Pandore revient à la surface lorsqu'on tente de pratiquer la méditation, mais dans cet état on est capable de l'admettre et de le libérer sans s'impliquer. L'impartialité est présente, la capacité de se dégager des circonstances et de les voir clairement. En méditant, on s'accorde à ce processus de perception plus créatif et plus impartial. En réagissant à partir de ce centre, l'attitude devient plus équilibrée, se libère de l'ego, est objective et ne porte pas de jugements. L'apaisement de l'esprit est un outil utilisable pour trouver le calme intérieur exempt de souffrance.

Le développement de l'impartialité fait aussi progresser le développement de la compassion, la notion que tous les êtres ne forment qu'un, qu'il n'y a pas de différence ou de séparation entre eux. Comme l'a dit le Père Thomas Merton, « la compassion est la prise de conscience aiguë de l'interdépendance de toutes les choses vivantes, qui sont toutes imbriquées l'une dans l'autre et font partie l'une de l'autre. » **La compassion est l'expression objective de l'amour inconditionnel**, qui motive grâce à l'intensité de l'empathie et de la compréhension. Elle est au-delà de l'idée du « moi ». Elle permet que prenne place le pardon total du soi et des autres. À mesure qu'on réalise que les blessures surviennent seulement en raison de l'ignorance de la séparation ou de la dualité, on peut pardonner celle-ci.

Méditer pour être avec soi

La technique particulière de relaxation ou de méditation utilisée n'est pas importante. Chaque technique varie seulement en ce qui concerne la méthode dont elle se sert pour apaiser l'esprit : respiration, visualisation, répétition d'un mantra (son). La méthode n'est qu'un support dont l'esprit s'empare pour y diriger ses énergies. de cette façon, on peut se concentrer et apaiser l'esprit en le libérant des distractions. Ce n'est pas l'objet qui est important, mais la concentration. Comme il faut du temps pour la développer, on doit toujours avoir une attitude d'acceptation affectueuse envers ce qu'on est capable de faire, sans porter de jugement en s'évaluant par rapport aux autres ou par rapport à l'étape où on voudrait être.

Le calme n'est pas un état normal pour la plupart des Occidentaux, et on rencontrera une considérable résistance en soi en essayant de le pratiquer. Par exemple, il n'est pas toujours facile de s'asseoir en posture de méditation sur le plancher. Au lieu de s'en servir comme excuse pour ne pas méditer, il faut s'asseoir sur une chaise adaptée ou même s'allonger. Il est essentiel de se lier d'amitié avec la relaxation ou la méditation, de ne pas la voir comme une ennemie mais comme une compagne sur la voie de la guérison et de la conscience de soi. **La méditation n'est pas un retrait face au monde, mais une participation active à l'appréhension plus subtile de celui-ci** grâce à une compréhension de soi plus profonde. Comme le dit Thich Nhat Hanh :

> La méditation signifie être conscient de ce qui se passe – dans son corps, ses sentiments, son esprit et le monde. Chaque jour, 40 000 enfants meurent de faim. Les superpuissances possèdent maintenant plus de 50 000 têtes nucléaires. Pourtant, le lever du soleil est beau, et la rose qui a fleuri ce matin est un miracle. La vie est en même temps terrible et merveilleuse. Pratiquer la méditation, c'est être en contact avec les deux aspects. Ne pensez pas qu'on doit être solennel afin de méditer. En fait, pour bien méditer, on doit beaucoup sourire.

Pratique

Vous trouverez ci-dessous les détails de deux pratiques. La première est la visualisation dirigée, conçue pour favoriser le contact avec les conflits intérieurs se manifestant dans le corps. En se plongeant dans le corps, on peut découvrir ce qu'il tente de transmettre et ce qu'on doit faire pour qu'il guérisse et devienne libre. La deuxième pratique est une méditation visant à développer la gentillesse affectueuse et la compassion. Elle incite à développer d'abord l'amour de soi, qui sera ensuite élargi aux autres. En utilisant ces deux pratiques, on peut commencer la quête de sa propre voie vers l'unité physique et émotionnelle.

Visualisation de guérison intérieure

Il vaut mieux enregistrer sur une cassette le déroulement de cette pratique ou demander à un ami de la lire et de diriger l'exercice. La lecture doit être lente, avec d'assez longs intervalles entre les instructions. L'ensemble de la pratique prend environ 30 minutes. Elle peut être effectuée seul ou avec d'autres personnes. Avant de commencer, placez à portée de main un crayon et du papier.

Pour effectuer cette pratique, on s'allonge, un mince oreiller sous la tête et une couverture sur soi. Les bras sont le long du corps, les paumes tournées vers le haut. Les pieds sont légèrement écartés. Les yeux sont fermés.

Cette visualisation dirigée permet de contacter son corps depuis l'intérieur et de communiquer avec lui. Ce n'est pas toujours facile. Si on est malade, si on a mal, si on éprouve une quelconque difficulté physique, on peut utiliser cette pratique pour découvrir quelles sont les mesures à prendre pour que cette partie du corps soit libre. Cependant, au premier abord, le corps peut se montrer réticent. Comme il exprime les modèles inconscients et inacceptés qui sont en lui, une suspicion existe quant à l'intention de les ressortir maintenant dans l'esprit conscient. Si on persévère, la communication s'établit et on peut à la fois se comprendre mieux soi-même et ce qui se passe.

Pendant cette pratique, on laisse monter spontanément toute réponse à ses questions. Le corps peut se servir du langage de rêve de l'inconscient pour transmettre un message ; il faut donc accepter toute image qui apparaît, même si on ne la comprend pas au moment opportun.

On prend une profonde respiration et on libère le souffle par la bouche. On soupire profondément. On répète, en expirant de nouveau par la bouche. On commence à se relaxer, on devient lourd et paisible, on a l'impression de s'enfoncer dans le sol.

On porte maintenant son attention sur les pieds et on commence à monter par les jambes, en relâchant toute tension rencontrée. On respire avec la tension et on la laisse aller. On se relaxe.

On monte le long du bassin, en passant par le bas, le milieu et la partie supérieure du dos, en respirant avec la tension et en la laissant aller.

On monte à travers l'abdomen et la poitrine, en se relaxant profondément et en laissant aller la tension.

Depuis les mains, on monte à travers les bras jusqu'aux épaules, puis le cou. On respire et on se détend.

On relaxe ensuite les muscles faciaux et la tête. On inspire profondément et on laisse aller complètement la tension. On est totalement relaxé et serein.

On prend ensuite quelques minutes à observer la respiration, l'inspiration et l'expiration à partir du ventre. On compte à la fin de chaque souffle, en descendant de 10 à 0. On laisse aller. On compte une fois de plus.

On imagine devenir de plus en plus minuscule, jusqu'à pouvoir pénétrer dans son propre corps et le parcourir. On se fraye un chemin jusqu'à la zone douloureuse, qui souffre et qui a besoin d'être guérie, la région qui n'est pas heureuse. Ce procédé est valable aussi pour la douleur psychologique ou émotionnelle.

En arrivant dans cette zone, on examine ses constatations, la structure tissulaire de cette région et son environnement.

Quelle forme a cette zone? Est-elle ronde, longue, mince?

Quelle est sa taille? Est-elle si petite qu'on peut la contourner, ou est-elle si grande qu'on ne peut pas distinguer son autre bord? On laisse venir à soi les images.

Quelle est la sensation ressentie? Quelle est sa texture? Est-elle douce, spongieuse, dure, caoutchouteuse?

Quelle est sa couleur? Est-elle rouge, foncée, claire, presque transparente?

Quelle est sa température? Est-elle si chaude qu'on ne peut pas la toucher, ou est-elle agréable et fraîche?

Depuis combien de temps est-elle présente? A-t-elle été ainsi depuis longtemps, ou est-elle de formation assez récente?

On laisse émerger les images de cette zone et de la structure tissulaire environnante.

Plus important, se sent-on en sécurité en étant là ? Est-il bon d'être là, ou serait-il plus sûr de reculer un peu, de prendre un peu plus de temps à étudier cette zone avant de s'en approcher davantage ? On doit faire ce qui semble juste. On peut se retirer à tout moment ou se diriger vers une autre partie du corps qui offre une meilleure sensation. Il faut se fier à son instinct pour savoir quoi faire.

Si la communication fonctionne, on peut continuer à poser des questions pour déterminer ce qu'on ressent en étant à l'intérieur de soi. On explore les images qui viennent à l'esprit, quelles qu'elles soient, on les suit, on leur permet de communiquer avec soi, de devenir réelles, même si on ne les comprend pas. On observe sa propre réaction — est-on effrayé, porte-t-on des jugements, etc. En continuant l'exploration, on prend la mesure du volume d'énergie présent et on réalise comment communiquer avec elle.

On peut se demander pourquoi cette zone de douleur et de tension est-elle ainsi. Que s'est-il passé pour la rendre telle ? Et quand ? On laisse les réponses se montrer, sans les juger.

On peut découvrir ensuite ce qui est nécessaire dans cette zone. Que peut-on faire maintenant pour libérer cette partie de soi-même ?

Quelle action doit-on entreprendre ? Avec quoi doit-on œuvrer ou que doit-on changer dans sa vie pour guérir ?

On découvre parfois que cette zone est prête à guérir et n'a besoin que d'être d'abord acceptée et reconnue. D'autres fois, il y a certaines choses à faire. À chaque répétition de cette pratique, les réponses seront différentes, si bien qu'on laisse du temps à la zone douloureuse pour s'exprimer à sa guise.

Lorsqu'on est prêt à se retirer, on admet ce qui s'est passé en remerciant, en promettant d'agir et en prenant des dispositions pour revenir une autre fois. Cette étape est très importante. Si on veut que le corps fasse confiance, on doit montrer qu'on est sincère et honnête et qu'on le respecte. On trouve lentement son chemin pour quitter le corps et reprendre sa taille normale. On respire profondément.

Si on le désire, on peut noter sur papier tout ce qui est arrivé. Comme pour les rêves, on ne comprendra peut-être pas tout, mais on laissera les images et les mots devenir une partie de sa vie, jusqu'à ce que le sens devienne clair.

On peut répéter cette pratique assez souvent pour développer la communication avec ce qui se passe à l'intérieur de son corps et apprendre comment se débarrasser des blocages.

Méditation de la compassion ou Metta Bhavana

Cette pratique de méditation dure environ 25 à 30 minutes. On peut l'écouter sur cassette ou demander à un ami de lire à haute voix les indications. Il faut accorder de 5 à 7 minutes à chacune des cinq étapes de la méditation. On peut effectuer cette pratique seul ou en compagnie d'autres personnes.

Pour commencer, on doit se trouver une position assise confortable, sur le plancher ou sur une chaise, la colonne vertébrale droite, les mains placées sur les cuisses ou dans son giron, les yeux fermés. On prend une respiration profonde et on se détend.

1. C'est la première étape de la pratique Metta Bhavana, le développement de la gentillesse affectueuse et de la compassion. Pour pratiquer réellement un amour exempt de toute exigence on doit commencer par s'aimer soi-même tel qu'on est, pleinement et inconditionnellement. Ce n'est pas toujours facile, mais on ne peut pas vraiment aimer les autres avant de maîtriser cet amour de soi. On doit analyser tout ce qui empêche de s'aimer soi-même et être capable de l'accepter, de le pardonner et de faire la paix avec lui.

Lors de cette première étape, on s'intéresse à la zone du cœur, puis on se dit : « Puisse-je être bien portant, puisse-je être heureux, puissent toutes les choses aller bien pour moi. » On laisse ce sentiment grandir en soi. On admet toutes les pensées contraires qui viennent à l'esprit – des raisons de ne pas être heureux ou bien portant, des sentiments de culpabilité, de honte, de ne pas mériter de recevoir des choses ou de ne pas pouvoir les recevoir. On répète : « Puisse-je être bien portant, puisse-je être heureux, puissent toutes les choses aller bien pour moi » pendant les quelques minutes suivantes. On laisse grandir ce sentiment dans son cœur.

En permettant à tous les sentiments d'émerger, on se concentre sur l'amour de soi. On laisse l'amour briller, le pardon se montrer.

« Puisse-je être bien portant, puisse-je être heureux, puissent toutes les choses aller bien pour moi. »

2. Lors de la seconde étape, on dirige la gentillesse et la compassion vers un ami proche. On choisit quelqu'un soit du même âge, soit qui a 20 ans de plus ou de moins, et qui est du même sexe, afin d'éviter les sentiments parentaux ou romantiques et de permettre le développement d'un vrai amour sans condition. Gardant cette personne dans son cœur et éprouvant à son égard le même amour ressenti envers soi-même, on répète : « Puisse-t-elle être bien portante, puisse-t-elle être heureuse, puissent toutes les choses aller bien pour elle. »

On ressent de la joie dans son cœur et on perçoit l'amour rayonner d'un bout à l'autre de son être. « Puisse-t-elle être bien portante, puisse-t-elle être heureuse, puissent toutes les choses aller bien pour elle. »

3. Lors de la troisième étape, on dirige la gentillesse et la compassion vers une personne quelconque, envers laquelle on n'a ni sentiments positifs ni négatifs. On peut même ne pas connaître son nom. On se concentre sur cette personne et on la garde dans son cœur, en laissant l'amour inconditionnel aller vers elle. « Puisse-t-elle être bien portante, puisse-t-elle être heureuse, puissent toutes les choses aller bien pour elle. »

En maintenant cette personne dans son cœur, on perçoit l'amour pour l'inconnu, pour le fait qu'on ne fait qu'un avec le monde. « Puisse-t-elle être bien portante, puisse-t-elle être heureuse, puissent toutes les choses aller bien pour elle. »

4. Lors de la quatrième étape, on dirige la gentillesse et la compassion vers quelqu'un qui est traditionnellement un ennemi, quelqu'un avec lequel la communication est mauvaise, négative, une connaissance, un parent, un collègue, n'importe qui avec lequel on ne s'entend pas bien. La négativité peut être d'un côté ou de l'autre. On garde cette personne dans son cœur et on laisse l'acceptation et l'amour aller vers elle. « Puisse-t-elle être bien portante, puisse-t-elle être heureuse, puissent toutes les choses aller bien pour elle. »

En gardant à l'esprit que la douleur naît de l'ignorance et qu'on peut pardonner celle-ci, on ressent amour et compassion pour cette personne. « *Puisse-t-elle être bien portante, puisse-t-elle être heureuse, puissent toutes les choses aller bien pour elle.* »

5. *Lors de la cinquième étape, on met sur une seule rangée ces quatre personnes (soi-même, son ami, la personne quelconque et l'ennemi) et on éprouve un tel amour inconditionnel envers elles que, s'il fallait en choisir une de préférence aux autres, on ne pourrait pas le faire. L'amour est réellement inconditionnel. La gentillesse affectueuse rayonne en égale mesure sur ces quatre personnes.*

À partir de ces quatre personnes, on commence maintenant à élargir la gentillesse et la compassion à tous les êtres. Celles-ci rayonnent lentement de soi vers tous ceux qui se trouvent à proximité, puis de plus en plus loin, jusqu'à atteindre l'ensemble des gens. On les aime tous sans condition, qu'ils soient des assassins ou des saints, en réalisant qu'il n'y a pas de différence entre soi-même et les autres. On répète : « Puissent tous les gens de partout être bien portants, puissent-ils être heureux, puissent toutes les choses aller bien pour eux. »

On élargit sa gentillesse affectueuse à tous les êtres de l'univers, dans toutes les directions de l'espace, et on répète : « Puissent tous les gens être en paix et puisse la paix être avec tous. »

BIBLIOGRAPHIE

Connely, Dr Dianne M., *Traditional Acupuncture : the Law of the Five Elements*, Centre for Traditional Acupuncture Inc., Maryland, États-Unis.

Damian, Jonathan, *Wholistic Phenomenology*

Dytchwald, Ken, *Bodymind*, Wildwood House

Feild, Reshad, *Here to Heal*, Element Books

Ferguson, Marilyn, *Les Enfants du Verseau*, J'ai Lu, 1995

Harvey, John, *The Quiet Mind*, The Himalayan International Institute of Yoga Science and Philosophy, Honesdale, Pennsylvanie, États-Unis

King, Serge, *Imagineering for Health*, Quest Books

König, Karl, « Meditation on the Endocrine System »

LeShan, Lawrence, *Vous pouvez lutter pour votre vie*, Éd. Laffont, 1982

Levine, Stephen, *Healing into Life and Death*, Doubleday

Regan, Georgina et Shapiro, Debbie, *The Healer's Hand Book*, Element Books

St John, Robert, *Metamorphosis*

St Pierre, Gaston et Shapiro, Debbie, *The Metamorphic Technique*, Element Books

Siegel, Dr Bernie, *Amour, médecine et miracles*, Le Grand livre du mois, 1997

Yogananda, Paramahansa, *Collected Sayings*

Index

TABLE DES MATIÈRES

Achevé d'imprimer en juin 2004
sur les presses de la Nouvelle Imprimerie Laballery - 58500 Clamecy
Dépôt légal : juin 2004   Numéro d'impression : 403076
Imprimé en France